【中国最早的公共博物馆之一】

南通博物苑
NANTONG BOWUYUAN

苑物博

光绪三十一年乙巳购开地二十九亩凡三十五亩有奇越岁丙午苑馆落成集中外测俟宣成劝稼升工之物乡里金石先畜文章资我学子家识物理额来观者各发大心保存公益者私家物无损无间

金艳 著

苏州大学出版社
Soochow University Press

图书在版编目（CIP）数据

南通博物苑 / 金艳著. —— 苏州：苏州大学出版社，2022.4
（江海文化丛书 / 姜光斗主编）
ISBN 978-7-5672-3784-1

Ⅰ.①南… Ⅱ.①金… Ⅲ.①博物馆—介绍—南通 Ⅳ.①G269.275.33

中国版本图书馆CIP数据核字(2022)第034016号

书　　名	南通博物苑	
著　　者	金　艳	
责任编辑	冯　云	
出版发行	苏州大学出版社	
	（地址：苏州市十梓街1号　邮编：215006）	
印　　刷	南通超力彩色印刷有限公司	
开　　本	890 mm×1 240 mm　1/32	
印　　张	9	
字　　数	234千	
版　　次	2022年4月第1版	
	2022年4月第1次印刷	
书　　号	ISBN 978-7-5672-3784-1	
定　　价	39.00元	

图书若有印装错误，本社负责调换
苏州大学出版社营销部　电话：0512-65225020
苏州大学出版社网址　http://www.sudapress.com
苏州大学出版社邮箱　sdcbs@suda.edu.cn

"江海文化丛书"编委会

主　任：周剑浩
委　员：李明勋　姜光斗　李　炎　季金虎
　　　　施景钤　沈启鹏　周建忠　尤世玮
　　　　徐国祥　胡泓石　沈玉成　黄建辉
　　　　陈国强　赵明远　王加福　房　健

总　编：尤世玮
副总编：沈玉成　胡泓石

"江海文化丛书"总序

李 炎

由南通市江海文化研究会编纂的"江海文化丛书"(以下简称"丛书"),自2007年启动,从2010年开始分批出版。

我想,作为公开出版物,这套"丛书"面向的不仅是南通的读者,还会有国内其他地区甚至国外的读者。因此,简要地介绍南通市及江海文化的情况,显得十分必要。这样不仅便于读者了解南通的市情,以及江海文化形成的自然环境、社会条件和历史过程,而且也便于读者了解出版这套"丛书"的指导思想、选题原则和编写体例。总之,介绍这套"丛书"相关的背景情况,将有助于读者阅读和使用。

南通市位于江苏省中东部,濒江(长江)临海(黄海),三面环水,形同半岛。它背靠苏北腹地,隔江与上海、苏州相望。南通以其独特的区位优势及人文特点,被列为我国最早对外开放的14个沿海港口城市之一。

南通市所处的这块冲积平原,是由于泥沙的沉积和潮汐的推动自西北向东南逐步形成的,俗称"江海平原",是一片古老而又年轻的土地。境内的海安县[1]沙岗乡青墩新石

---

[1] 2018年,经国务院批准,撤销海安县,成立海安市。

器时代遗址告诉我们，距今约5 600年，就有先民在此生息繁衍；而境内启东市的成陆历史仅300多年，设县治不过80多年。在漫长的历史过程中，这里有沧海桑田的变化，有八方移民的杂处，有四季分明、雨水充沛的天时，有产盐、植棉的地利，还有一代代先民和谐共存、自强不息的人和。19世纪末20世纪初，这里已成为我国实现早期现代化的重要城市。晚清状元张謇办实业、办教育、办慈善，以先进的理念规划、建设、经营城市，使南通走出了一条与我国近代自开商埠的城市和曾被列强所占据的城市迥然不同的发展道路，因而被誉为"中国近代第一城"。

南通于五代后周显德五年（958年）筑城设州治，名通州。北宋时，通州一度改称"崇州"，又称"崇川"。辛亥革命后，通州废州立县，称"南通县"。1949年2月，南通县改县为市，市、县分治。1983年，南通地区与南通市合并，实行市管县新体制，并沿用至今。目前，南通市下辖海安、如东二县，如皋、海门、启东三市，崇川、港闸、通州三区和一个国家级经济技术开发区[1]；占地8 001平方千米，常住人口约770万，流动人口约100万。据国家权威部门统计，南通目前的总体实力在全国大中城市（不含台、港、澳地区）中排第26位，在全国地级市中排第8位。多年来，在各级党委、政府的领导下，经过全市人民的努力，南通获得了"全国文明城市""国家历史文化名城""全国综合治理先进城市""国家卫生城市""国家环保模范城市""国家园林城市"等称号，并享有"纺织之乡""建筑之乡""教育之乡""体育之乡""长寿之乡""文博之乡"等美誉。

江海文化是南通市独具特色的地域文化，上下五千年，

---

[1] 2020年，南通市下辖如东一县，如皋、海安、启东三市，崇川、海门、通州三区和一个国家级经济技术开发区。

南北交融,东西结合,它具有丰富的历史内涵和深邃的人文精神。同其他地域文化一样,江海文化的形成,不外乎两种主要因素:一是自然环境,二是社会结构。它与其他地域文化不尽相同之处是:由于南通地区的成陆历史经过了漫长的岁月和不同的阶段,移民的构成呈现出多元性和长期性;客观上又反映了文化来源的多样性及相互交融的复杂性,使得江海文化成为一种动态的存在,是"变"与"不变"的复合体。"变"的表征是时间的流逝,"不变"的表征是空间的凝固;"变"是组成江海文化的各种文化"基因"融合后的发展,"不变"是原有文化"基因"的长期共存和特立独行。对这些特征、这些传统,我们需要全面认识、因势利导,也需要充分研究和择优继承,从而系统科学地架构起这一地域文化的体系。

正因为江海文化依存于独特的地理、自然环境,蕴含着自身的历史人文内涵,因而她总会通过一定的"载体"体现出来。按照联合国教科文组织的分类,"世界遗产"可分为三类,即世界文化遗产(包含文化景观)、世界自然遗产、世界文化与自然双重遗产。而历史文化人物、历史文化事件、历史文化遗址、历史文化艺术等,又是这三类中常见的例证。例如,我们说南通人文荟萃、名贤辈出,可以随口道出骆宾王、范仲淹、王安石、文天祥、郑板桥等历代名人在南通留下的不朽篇章和趣闻轶事;可以随即数出三国名臣吕岱,宋代大儒胡瑗,明代名医陈实功、文学大家冒襄、戏剧泰斗李渔、曲艺祖师柳敬亭,清代"扬州八怪"之一的李方膺等南通先贤的生平业绩;进入近代,大家对张謇、范伯子、白雅雨、韩紫石等一大批南通优秀儿女更是耳熟能详;至于说现当代的南通籍革命家、科学家、文学家、艺术家及各行各业的优秀人才,更是不胜枚举。他们身上都承载着江海文化的优秀传统和人文精神。同样,其他类型的历史文化也都是认识南通和了解江海文化的亮点与切入口。

本着"文化为现实服务,而我们的现实是一个长久的现实,因此不能急功近利"的原则,南通市江海文化研究会在成立之初,就将"丛书"的编纂工作作为自身的一项重要任务。

我们试图通过对江海文化的深入研究,将其中一部分能反映江海文化特征,反映其优秀传统及人文精神的内容和成果,系统地进行整理、编纂,直至结集成"丛书"。这套"丛书"将为南通市政治、经济、社会全面和谐发展提供有力的文化支撑,为将南通建成文化大市和强市提供参考,同时也为"让南通走向世界,让世界了解南通"做出贡献。

目前,"丛书"的编纂工作正按照纵向和横向两个方向逐步展开。

纵向——精选不同时代南通江海文化发展史上的重要遗址(迹)、重大事件、重要团体、重要人物、重要成果,确定选题,每一种写一方面具体内容,编纂成册。

横向——从江海文化中提取物质文化或非物质文化的精华,如"地理变迁""自然风貌""特色物产""历代移民""民俗风情""方言俚语""文物名胜""民居建筑""文学艺术"等,分门别类,进行归纳,形成系列。

我们力求使这套"丛书"的体例结构基本统一,行文风格大体一致,每册字数基本相当,做到图文并茂,并兼有史料性、学术性和可读性。先拿出一个框架设想,通过广泛征求意见,确定选题;然后通过自我推荐或选题招标,明确作者和写作要求,不刻意强调总体同时完成,而是成熟一批出版一批;最后经过若干年努力,基本完成"丛书"的编纂和出版。有条件时,还可以不断补充新的选题。在此基础上,最终完成"南通江海文化通史""南通江海文化学"等系列著作。

通过编纂"丛书",我有以下四点较深的体会:

第一，必须有系统深入的研究基础。我们从这套"丛书"，看到了每一单项内容研究的最新成果，而且作者都是具有学术素养的资料收集者和研究者；同时以学术成果支撑"丛书"的编纂，增强了它的科学性和可信度。

第二，关键在广大会员的参与。选题的确定，不能光靠研究会领导，发动会员广泛参与、双向互动至关重要。这样不仅能体现选题的多样性，而且由于作者大多是会员，他们最清楚自己的研究成果及写作能力，只要充分调动其积极性，可以提高作品的质量及成书的效率。

第三，离不开各方面的支持。这包括出版经费的筹措和出版机构的运作。由于事先我们主动向上级领导汇报，向有关部门宣传，使出版"丛书"的重要性及迫切性得到认可，基本经费得到保证；与此同时，"丛书"的出版得到苏州大学出版社的支持，以及该出版社从领导到编辑的高度重视和大力配合；印刷单位全力以赴，不厌其烦。这大大提高了出版质量，缩短了出版周期。在此，我们由衷地向他们表示谢意和敬意！

第四，有利于提升研究会的水平。正如有的同志所说，编纂和出版"丛书"，虽然有难度、很辛苦，但我们这代人不去做，再过10年、20年，就更没有人去做，也就更难做了。我们活在世上，总要做些虽然难但应该做的事，总要为后人留下些有益的精神财富。在这种思想的支撑下，我深信研究会定能不辱使命，把"丛书"的编纂及其他各项工作做得更好。

研究会的同人嘱托我在"丛书"出版之际写几句话。于是，我有感而发，写了以上想法，作为序言。

2010年9月

（作者系南通市江海文化研究会第一届、第二届会长）

目 录

序 章 认识博物馆
　　第一节　什么是博物馆 …………………………… 1
　　第二节　何以称"博物苑" ………………………… 6
　　第三节　南通博物苑与中国国家博物馆的不同 … 9

第一章 状元张謇和他的时代
　　第一节　剧变的世界与僻静的南通 …………… 13
　　第二节　状元张謇 ………………………………… 16
　　第三节　癸卯东游 ………………………………… 25

第二章 南通博物苑的诞生
　　第一节　状元兴学：规划博物苑 ……………… 32
　　第二节　建苑宗旨 ………………………………… 35
　　第三节　孙钺：被张謇青睐的年轻人 ………… 39
　　第四节　博物苑石额 ……………………………… 48
　　第五节　征集令 …………………………………… 56
　　第六节　建筑经费 ………………………………… 62
　　第七节　荒地上长出的花园 ……………………… 70

第八节 木村忠治郎与《日本百科大辞典》…… 76

第三章 风格迥异的建筑
第一节 中馆 …………………………………… 83
第二节 南馆 …………………………………… 90
第三节 北馆 …………………………………… 97
第四节 花竹平安馆 …………………………… 103
第五节 谦亭与藤东水榭 ……………………… 107
第六节 东馆与相禽阁 ………………………… 115
第七节 葫芦池与壶外亭 ……………………… 118
第八节 迟虚亭 ………………………………… 124

第四章 风义遍及鸟兽草木
第一节 四季芬芳 ……………………………… 128
第二节 国秀坛 ………………………………… 143
第三节 声声长唳出鹤柴 ……………………… 149
第四节 风车转向荷花开 ……………………… 153
第五节 禽鸟双栖水禽寐 ……………………… 157
第六节 虎啸鹿鸣居南阜 ……………………… 159
第七节 鸟儿啁啾在北垣 ……………………… 161

第五章 风范长存的收藏往事
第一节 张謇的收藏世界 ……………………… 164
第二节 宣子野捐赠之谜 ……………………… 176
第三节 端方之丧 ……………………………… 178
第四节 徐乃昌访碑 …………………………… 182
第五节 刘世珩的大小忽雷 …………………… 186
第六节 张詧与地方文物 ……………………… 188
第七节 宝山袁氏兄弟和袁希涛游记 ………… 190

第八节　如果文物会说话 …………………… 193
　　第九节　《南通博物苑品目》 ………………… 203
第六章　南通博物苑的兴衰
　　第一节　观览简章 …………………………… 210
　　第二节　待期开幕 …………………………… 216
　　第三节　藏品与遗产之争 …………………… 221
　　第四节　南馆失窃 …………………………… 226
　　第五节　转　移 ……………………………… 231
　　第六节　劫　难 ……………………………… 236
　　第七节　修建与恢复 ………………………… 240
　　第八节　盛世新纪元 ………………………… 244
终　章　馆苑时空
　　第一节　收藏世界的精神映照 ……………… 248
　　第二节　教育的沉思 ………………………… 252
　　第三节　圣地的畅想 ………………………… 255
附　录
　　附一　南通博物苑大事简表（1905—2015年）… 258
　　附二　张謇吁请国家兴办博物馆文汇录 …… 261
主要参考文献 …………………………………… 270
后　记 …………………………………………… 271

序　章　认识博物馆

第一节　什么是博物馆

　　什么是博物馆？追本溯源，我们不妨从博物馆的发端来寻求答案。

　　博物馆的产生起源于收藏，这在世界各地均有共性。

　　我国是一个历史悠久的文明古国，收藏意识的产生可以上溯至远古时代，每个朝代都有专门的收藏机构，从殷商的府库到周朝的玉府，从秦汉的上林苑、麒麟阁到唐宋的太府寺、秘阁，乃至明清的功臣庙、武英殿，收藏活动一以贯之，并形成了王室和民间两大收藏体系。但收藏机构不等于博物馆，只是为形成博物馆准备了藏品资源。那么，收藏机构是如何转化为博物馆的呢？

　　我国早期博物馆的萌芽可以上溯到孔子生活的年代。孔子名丘，字仲尼，生于公元前551年。在他之前，学校和教育是王室贵族的专属权利，平民百姓无缘接受教育。孔子改变了这一传统，他主张有教无类，将文化知识在平民百姓中加以普及。孔子去世后，人们十分怀念他，将他生前穿过的衣物、驾过的车、弹过的琴等遗物收集起来，存放于他的故

19世纪20年代曲阜孔庙外景及其中的陈列品

居内，以示纪念，后来这种家祭演变成了立庙纪念。伟大的历史学家司马迁因读了孔子的书，而怀想其人，特意到山东去参观孔庙，他有这样一段记录："余读孔氏书，想见其为人。适鲁，观仲尼庙堂、车服、礼器，诸生以时习礼其家，余低回留之，不能去云。"这段生动的记述可以让我们想象当年司马迁"低回留之，不能去"孔庙的情景。

自汉高祖刘邦开帝王祭孔之先例后，孔庙祭礼慢慢发生了质的变化。唐宋以后，各州、各县均建孔庙，并在孔庙内设立了学校,形成了"庙学合一"的格局。发展到清代,孔庙庙宇的形制、各殿的供奉都有了固定的范式,如大成殿奉祀孔子、四配和十二哲,两庑奉祀先贤先儒,名宦祠奉祀地方有政绩的官员。这样一个发展过程,用今天的语言来讲,就是从收藏个人(孔子)物品到收藏群体(地方有政绩的官员)物品,从私祭发展到公祭,孔庙逐渐演化成了一个具有纪念类博物馆特征的场所。

在西方,博物馆的萌芽一般可以追溯至亚历山大大帝时期。亚历山大大帝生于公元前356年,原为马其顿国王,在统一希腊、征服埃及、灭亡波斯帝国后,建立了亚历山大帝国,他把在征伐中搜掠到的大量书籍、物品都集中交予一个研究机构。在他去世后,他的继承者为此特地建造了一座缪斯神庙。传说,缪斯神为希腊神话中9位分司艺术与科学的女神的总称。从研究机构到神庙,这里聚集了不少著名的学者,如阿基米德、欧几里得,他们在这里获得了重要的研究成果。公元5世纪时,这座神庙不幸毁于战火。这一机构虽然没能延续发展,但对后世博物馆的发展产生了巨大影响。一是名称,后来的博物馆英文单词"museum"即由缪斯"Muses"一词演化而来;二是由丰富的物品而形成的研究

缪斯神庙遗址

氛围,不仅有博物馆,还有图书馆、植物园、动物园,这样的学习和研究环境让后人无限怀念。

  近代意义上的博物馆的产生经历了一个漫长的过程。17世纪末,博物馆开始进入公众的生活,这个过程以私人收藏转化为公有为标志,影响比较大的如1683年,阿什莫林将藏品捐赠给牛津大学,牛津大学为其专门建立了阿什莫林艺术与考古博物馆。18世纪,正值西欧启蒙运动兴起,博物馆与国家荣耀紧密相连,如1753年,英国议会收购了汉斯·斯隆数目巨大的私人收藏,在此基础上建成了大英博物馆。1793年,法国王宫卢浮宫开放,成为法国的公共博物馆。这在人类文明史上具有划时代的意义。卢浮宫曾居住过50位法国国王,是举世瞩目的万宝之宫,这样一座宫殿在法国大革命后向公众开放,其象征意义非同一般。据说,拿破仑当时还规划了一个宏伟蓝图,要建立一个统一的法国博物馆系统。虽然该计划随着拿破仑的失败而告终,但是他的这一想法激发了一代又一代欧洲人的想象力。进入19世纪,博物馆成为教育和公众启蒙的中心,在西方迅速发展,如美国在1870年前后诞生了三大博物馆:美国自然历史博物馆、纽约大都会艺术博物馆和波士顿艺术博物馆。美国著名的史密森博物学院也在这一时期转变为一座致力于科学、人文及艺术的国家级博物馆。公众教育既是一种政治需求,也是推动科学技术发展的重要手段。这些西方思潮随着资本主义的殖民扩张向东方传播,也就是通常所说的西学东渐,博物馆与大学、科学、民主等近代新事物一起传入中国。

  由上述博物馆演变史可知,博物馆是一个复杂的机构,不仅内部涉及事物广泛,外部属性也各不相同,对这样的机构做概念界定并非易事。1946年11月,国际博物馆协会(International Council of Museums, ICOM)成立,首次对博物馆进行了定义:博物馆是指向公众开放的美术、工艺、科学、历史及考古学藏品的机构，也包括动物园、植物园，但图书馆如果无常设陈列室者则除外。这个定义在博物馆的发展初期起到了指导作用，但随着博物馆事业的发展而受到争议，此后ICOM一直致力于对博物馆的概念进行修订。

世界各地都有一些博物馆学家在做类似的探讨与研究工作，但博物馆在每个国家的发展情况不同。1977年，学者伊藤寿朗、森田恒之基于日本的情况，对近代博物馆进行总结，提炼出了博物馆以下四个主要特征：

第一，从经营方面来说，知识属于万民所有。博物馆经营的主体为公共性质。

第二，从内容方面来说，从满足"兴趣和猎奇心理"的收藏，发展到有系统的科学研究体系的收藏。

第三，从活动方面来说，采用面向一般人和面向专家的"双重陈列展出方式"，积极地对国民进行教育活动。

第四，从制度方面来说，博物馆所固有的公共价值得到社会的认可。

这个总结对我们认识一座博物馆有很大的帮助，但它不能取代现有博物馆的定义。

进入20世纪后，博物馆事业飞速发展，相继诞生了生态博物馆、数字博物馆、智慧博物馆，既有单人的博物馆，又有没有藏品的博物馆。新生的博物馆形态，对近代博物馆的传统模式提出了挑战，如果说近代以前的博物馆是社会文明自然发展的结果，那么，近代以后的博物馆的发展是受一定理论支配和指引的成果。跨入21世纪后，ICOM在2007年对博物馆进行了新的定义：博物馆是一个为社会及其发展服务的、向公众开放的非营利性常设机构，为教育、研究、欣赏的目的征集、保护、研究、传播并展出人类和人类环境的物质及非物质文化遗产。但这个定义在当下被指出有不完备之处。

什么是博物馆？当前，ICOM仍然在通过多种方式对其进行探讨,以期修订出一个相对完善的博物馆定义。中国博物馆人在这个探讨过程中起着重要作用。

第二节 何以称"博物苑"

时间上溯到19世纪初,人们视从西方舶来的博物馆为新生事物,翻译"museum"一词时,使用的汉语词汇各不相同,如古器库、积新宫、珍宝馆、集奇馆、万兽园等,这些称呼都反映了对这样一个机构的直观认知,即收藏大量的物品。拥有大量的藏品是早期博物馆给人的第一印象,但博物馆不仅有收藏,还有其他的功能。那么,用什么样的中文词汇来翻译这个英文单词呢?据考证,1844年,林则徐组织的《海国图志》编译团首次将"museum"翻译为中文词汇"博物馆"。

"博物"一词在我国早已存在。如孔子因为子产"于学为博物"而视他为师;司马迁在《史记·吴太伯世家》中,赞延陵季子"何其闳览博物君子也";西晋著名的文学家张华著《博物志》,其内容包罗万象,既有地质地理学知识,又有草木鱼虫、飞禽走兽的动植物学知识……所以用"博物馆"来表达"museum",很快就被人们所接受,并在19世纪后半叶被确定下来。此外,与之同时使用的还有"博物院",二者在当时及现在均未有严格的区分。

19世纪中叶,外国传教士开始在中国创办博物馆。如1848年,英国人办的"宝顺行"动物园;1862—1866年,法国天主教遣使会会士谭卫道办的北京北堂自然博物馆;1864年,美国传教士狄考文办的山东登州文会馆博物馆;1868年,法国天主教神父韩伯禄办的徐家汇博物院;1874年,英国皇家亚洲文会北中国支会办的上海亚洲文会博物院。传教士活跃的地方如北京、天津、山东烟台和青岛等地亦有类似的博物馆，这些在当时社会上产生了一定的影响。亦有博物馆机构并不以"博物馆"为名称，如济南广智院从"广智"二字着眼，除普及科学知识，传播农林新法、卫生理念之外，还宣传"国有文化"。1887年，在山东青州府时，该院每年观众达5 000多人；1893年，改扩建后，该院每年观众增至8万人；1905年，迁至济南后，该院每年观众又骤增至40多万人。

这一期间，国人也开始创办博物馆。如1876年，京师同文馆博物馆为"展示西方的技术与科学"，展品有新式机器，也有矿石、动植物及医学标本等；1883年，华众会的弹子房陈列有飞禽走兽、虫蛇鱼蚌等，大者用架，小者用瓶，每物均有说明牌；同年，著名教育家张焕纶等人在上海创办梅溪书院植物园；1904年，广东学务处创办图书及教育品陈列馆；1905年，著名教育家严修创办天津教育品陈列馆。随着史料的深入挖掘，相信还会有更多新的记录被发现，从中我们可体会到当时的博物馆与教育紧密相连。

正是在这样一个大背景下，1905年，南通人张謇提请清政府设立博物馆，并自建博物苑，而他对博物馆的认知还要更早一些。1903年，张謇东游日本时，已知博物馆、博物院的各项功能，并记录了诸多观感。从日本回国后，张謇一面大力兴办学校，一面着手创办博物苑。那么，张謇所用的"博物苑"一词可以对应"museum"吗？后面的章节会从思想内涵方面做深入分析，这里我们先求其表，对名与实的表象做对应性的探究。

张謇在创办博物苑之前，已在实施建设公共植物园的计划，但在征地的过程中，他改变了这一计划，而将其规划为博物苑。最早建成的两个展馆，南馆题名为"博物馆"，中馆为测候所。张謇在建馆的同时广泛征集动植物标本、乡邦金石品物及先辈书法绘画等文物，在园中栽种植物、养殖动物,并规划建设了亭、台、楼、阁等园艺设施。概括地说,这个苑内包含了博物馆、动物园、植物园和公园四大元素,足以贴合"博物"之意。那么,"苑"字是什么意思呢?《现代汉语词典》(第7版)中的解释为:一是养禽兽种林木的地方(多指帝王花园);二是(学术、文艺)荟萃的地方;三是姓。在古代,"苑"多指帝王花园,也作苑囿。如中国历史上最负盛名的苑囿之一——上林苑,积秦、汉两代建造而成,有动物园、植物园映衬于天然胜景之中,并巧夺天工地饰以宫观楼阁和园艺。汉武帝曾命司马相如描绘苑中景色,司马相如以自己最擅长的赋体进行了创作,虽上林苑如今不存在了,但《上林赋》代代相传。张謇的古文老师张裕钊先生曾赞《上林赋》文"鼓荡如大海回风,洪涛隐起,万里俱动,使人目眩而神傥"。从这些句子中,我们可以想象上林苑之瑰玮宏奇。但上林苑只属于皇家,对于平民百姓来讲,它是禁地。由此,我们可以体会到张謇为博物馆取名"博物苑"之胸襟。

张謇创办博物苑时,博物馆与学校教育一样,都是正在

19世纪20年代的博物苑远景,东临南通古护城河濠河,对岸为通州师范学校(今南通师范高等专科学校)

萌芽的新生事物,这些公共教育设施的出现,使知识的传播得以覆盖更多的人。今天,在互联网信息时代,求知渠道形形色色,不胜枚举,但在近代学校教育普及之前的很长一段时间内,受限于当时的生产力与生产关系,求知、识字曾经是一种特权,只被统治者、贵族和富有阶层的少数人所拥有。直到有了学校,教育才得以普及。学校教育是有程限的,入学年龄也是有时限的。那么,学龄外的人群该如何学习?学校以外的时间该如何安排?学科以外的知识该如何传播呢?由此,博物馆、图书馆、体育馆、音乐厅、美术馆等社会教育机构便应运而生。博物馆相比其他的社会教育机构,既有特殊性,又有普适性,它不仅传播知识,也传播艺术与美和公共文明。博物馆是如何传播这些信息的呢?通常的说法是格物致知,即通过对物的阐释来表达相关的知识或道理,提供人们对未知世界的一种感受或体验,增长见识,从而提升理解力,激发出创造力和想象力。

通过上述梳理,可知南通博物苑(1984年恢复苑名)是一座有着鲜明个性的博物馆。张謇把西方的博物馆与中国的古代园囿文化结合起来,使西方博物馆一落地就有了中国的本土特色,这是一种了不起的创造。我们再对比同一时期的其他博物馆,或在战火中夭折,或停办转入其他机构,鲜有像南通博物苑这样原名、原址传承至今者,这也让南通博物苑显得更为珍贵。

第三节 南通博物苑与中国国家博物馆的不同

每当说起南通博物苑是中国人独立创办的第一座公共博物馆的时候,人们脑海中常常会浮现出中国国家博物馆

（以下简称"国家博物馆"）的形象，以国家博物馆的威严、厚重来对比南通博物苑，从而生发出许多疑惑。如南通博物苑既然是中国人独立创办的第一座公共博物馆，为什么就没有钟鼎甲骨、简牍帛书、秦砖汉瓦、碑碣刻石之重器标配呢？

　　这便要从博物馆的概念说起。我国对博物馆的定义工作十分重视。1956年，文化部（今文化和旅游部）在北京召开的全国博物馆工作会议上强调了博物馆的"三性二务"，即博物馆的基本性质是科学研究机关、文化教育机关、物质文化和精神文化遗存及自然标本的收藏所；其基本任务是为科学研究服务、为广大人民群众服务。这个概念在很长一段时间内为中国博物馆事业的发展指引方向。改革开放以后，博物馆与其他行业一样得到了迅速的发展。1979年，国家文物局颁布《省、市、自治区博物馆工作条例》对博物馆做了新的定义，引导博物馆事业科学发展。为促进博物馆事业在新时代的健康发展，2005年文化部颁布了《博物馆管理办法》，2015年又颁布实施了《博物馆条例》，其中指出：博物馆是指以教育、研究和欣赏为目的，收藏、保护并向公众展示人类活动和自然环境的见证物，经登记管理机关依法登记的非营利组织。这是我国目前正在使用的博物馆定义。

　　根据博物馆的定义，人们通常依据博物馆的收藏对象

国家博物馆

将博物馆分为历史类博物馆、自然类博物馆、美术类博物馆、专题类博物馆、综合类博物馆等类别。随着博物馆事业的发展，博物馆大家族越来越庞大，博物馆分类的方法也还有许多其他的方式。我们以上述分类法来检阅南通博物苑，可知南通博物苑是一座综合类博物馆，而国家博物馆则是一座历史类博物馆。下面我们从收藏的角度，通过一个表格来说明南通博物苑与国家博物馆的区别（表1）。

表1　南通博物苑与国家博物馆的区别

类别	南通博物苑（古）	南通博物苑（今）	国家博物馆
收藏品类	历史部、天产部、美术部、教育部	历史部分、自然部分、文献品物部分	涵盖古代文物、近现代文物、图书古籍善本、艺术品等多种门类
藏品数量	3 605号	5万多件	140多万件
收藏宗旨	证史匡今三代古，尊华是主五洲宾	收藏反映南通地方历史、自然资源的文物和标本	代表国家收藏、研究、展示、阐释能够充分反映中华优秀传统文化、革命文化和社会主义先进文化代表性物证的最高机构，是国家最高历史文化艺术殿堂和文化客厅
收藏范围	历史部地域不限，以中华为主；天产部地域不限；美术部偏重南通地方；教育部古今兼顾	历史部分以南通本土古代史、近代史为主；自然部分以南通本土为主；文献品物部分的收藏以南通本土为主	不限地域，不限古今
博物馆分类	是一座集动物园、植物园、博物馆、公园于一体的综合类博物馆	综合类博物馆	历史类博物馆

博物馆除了以文物的收藏类别来分类之外，还可以从收藏文物的地域范围来划分级别，如国家级、省级、市级、县级，这样的划分与博物馆的质量没有严格的对等关系，只是工作范围的界定。如南京博物院是重点收藏江苏省历史遗存的省级博物馆（南京博物院创办之始为国家级博物馆，即1933年国民政府创建的国立中央博物院筹备处）；南京市博物总馆是收藏南京地区历史遗存的市级博物馆。此外，还有著名的浙江和湖南两省的省级博物馆分别称为浙江省博物馆和湖南省博物馆，而两馆所在城市的市级博物馆分别称为杭州博物馆和长沙博物馆。

我国从2008年起开始实施博物馆定级管理制度，这个定级是根据博物馆的收藏、展示、管理、服务、研究等多项运营项目来进行定性和定量考核的，在一定程度上反映了一座博物馆的运营质量。在首批一级博物馆定级考核中，南通博物苑、南京博物院、南京市博物总馆均被评为国家一级博物馆，国家博物馆以其崇高地位当之无愧地荣居榜首。这个定级从某种程度上反映了博物馆的运营质量，更重要的是，这些评价标准也指引着博物馆事业的发展。

我国政府高度重视文化遗产的保护和利用，2016年将博物馆事业上升为国家战略。习近平总书记多次对博物馆工作做出重要指示，他指出：博物馆是保护和传承人类文明的重要殿堂，是连接过去、现在、未来的桥梁，在促进世界文明交流互鉴方面具有特殊作用。一个博物馆就是一所大学校。博物馆建设要注重特色；要让文物说话，让历史说话，让文化说话；要加强文物保护和利用，加强历史研究和传承，使中华优秀传统文化不断发扬光大。

第一章 状元张謇和他的时代

第一节 剧变的世界与僻静的南通

19世纪,是世界剧烈变化的时代。工业革命带来的技术与经济上的进步,使西方国家迅速强大,他们通过先进的生产力和武器,在世界各地推行殖民政策。这100年也被称为"发明的世纪"和"科学的世纪",自然科学的重大发明和发现超过前3个世纪的总和,火车、汽车、发电机、电动机、电灯、电报和无线电通信相继问世。近代文明的浪潮在火药味的伴随下,席卷了全球。

按我国的皇帝年号纪年,19世纪跨越了清代的嘉庆、道

英国工业革命小景

19世纪美国街景

光、咸丰、同治和光绪5朝，5个当政的皇帝中，同治和光绪均是幼年登基，清朝统治者开国时的雄霸之气在闭关锁国的政体中逐渐消磨，他们变得怯懦和孱弱。这100年中，抵抗外国侵略的战争接连不断，一系列战败和不平等条约使国家逐渐沦为半殖民地半封建社会，国内反清统治的农民运动也此起彼伏。内外矛盾交织使清朝统治摇摇欲坠，国力积贫积弱。而邻国日本则在1868年实行明治维新之后，成为东亚一强，对我国形成极大的威胁。由此，变革的呼声、革命的枪炮声、睁眼看世界的疾呼声此起彼伏。

反映晚清民族危机形势的《时局图》

当时，地处一隅的南通还是一方净土。从地理上看，南通位于长江入海口的北岸，濒江临海，有着丰富的水资源。虽然考古证明南通最早的成陆区位于青墩新石器时代遗址，但南通境内大部分土地的成陆历史并不长，局部地区还演绎了沧海桑田的神话。光绪《通州直隶州志》载，19世纪中叶的通州，社会风气兼有扬州、徐州之风，但其土地多是盐卤区，相对贫瘠。1876年，同治皇帝的师傅福建人林天龄（字受恒）任江苏督学使时，记南通"其地南通闽粤，北接齐鲁，商贾辐辏，鱼盐之利，木棉花布之产甲诸郡"，表述了南通与外界的商业往来，除了传统的渔业和盐业之外，还有棉业也颇有口碑。同年，汉军铁岭人松亭从上海知县调任通州知州，他记载了当时的居民情况："亭摄宰沪邑，实为五方荟(会)集之地,而崇川(通州旧称)一江遥隔,郡人士之侨于沪者尤夥……粤寇之变,东南半壁尽皆蹂躏,而崇川一郡,泰、如两邑独完善无恙。"这段文字说明了当时两个突出的社会状况:一是南通与上海虽只有一江之隔,但因上海繁华,南通人多外出谋生,南通大量优质的棉花也是通过在上海的交易而销往他处;二是由于这里闭塞落后,受外界影响很小。"粤寇之变"是指太平天国运动(1851—1864年),这场19世纪中国最大规模的反清农民运动,席卷了大半个中国。虽然太平天国定都天京(今南京),但战火也未波及南通。以孔庙为例,太平军所到之处,焚毁孔家店,湖南道州、郴州,山东临清,安徽潜山的文庙均毁于此时,江宁的学宫被改为"宰夫衙"。1853年,太平天国还从法律上规定:"凡一切孔孟诸子百家妖书邪说者尽行焚除,皆不准买卖藏读也,否则问罪也。"但这场轰轰烈烈的农民运动并未影响南通,南通孔庙的祭器、礼器安然无损,甚至南通孔庙在民国年间还举办过数次祭孔仪式。如今,南通孔庙的礼乐器大多存于南通博物苑。

19世纪20年代的南通孔庙泮宫桥

第二节 状元张謇

状元张謇出生于南通属辖的海门常乐镇,鸡犬桑麻的农村集镇与波翻浪涌的大千世界,有着极大的反差。张謇的出现打破了这种局面,并使南通在很长一段时间引领了时代风潮。

伟人的出现总会伴随一些神话故事,张謇的一生也多有这样的神话光环。相传,他3岁时,母亲梦见一"金冠、朱衣、白须"的长

张謇像

者坐在家门口,不肯离去,左右劝归,长者只道:"知若家善祥,行来就居。"第二天,外出的父亲带回来一幅亡友遗赠的旧画,母亲颇为忌疑,将旧画展开一看,竟是昨夜梦中的长者,诧愕不已。原来这是掌管天下文运禄籍的朱衣神君,是通海一带读书人敬祀的"五文昌"之一。于是,母亲将旧画精心收藏起来,每年岁末取出来供奉敬祀。这样一存竟藏了40年,等到张謇考中状元,由于画像年代已久,破损严重,张謇有感于父母燕翼诒孙的良苦用心,便特请海门画家张衡(字莘田)重新描摹了画像,并永久珍藏。

张家有缘供奉这尊神君,也得益于一位农家子弟对读书梦想的不懈追求。张謇的父亲张彭年(字润之)从小就爱读书,家长总是训斥他:"家里穷,人口多,不种田,哪里有饭吃?父亲在田里晒太阳,儿子倒在屋子里乘凉,这是什么道理?"有这样的童年,张彭年发誓要让后代读书,并寄望

他们以读书改换门庭。或许是爱读书的缘故,张彭年的见识要高于一般的乡农,他很善于利用生活对孩子们进行触类旁通的教育。如家里做泥瓦活,他就命孩子们去帮大人们递运砖块,并叮嘱他们要注意观察和核算,不同大小、厚薄的砖块要用在不同的地方,及时地将合乎尺寸的砖块递给施工者,这样既节约施工时间,又不致浪费。他也会对旁人家的营造是否合度进行点评,并将缘由说给他们听。这样,张謇从小就对土建工程有了一定的知识储备。张彭年在农活方面也是一把好手,有着一套自己的办法,如"艺蔬种树,横纵成列。位器疏密,皆有尺寸"。有佣工在栽种过程中,没有横平竖直、杂芜除净,他会不厌其烦地一遍遍去纠正直至到位为止。成长的经历为张謇经营地方建设储备了不少常识,使他在规划建设方面无师自通。

张謇故居扶海垞内的尊素堂旧影

张謇出生于1853年7月1日,小名长泰;5岁时入私塾,因承祧吴姓由老师邱畏之先生取名吴起元;16岁时在私塾老师宋璞斋的建议下,认如皋人张驹为族人,改名为张育才,字树人;25岁时自己改名为謇,字季直,别字处默;42岁时高中状元,被授予翰林院修撰的官职,从此人们称他为"张殿撰"。家乡人因他在兄弟中排行第四,偏好尊称他为"张四先生"或"四先生"。张謇晚年自号啬翁、啬庵,因其丰功伟业,世人常敬称他为"张南通"。

謇有"直言""口吃"之意。张謇的好友周家禄(字彦升,晚号奥簃老人)有《更名篇寄张季直謇》释说这次的改名,一是自警不要好发议论、言语谨慎,二是出于对淡泊名利的南齐人陶季直和潜心著述的梁朝人沈处默的景仰。张謇与周家禄、顾延卿、朱铭盘、范当世合称"江苏五才子",五人交往甚为密切。有意思的是,从此言辞不多的张謇似乎格外擅长用无声的"物"来说话,而"物"正是博物馆所特有的语言,在他创办的诸多事业中,他也非常恰当地运用了博物馆的语言。张謇的一生丰富多彩,历史上很难找到可与之比肩的人。这里分三个阶段对他的一生进行简介,以帮助我们了解他能创办博物馆的原因。

一、科举入仕(1853—1894年)

张謇天资聪慧,12岁时就因才思敏捷,以"我踏金鳌海上来"对出老师的"人骑白马门前过",而被视为有状元之才,但其科考历程竟是一路坎坷。当时的科举考试,对参考的学生有资格审核。张家是三代没有学名和功名的"冷籍",需要请人保荐。在私塾先生的安排下,张謇冒籍考取了如皋籍秀才,由此引起一场历时5年的"冒籍风波",使张家几近倾家荡产,少年张謇饱尝人世冷暖。

这场风波也使张謇遇到了人生之中第一位伯乐。时任通州知州的孙云锦(字海岑)帮助张謇摆脱了困境,将其学籍拨回通州,并邀请他出任幕府书记。当时,孙云锦发审局的差俸是50金,付给张謇的月资高达10金。孙云锦还不吝夸奖之词把张謇引荐给当时的贤达好友,时任庆军统领提督的淮军将领吴长庆(字筱轩)驻军浦口,与张謇一见如故,在孙

吴长庆像

云锦调离南京后邀张謇入军幕,不仅将其月俸翻倍,还专筑新舍5间,以便张謇专治机要文书,同时潜心准备科举考试。

张謇先后参加了6次乡试,于1885年以第二名的成绩考取了南元举人。1894年恩科会考,已步入不惑之年的张謇在4次会试不中的挫败下,早已淡泊了科名,父兄以"不成进士,依旧归去"劝其再试一回。张謇难违父命,仓促赴京赶考,连考具也是入京后临时向好友借凑的,可这一次竟然高中了状元。

从农家子弟到状元,张謇切身体验到了科举考试中种种弊端,对旧学的深刻认知为他日后创办新学,形成自己独特的教育思想奠定了基础。同时,东奔西走的游幕生涯,开拓了张謇的见识。在对不同地方风土人情的体察中,他萌生了收藏的意识。在此期间,他最倾心收集的是书法碑帖和书籍。张謇随吴长庆出使朝鲜平定壬午兵变后,朝鲜国王赠送他一套朝鲜官服,之后他将此捐赠给了南通博物苑收藏。

二、救亡图强(1895—1915年)

高中状元是张謇人生中的一个重大转折点,他被授予翰林院修撰的官职,从此接近国家枢府机要。太和殿的礼乐声似乎还未完全消散,中日甲午战争爆发,张謇作为光绪帝恩师翁同龢为首的"帝党"派主将,与李鸿章为首的"后党"派就战与和问题发生了激烈抗争。不久,张謇因父亲病故而丁忧回乡。1895年,张謇得知清廷与日本签订了丧权辱国的《马关条约》,遂在日记中写道:"和约十款,几罄中国之膏血,国体之得失无论矣。"他摘录了条约的主要内容,鞭策自己一刻不忘救亡图强的理想。

之后,张謇受张之洞委派总理通海一带的商务。张謇选择了兴办纱厂作为商务之始,历经重重磨难,1899年纱厂终于开机出纱,张謇以《周易》之中"天地之大德曰生"为纱厂取名"大生纱厂"。开缺回籍的翁同龢得知纱厂兴办成功的喜讯,挥笔题联:"枢机之发动乎天地,衣被所及遍我东南。"

张之洞像

大生纱厂的成功创办,是张謇在实业救国的道路上迈出的第一步,也为他远离政坛提供了恰当的托词。但张謇的理想并非办一座工厂,而是怀抱救亡图强的大目标。由此,围绕与大生纱厂相关的一系列紧扣国计民生的实业、教育开始筹划。同时,张謇还提出了一系列实业救国、教育救国的主张,其声望与日俱增,他被公认为全国商界与学界的领袖,在诸多国家大事上影响颇大。1912年,南京临时政府成立,张謇出任实业总长兼两淮盐政总理。1913年,张謇出任熊希龄组建的"第一流人才内阁"的农商总长兼全国水利局总

翁同龢为大生纱厂题写的对联

大生纱厂

裁。因为袁世凯复辟帝制的倒行逆施,张謇再次辞去一切官职,并从此远离政坛。

20年亦商亦官的经历,使张謇怀抱着救亡图强的理想,始终站在国家权益、民生福祉的高度来规划和设计一个理想社会所应有的事物,努力去践行或倡导实业和教育兴国的主张,其中建设博物馆是他教育主张中的一项重要内容。张謇曾3次呈请政府建设国家博物馆,创建博物苑则是其在地方的亲身实践。

三、地方自治(1916—1926年)

退出政坛的张謇一心致力于南通的地方自治,以期建设一个样板而在全国示范,借此伸张救亡图强的主张。他曾说:"国可亡,而地方自治不能亡;国即弱,而私人志气不可弱。"南通的地方自治,以大生资本集团为经济中心,以实业教育相互挈乳为发展路径。通过一段时间的规划建设,在不到30年的时间里,南通由一个封闭的小镇,变为一个呈现出新气象的现代化城市,获得了"模范县"的美称,为中外人士交口称誉。整个南通城宛如近代中国走向现代化历程的一个大博物馆。

虽然张謇有一个宏大的理想,"然此三十年中,黯澹(淡)

神州,政局翻复(覆),波激云诡,乍阴乍阳,大变而不一变,愈变愈棘,亦愈棘而愈变",动荡的时局,迫使张謇的实业救国、教育救国的梦想只能限于南通一隅进行初步实验。

1926年夏,天气异常炎热,张謇不顾高龄,仍然奔赴江堤察看防坍石楗工程,不幸染上重疾。他的日记停在了8月2日:"大风急雨瞬过,凉,热度低至八十五度。"当时为华氏记温,大约相当于今天的29.4摄氏度。余下的空白中,没有文字告诉我们他在生命的尽头想了些什么。病逝前3天,他要笔,可握了笔,手已动不了了,所以他没留下任何言语。据说,哥哥张詧在他耳边说了大意是"文曲星安心归去"的话后,他才慢慢地闭上了眼睛。

"文曲星"之说在张謇幼年时就传于西亭乡间。那年,张謇8岁,一族兄带他去城隍庙,见城隍二神高高在上,族兄命他行礼,他刚揖拜时,神龛上的笔筒、签筒忽然翻倒在地,发出很大的响声,吓得他大哭起来,惊动道士们纷纷跑来安慰,由此传说是城隍老爷不敢当文曲星一拜。在科学知识并不普及的年代,传说也赋予张謇在地方上非常之权威,使他备受敬重和崇拜。有好事者乩坛,说张謇逝世时,有黎山老母驾临,派一青衣童子接引,助其登升上界,且仍归原位。

1926年8月24日,张謇逝世于濠南别业,终年74岁[1]。他生前已择定南通南郊为他的墓园,生性喜爱植树的张謇已在那里种了不少树木,郁郁葱葱,俨然一座生机盎然的植物园。下面是张謇生平大事简表(表2)。

---

[1]中国古人以虚岁计龄,此处保留虚岁的用法,下同。

表2 张謇生平大事简表

时间	事件
1853年	7月1日，出生于江苏海门常乐镇普通农家
1864年	12岁，以"我踏金鳌海上来"对出"人骑白马门前过"，被视为状元之兆
1868年	16岁，考中秀才
1885年	33岁，中南元举人
1888年	36岁，掌赣榆选青书院及太仓娄江书院，兼修两县志
1891年	39岁，校东台县试卷，兼修县志；作《周易音训句读》
1893年	41岁，掌崇明瀛洲书院
1894年	42岁，恩科会试，考中状元，授翰林院修撰
1895年	43岁，列名上海强学会；掌文正书院；筹办大生纱厂
1896年	44岁，兼掌文正书院、安庆经古书院
1898年	46岁，为翁同龢起草《京师大学堂办法》
1899年	47岁，任学部谘议官
1901年	49岁，著《变法平议》，为两江总督刘坤一订立初、高两级小学、中学课程
1902年	50岁，筹建通州师范学校，著《中国师范学校平议》
1903年	51岁，赴日本考察实业教育；建南通翰墨林印书局
1905年	53岁，任震旦学院院董；任江苏教育会会长；创建博物苑
1906年	54岁，设立吴淞商船学校；为扬州筹建两淮自立两等小学、中学及寻常师范
1907年	55岁，参与创设中国公学，任宁属教育会会长
1909年	57岁，任江宁高等商业学堂监督、江苏谘议局议长、中国图书公司总经理
1911年	59岁，发起成立全国教育联合会；任中央教育会会长、两淮盐政总理
1912年	60岁，任南京临时政府实业部总长
1913年	61岁，任北洋政府工商农林部总长、全国水利局总裁

续表

时间	事件
1914年	62岁，建河海工程专门学校于南京；建女工传习所，聘沈寿来南通任所长
1917年	65岁，任中华农学会名誉会长、中国科学社名誉会员
1919年	67岁，建伶工学社，聘欧阳予倩为主任；五四运动后，发表《告全国学生书》
1920年	68岁，组织苏社；任吴淞商埠局督办，中国矿学会及中国工程师学会会长；在东台建母里师范学校；将之前办的农、纺、医等校合组为南通大学，购大丰华成公司土地作为大学永久基地；发起成立东南大学；邀请美国教育家杜威来南通演讲
1921年	69岁，任第五届远东运动会名誉会长
1922年	70岁，邀请中国科学社来南通召开年会
1924年	72岁，为南通文化教育事业向美国争取庚子赔款
1925年	73岁，开会追悼孙中山；发表《正告南通自立非自立各学校学生及教职员》
1926年	74岁，5月参加通州女子师范学校20周年纪念会，发表演说；8月24日，病逝于南通

张謇墓

第三节　癸卯东游

1903年3月1日—7月31日,日本在大阪举办第五次国内劝业博览会,遍邀世界各国官商赴会。日本驻江宁领事天野苍太郎通过徐乃昌函请张謇参观。张謇于同年5月21日上午7点乘日本邮船会社"博爱丸"号东行,对日本进行了为期70天的参观考察。他游历了大中城市20座,共考察了农工商企业30个、各类学校35所。其间,他参观博物馆(含博览会场、动物园、植物园)15次。从日程推算,张謇把所有预约事项的空隙时间用来参观博览会,未虚度每一寸时光。到目前为止,大多数研究者均认为考察日本是张謇建设南通博物苑最直观的参照,所以笔者在此处多花些篇幅来介绍他参观相关博物馆的情况(段落之前的方括号内为公历时间)。

【5月28日】早餐后,实甫来,同至博览会。以请帖易其优待票入场。会场在大阪市天王寺今宫,为日本第五次内国劝业博览会,规地凡六十万余方尺,馆舍凡九万余方尺。聚其国内所产制物品,分列农业园艺、林业水产、矿冶、化学工艺、染织工业、制作工艺、机械、教育学术、卫生经济、美术及美术工艺为十门。一门之中又各分类,以八馆处之。别列参考馆,置各国之物品。中国止江、鄂、湘、齐、蜀、闽六省有陈列出品。鄂品有汉瓦当、唐经幢,劝业以开来,而此以彰往,若移置中国博物院差不倍耳……遇李拔可宣龚,同观美术、工业、矿冶、机械、教育、卫生数馆,机械、教育出于学校生徒制者最可慕美。美术以绣为最精,画平常,不足张也。

第一天参观,张謇就发现国人对博览会与博物馆的理解有偏差。同时,他也了解到日本人为了举办博览会促进工

1903年日本在大阪举办的第五次国内劝业博览会

商业的发展,先在各府、县、郡设置小会,层层竞选优秀者,再令其参加大会展示。而当时的中国,"六省彼此不相侔,若六国然……"这个经验对他日后准备世博会、南洋劝业会均有助益。

【5月30日】仍至博览会农林馆,其赤豆、黄豆、大小麦有大倍于华产者。北海道开垦图最详,与通海垦牧公司规画[1]同者……

【6月3日】返观博览会侧之动物馆。羽之族有鹤、有鹳、有鸳鸯、有鹭、有鹦鹉、有秦吉了、有鸱鸮、有鸽、有鸡。鸡类不一,有火鸡、有珠鸡。鹦鹉尤多,有白、有红、有绿、有杂色,有大、有小。鸽最大,鹤最美。毛之族有虎、有豹、有象、有狮、有猿猴、有印度牛、有羚羊、有豪猪,皆一牝一牡。懒猴据枯枝而睡,其揭云:性懒,昼食饱即睡,夜则醒,睡蒙其头,醒亦不甚跳跃,似天下之养尊处优而婾(偷)懦人。鳞之族文鱼独多,蟒与鳄独大。介之族,凡近矣,玳瑁之大不逮神户。

【6月6日】饭后与伯斧观博览会机械馆。是夕为日人金曜日,会场内外电灯尽张,士女阗塞衢路,履声如万竹齐裂。水帘亭以七色镜旋转,现虹霓之色,于光学颇有发明……日人工商于美饰事极注意,亦其习惯也。

---

[1]规画系原文所载,古今同"规划"之意,下同。

【6月7日】复至博览会观工业馆,织业最良……次观通运馆,舟车法度咸备。最精者,环球航路之标本,内国山海之模型。台湾模型极精审,可异者,乃并我福建诸海口绘入,其志以黄色,亦与台湾同……

【6月10日】午后看博览会水产馆,通州可参酌仿行者……宫城之盐,其第一等与余东同,不逮吕四也……观电气光学不可思议馆火焰舞,既曰电气光学矣,便有可思议,应曰非不可思议馆。

【7月22日】五更大雨。与伯斧、实甫同至博览会水产馆专考盐产……欲尽观之,以广参考……

【7月23日】复至博览会考察农工应用之器具,并购幼稚园恩物(专卖恩物在大阪市东区岛町二丁目九十三番中川藤八店,其执事为藤井佐龟雄)。

以上8次参观博览会的记录,后2次为返程前的重复参观,而最后一次参观所购买的幼儿园恩物,后来陈列于南通博物苑的教育部。20世纪初,博物馆的概念比较宽泛,基本上将动物园、植物园等有物品展示、供观众参观学习的机构

 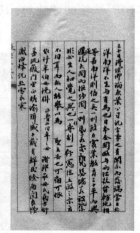

张謇《癸卯东游日记》

均囊括在内。张謇访日期间,还参观了一些其他的公共展示机构。

【5月27日】与伯斧同访楠公社水族馆。水族数十种,小者内障琉璃,外距数尺,叠石四周,中空蓄水,上下有小琉璃水管,注新泄陈,以换空气。鳞介游泳,犹在波间。能举其名者十仅二三,大者若鳄,若玳瑁,若海驴,皆各凳小沼畜之,覆以铁网。有一鳄骨长二丈许,旁有卖水族一斑图者。

【6月1日】午后至造玻璃厂……观制成陈列之器,映光视之,尚有细点未净,不逮欧制,而价则廉平。

【6月5日】西村、小池导观造币局。局隶大藏省,平日虽内国人不听入,本年以博览会弛其禁,凡华人观察者指示尤勤。

在参观访问中,张謇对日本学校的建置记录最为翔实,包括课桌尺寸、环境布置、植物绿化、园林景观等,他都观察得尤为仔细。如6月17日,张謇参观商业学校,迎门一栋大楼,楼上题名"世界我市场"。楼前有一个椭圆形的小池,池中用沙土堆砌的地球海陆分布图,寓意激励学子为国家的繁荣誓将本国的商业遍及世界各地。张謇看后颇为感慨。他还参观了两所学校的博物馆,其中一所是位于札幌的农学院博物馆。

日本学校教育图

复经东皋园看芍药菖蒲，园占地约华之四亩，纡曲其径，分区莳花，小石为界，缘以短草，果林、藤架参错其间，花烂漫五色，着雨弥艳……冒雨至旅馆，南教授复导观农学校博物馆，司馆事者村田庄次郎，馆皆北海道物。有大熊二：一曾搏啮五马于一夕，一曾杀三人，毛色黑长过人而无尾。鹏有五种，首微异耳。楼上列虾夷庐舍、器具、服物、丧葬、兵甲之式。南教授言，虾夷形状及食生鱼、衣鸟羽兽皮之俗，与桦太岛人相似，然则黑龙江土人鱼皮鞑靶之所移，或其种所参（掺）杂乎？不能详矣。次观其植物园，左草本，右木本，皆以欧美人植物分科法区之，因雨，草草即返……

另一所学校令张謇尤感兴趣。接待张謇的嘉纳治五郎校长，是当年张謇在朝鲜处理壬午兵变时结识的日本友人竹添进一郎（名光鸿，字渐卿）的女婿。竹添进一郎曾任日本驻天津领事、驻华使馆书记、驻朝鲜公使等职，系日本近代著名外交官和汉学家。故人相见格外亲切，竹添进一郎特别准备了自己收藏的唐、宋、明古籍给张謇欣赏。两人谈及教育问题时，竹添进一郎也表达了"亦以斟酌习惯、合于程度为难"。这与张謇的主张颇为一致。随后，张謇在嘉纳治五郎校长的陪同导览下，参观了高等师范学校、理科大学，对学校所设置的实习场所十分称妙，如"校兼有手工教室，专教金工、木工、陶工、漆工。为发明实业，有与人之规矩，不徒恃口舌之空理也"。

6月15日，张謇用博览会优待票，游览了日本的一处故皇宫：

二十日……以博览会优待票游御所，明治天皇维新前之宫也。有清凉堂，有紫宸殿（清凉，汉殿名；紫宸，唐殿名），殿屏绘中国许由以下至魏徵、李勋等三十二人。旁殿屏绘兰亭修禊、岳阳楼、十八学士登瀛洲诸图，又绘钟俞听琴、王质观棋，皆中国故事。殿不瓦，累木片厚尺余盖之，气象亦宏。然以比汉天子之间馆珍台，赵官家之寿山艮岳，相去远矣……

以上摘取的博物馆、展示馆部分，对于张謇来说，只是他考察内容的花絮，他的重点还是思考实业与教育如何促进国家的富强。张謇亲眼看到了明治维新给日本社会带来的巨大变化，深感中国要走上自强之路，必须效法日本，实行政治体制的改革。从日本回国后，张謇便积极地公开倡导和投身立宪运动。

东游之行，固然是开阔了视野，但对于张謇来说，更重要的是，他为自己的梦想找到了现实的参照物，所见、所闻对其内心的触动之深，可散见于同时期的一些著述。张謇尤为重视"民"与"国"的关系，任何一个话题均可由对一个小小的个体的看法引申至对一个国家的思考，如"民不竞不智，不智故日安于惰而流于弱，弱故外侮得而乘之"。回国后不久，张謇与其兄张詧进行了分家，二人立志"此后之皮骨心血，当为世界牺牲，不能复为子孙牛马"。

第二章 南通博物苑的诞生

张謇从日本考察回国后,生活节奏如快马加鞭,在政治改良、实业发展、教育普及、交通运输等国家大计方面一日万机。他频繁奔走于南京、上海等地,常常是年初出门、年尾回家,一年下来,在家的日子总数不过月半。

1904年,张謇被朝廷赏三品衔,成为商部头等顾问官。不久,恩师翁同龢谢世,他借观翁同龢的日记,摘抄了甲午、戊戌期间的记录,追怆当年风云,适逢生父10周年祭,深深感慨"此十年中,风云变幻,殆如百岁"。在现实与理想的激烈撞击下,张謇写了一篇饶有意味的论述《记论舜为实业政治家》,舜是与尧齐名的上古帝君,被视为中华道德文化的鼻祖,张謇设问:"舜若止是自了汉,作个人事业,人孰附之?"显然,张謇有着自己的答案,儒者持守名正。张謇从古代圣贤身上寻找到道义上的榜样,从而更加坚定了自己的信念,坚定不移地走上了实业救国、教育救国的道路。创建博物苑是其教育体系中的重要一环。

第一节 状元兴学：规划博物苑

"国存救亡，舍教育无由。"这虽然已逐渐成为大多数人的共识，但对于如何办教育，则是见仁见智。张謇认为，各国教育是基于各国不同的社会制度、民风民俗而形成的，我国只能是吸取诸国之经验，创办适合我国实际情况的教育。张謇重点分析了英国、美国、法国三国的教育方法，认为贸然

1902年京师大学堂成立时的门匾

将其移植到中国来，就好比拿他人的帽子戴在自己头上。当时，主张兴学先办大学堂的呼声很高，但张謇建议兴新学应先从办师范开始。由于他的主张未被主政者采纳，于是张謇决定自己试行。

1902年，张謇创建通州师范学校。在此之前，1901年，清政府颁布的《兴学诏书》鼓励各地兴办学堂，如省城的书院改为大学堂，各府和直隶州改设中学堂，各州、各县均改设小学堂，但张謇直接称其所办的师范为"学校"，由此可见，张謇在办学认知上的标新立异。通州师范学校依照当时改庙建校的倡议，选择了南通老城南门外的千佛寺为校址。据地方掌故记载，在拆除千佛寺的铜佛时，工人们要把数千斤重的铜佛从莲座上拖下来，但当时他们用尽办法也拖不动。没办法，工人们只得去向张謇报告。据说，张謇听闻后，便前往该地，只轻轻一拖就把铜佛拖动了。总之，状元是和

通州师范学校

寻常人不同的。张謇将千佛寺大雄宝殿改建为学校礼堂,因寻觅的孟子像一时未到,开学之初,礼堂中只供奉了孔子像与光绪皇帝像,其中孔子像曾特请缪荃孙设法"觅曲阜孔林石刻吴道子画孔圣像"而摹之。张謇为礼堂拟了一副对联,并特请恩师翁同龢书写:

极东西万国推崇为教育大家,先圣亦云,吾学不厌诲不倦;
合周秦诸子受裁于狂狷一体,后生有志,各尊所闻行所知。

狂者能进取,狷者能有所不为。从这副对联中,我们可以体会到张謇教育思想的通达。该礼堂供奉的画像也一直在变,1905年,张謇向通州师范学校的学生演说乞丐武训在山东办学的故事,并请人绘了一幅武训着破衣、草鞋的画像,张謇还做了像赞,武训像与孔子像并列于礼堂。1919年,五四运动后,这里的画像又做了调整,中间为孔子,两边依次为瑞士教育家裴斯泰洛齐、武训、王阳明和颜习斋,从一方礼堂中人物陈设的不拘一格,可见张謇思想的波动。他完全依照自己的认识来办理他认为适合的教育,而不受一般外在因素的干扰,办博物苑也是如此,清晰的思想脉络容易凸显其思想状态,这也是张謇开创博物苑格外重要的原因之一。

状元兴学,气象与众不同。张謇为通州师范学校所题的校训是"坚苦自立,忠实不欺"。这种独立的思想、坚定的意志,使他不仅能乐于接受新生事物,而且能让万物为己所用。当时,国内独立的师范学校没有现成的章法可供参考,张謇参照日本师范学校的教育模式,制定了《通州师范学校章程》,课程设置也由张謇酌古参今亲自拟定。于是,日本师范学校的一些先进课程,如教育、心理、伦理、博物、音乐、图画(用器画)、体操等课程被顺利引进,1905年1月14日,张謇选定通州师范学校西河对岸"规学校公共植物园",作为教学之辅。

通州师范学校校训

张謇视师范学校为"血汗经营之地",甚至"家可毁,不可败师范"。通州师范学校建成后,很快在地方上孵化了一系列学校。1905年6月3日,通海五属学务公所开办,这是我国最早的地方教育组织,它的成立有效地调动了地方办学的群体力量,使南通成为中国现代学校教育的发源地之一。学校的兴盛,也使得张謇思考谋求更多的教育资源。

正当南通新学兴起之时,9月2日,清政府发布"上谕",宣布"自丙午(1906年)科为始,所有乡会试一律停止。各省岁科考试亦即停止"。至此,在中国历史上延续了1 300多年的科举制度被废除。10月,张謇被公推为江苏学务总会会长。这位集新学问、旧道德于一身的状元公,于新学与旧学、中学与西学、学校教育与社会教育等均有独特的见地，因此他总能领先一步走在时代前列。而尤异于时人的是张謇有极强的行动力，他的主张不停留于语言和文字，而是付诸行动。除倡导学校教育之外，张謇还倡导国家兴办图书馆、博物馆辅助学校教育：

  窃惟东西各邦，其开化后于我国，而至今以来，政举事理，且骎骎为文明之先导矣。掸考其故，实本于教育之普及，学校之勃兴。然以少数之学校，授学有秩序，毕业有程限，其所养成之人材（才），岂能蔚为通儒，尊其绝学？

  张謇分别上书当时的学部和张之洞，建议国家在北京建设集图书馆、博物馆于一体的"帝室博览馆"，即张謇请求国家兴办博物馆的两篇文章《上学部请设博览馆议》和《上南皮相国请京师建设帝国博览馆议》。张謇以日本帝室博览馆为例，认为其是适宜我国参照之法。张謇不仅主张国家兴办博物馆，并提出要将这种教育形式推广到各府、州、县。然而，张謇的主张未能在当时得到实现。1906年1月3日，张謇将规划中的"学校公共植物园"改为"规划博物苑"。由此，一座富有中华民族特色的公共博物馆在南通诞生。

第二节　建苑宗旨

  张謇选择千佛寺西河对岸的一大片荒地营建学校公共植物园。1905年，他在自己拟订的年谱中记载：

  光绪三十一年乙巳十一月，因公共植物园营博物苑。

  就在这年的小除夕，十二月二十九日（1906年1月23日），他在日记中载：

张謇题写的南馆对联

录前集为博物苑联:设为庠序学校以教,多识鸟兽草木之名。昔以苦思求下句之偶而不得,忽焉得之,殊可喜。又偶集得一联,亦可自况:"能消忙事为闲事,不薄今人爱古人。"

这段文字记录了他为博物苑集得两副对联而十分高兴,两副对联的奥秘何在呢?我们分别做一番分析:

其一,"设为庠序学校以教,多识鸟兽草木之名"。这是一副集句联,上联出自《孟子·滕文公上》,原文为:"设为庠序学校以教之:庠者,养也;校者,教也;序者,射也;夏曰校,殷曰序,周曰庠,学则三代共之,皆所以明人伦也。"其大意是"庠、序、学、校"是不同时代对学校的称呼。《礼记·学记》中有"古之教者,家有塾,党有庠,术有序,国有学"。这是不同的办学对象对学校有不同的称呼。《韩诗外传》有"学校庠序以立教,事老养孤以化民,升贤赏功以劝善……",可见"庠、序、学、校"作为施教机构,虽称呼不相同,但实施教育这一点是共同的。放在这里,我们可以理解为,博物苑是一种教育机构,是一种施教对象不受限定的教育场所。

从张謇日记可知,他早已得此句,可为求下联却很是费了一番思索:"昔以苦思求下句之偶而不得,忽焉得之,殊可喜。"博物馆是一座特殊的学校,不同的人来这里均可学到知识。可是,博物馆究竟教人们什么样的知识?教到什么程度?以什么方式去实施教育呢?这些问题在博物馆发展到今天也还颇受争议,没有一个统一的认识。这些问题也让张謇困扰了很久,甚至是"苦思求下句"而不得,最后他给出了答案:"多识鸟兽草木之名。"

那么,如何理解"多识鸟兽草木之名"呢?此句出自《论语·阳货》,原文为:"小子!何莫学夫诗?诗,可以兴,可以观,可以群,可以怨。迩之事父,远之事君;多识于鸟兽草木之名。"历史上,许多学者为这段话做过注解,钱穆先生《论语新解》认为:"故学于诗,对天地间鸟兽草木之名能多熟识,此小言之。若大言之,则俯仰之间,万物一体,鸢飞鱼跃,道无不在,可以渐跻于化境,岂止多识其名而已。"以钱穆先生的解释来理解这里的"多识鸟兽草木之名",即浅显一点,在博物苑可以认识这里的鸟兽草木等事物,记住它们的名称;深奥一些,沉浸于博物苑这样的环境之中,可以通过格物致知对该事物有深入的了解,也可由此及彼、触类旁通地去思考世间万物,岂止记住一个名字而已呢?钱穆先生还从孔子授徒的思想进一步阐释:"孔子教人多识于鸟兽草木之名者,乃所以广大其心,导达其仁,诗教本于性情,不徒务于多识也。"这就讲到了施教的目的及所追求的精神境界,我们可以从张謇兴办博物馆与学校教育的差异中寻求答案。

与通州师范学校礼堂悬挂孔子像不同,博物苑中没有设这样的"榜样",但南馆前古像亭中有从原通州城玄妙观移来的老子像。有游客记述,另有与老子像对应展示的庄子像,但未见佐证,由此可见一种联想效应。老子是道家学派的创始人,主张无为而治、不言之教。庄子继承和发展了老子"道法自然"的思想观点,尤善于将微妙难言的哲理说得引人入胜,后人将他们并称为"老庄"。在博物馆遇见老子与在学校拜见孔子,自然是完全不同的心境,二者的差异可唤起我们对博物馆教育与学校教育差异性的思考,其中博物馆教育更多的是精神层面的影响。

张謇在日记中记载此联时,离将公共植物园改为博物苑相距20天。如今仍悬于南馆前的这副对联,张謇书写的落款时间是1906年8月,而南馆建成的时间是11月,从时间上的追踪,可见张謇对此联的重视。今人将此联认作南通博物苑的办馆宗旨,自然也是无可争议的。

其二,"能消忙事为闲事,不薄今人爱古人"。这也是一副集句联,上联出自白居易《咏家酝十韵》:"能消忙事成闲事,转得忧人作乐人。"下联出自杜甫《戏为六绝句》:"不薄今人爱古人,清词丽句必为邻。"此联之意直白,给人以娴雅和趣味。张謇认为,"亦可自况",即经营博物苑事务对自己来说也是愉悦的体验。

上述两联,可结合《整治博物苑粗成有作》来综合理解。这首诗记于1910年1月25日日记眉端,全诗为:

　　濠南苑囿郁璘彬,风物骈骈与岁新。
　　证史匪今三代古,尊华是主五洲宾。
　　能容草木差池味,亦注虫鱼磊落人。
　　但得诸生勤讨论,征收莫惜老夫频。

2005年,南通博物苑100周年诞辰时,两院院士、清华大学教授吴良镛先生应邀为南通博物苑设计新展馆,在工作交流中,南通博物苑的赵鹏老师找出了张謇此诗的手稿,吴良镛先生大喜,特将此诗移刻于南通博物苑新展馆面朝

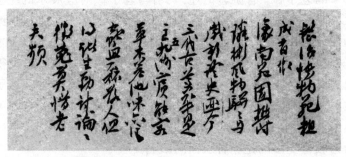

摹张謇手书《整治博物苑粗成有作》诗壁稿

38

大门的一面墙上,赞之为"神来之笔"。因张謇手书为草体字,为方便观众阅读,苑内请赵鹏老师将其做了散译,并制作说明牌标注于入门参观必经之路旁,提示观众阅读。译诗颇得其神,现移抄录于下:

  城壕南边的林园郁郁葱葱一派生机,
  新兴事物联翩而生与日俱增。
  器物遗存可以证知远古三代以来的历史一脉相承,
  悠久文明更激励人以中华为主,视五洲为宾。
  丰富的陈列供人们获取大自然的奥秘,
  对自然的探究也能孕育人远大的胸襟。
  只要学子们能来此钻研,
  高龄的我为收集物品到处奔波也不辞艰辛。

从博物苑建成之后的感慨与建苑前的初衷进行对比,可见,张謇对博物苑的期望一以贯之的还是"教育"。他希望博物苑是一个让人学习的地方,人们通过其熏陶,可以成为一个心胸豁达的"磊落人"。建苑宗旨使博物苑的发展始终有明确的方向。状元精深的文化素养将办苑宗旨以集句联的形式表现出来,既通俗易懂,又朗朗上口,成为博物苑宝贵的财富。

第三节 孙钺:被张謇青睐的年轻人

  张謇先后三次呼吁政府兴办国家博物馆,对博物馆工作人才也提出了设想。他认为:"胜斯任者,非博物好古、丹青不渝之君子,又能精勤细事、富有美术之兴趣者,莫克当此。"我们可以理解为,一个合格的博物馆工作者,一是要拥有广博的历史文化和科学知识,二是要能忠诚于博物馆事业,三是要有勤恳细致的工作作风,四是要有良好的美术艺术修养。这些标准在今天仍是适用的。张謇在为博物苑挑选人才时,通州师范学校监理江谦(字易园)和日籍教师木村忠治郎推荐了正在通州师范学校读书的学生孙钺担此重任。孙钺时年28岁,这位被状元选中的年轻人从此与博物苑的命运紧紧相连。

孙钺于1876年出生于通州(今南通),字子铁。父亲孙鳌,秀才出身,在孙钺10岁时不幸辞世,家道中落。孙钺幼时入过私塾,1901年,考入江阴南菁书院。南菁书院由江苏学政黄体芳于1882年所建,在当时是江南地区学术地位最高的学府,孙钺在此期间接触到大量的"新学",对自然科学产生了浓厚的兴趣,立志学科学而放弃科举仕途。除课业

博物苑首任苑主任——孙钺

之外,他还订阅上海徐家汇天主堂出版的《汇报》《格致汇编》等书刊,这些新知使其眼界大开、思想活跃,所做课艺立意新颖,其代表作《论日本变法》以书院高才生作业入选《南菁书院丛书》。

因为当时的一些自然科学图书均来自国外,孙钺认为,欲求新知,非通外文不可。于是,1903年,孙钺考进了南京东文学堂,通过勤修苦学,用一年的时间完成了日语语法的学习,考试成绩名列前茅,受到日文教师的奖励。可好景不长,因祖母去世,家计艰难,外地求学费用大,孙钺不得不考虑回乡。1904年春,恰逢通州师范学校招第二批学生,孙钺便从东文学堂转入通州师范学校学习。通州师范学校开办的

课程十分先进,当时在国内没有相应的师资,而日本因"教科书案"有不少教师"被闲置",所以通州师范学校自开办之初引进了不少日籍教师。孙钺通晓日语,又与日本教习木村忠治郎在学问上有诸多共同语言,很快二人就结下了深厚的友谊。适逢张謇为建设公共植物园挑选人才,木村忠治郎也知晓孙家的一些情况,便推荐孙钺主持植物园工作,孙钺的品学也得到该校管理层的认可。于是,孙钺从此辍学就业。

孙钺是否就此离开学校?未见详记,现在只能略说一事。其间,孙钺见学校日语课没有语法书,便翻译了落合直文著的《中等学校日本文法教科书》[1]。工作结束后,孙钺恭敬地提请通州师范学校的日文教师西谷虎二先生审定,张謇为该书题写了书名,并支付200银圆助其出版。1905年,《日本文法教科书》正式出版发行,当时学校正缺这类教材,该书很快便销售一空,孙钺立即把借款如数奉还给了张謇。通过这件事,孙钺深得张謇好感。是年年底,公共植物园被改为博物苑,孙钺担任苑主任,全面负责博物苑的事务。

孙钺所编《日本文法教科书》

1912年以前,博物苑附设于通州师范学校,其开办经费由该校统一筹划,并由该校账房管理。孙钺主要管理学术上的事,也兼管工程。1911年年初,从通海垦牧公司调尤式度为庶务,协助孙钺。业务上的难题由通州师范学校教师来帮忙解决或予以指导。张謇早年住在花竹平安馆(在北馆西

---

[1]此为图书首版书名,后译为《中等教育日本文典》。

首),有空就来苑亲自指点。因苑内事务繁忙,孙钺经常以苑为家,后来也常住在东馆。孙钺与张謇在朝夕相处中,师生关系十分密切。有一天,张謇和孙钺闲谈,偶然涉及《周礼》《考工记》中的一些问题。张謇说想做一个周代明堂的模型,孙钺因对经史古学有根基,当即绘图指导白铁工人喜某做成了一个明堂的模型,还根据古典式样涂上了颜色,又做了一根周尺。张謇看后非常高兴。

张謇外出时,经常通过信件的方式,指导孙钺的工作。张謇给孙钺的便条颇多,常常是想起什么就信手拈来。据说,孙钺去世后还留有张謇五六百封来函,且均是关于工作方面的交代。可惜,这些函件大多在"文化大革命"中被烧毁了。从现在保存下来的屈指可数的几封函件中,尤可见当时他们工作的一些细节,现摘录部分如下:

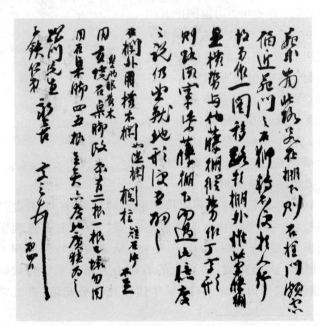

张謇手札

一

　　苑外南北路若在棚下,则石柱门颇虑逼近苑门之石狮转不便于人行,故另作一图移路于棚外,惟紫藤棚是横势,与他藤棚纵势作丁字形,则路须穿紫藤棚下而过。此臆度之说,仍望就地形便否酌之。

　　石栏外用横木栏(如堤栏)、栏柱(短石片),不足用贡院石桌脚(凿两眼贯木)改,原有二根,一根已坏勿用,用石桌脚四五根足矣,亦度地广狭为之。

跃门先生

子铁仁弟　　新喜

　　　　　　　　　　　　　　　　　　　　謇顿首

　　　　　　　　　　　　　　　　　　　　初四日

二

　　苗场须画一图,先于图上规定,再施于地。并须盖小屋三间,以旧屋为之。屋基亦须高尺以外,属思斋往助。

子铁、跃翁

　　　　　　　　　　　　　　　　　　　　　　謇

　　　　　　　　　　　　　　　　　　　　廿八日

三

　　鸟室即做。

　　树价七十余元,随树有讯。此款记颐生酒厂垫付帐(账),随后算还。另与天生港帐(账)房知照条一纸,派人送去,以便接洽。

　　树船初七八日到港。

　　送去枇杷秧三十本,即种……知照

子铁

　　　　　　　　　　　　　　　　　　　　謇顿首

　　　　　　　　　　　　　　　　　　　十二月小除

四

　　山上地稍坦处,量开小池聚水,不计多少。用十号纱五根合线,织篷布做带管,另镶铜螺丝口接头。

　　寄去海岸黑松[子]一包,望即种土阜上。来讯已到。
跃门、子铁二君

謇顿首
四月四日

　　这些函件都生动地反映了他们当年的工作状态。孙钺对养殖动物、栽种植物,尤为偏好,后又在木村忠治郎的指导下,学会了制作动植物标本,为博物苑采集、制作了大量的自然标本,并通过显微镜对其进行观察。

　　孙钺做一行钻一行,博物苑种植的花草树木,孙钺不仅善于养护,还重视培育和繁殖。据后人回忆,有一次孙钺在博物苑种植绿植时,恰逢他与妻子的结婚纪念日,他便将绿植剪成了他们的英文姓氏的首字母组合"SY",在当时颇为新奇。孙钺从本地教堂引种白花除虫菊成功后,因其驱虫功用具有实用性,他便采集种子向社会推广发售,还为此设计了不同图案的种子包装袋。在养

孙钺使用的显微镜

殖动物时,他注意观察动物的基本习性,学习养护、繁殖的基本技能,曾成功地将鸵鸟蛋用人工的方法孵化出小鸵鸟。此外,他还钻研金石丝竹、书画碑拓等各类知识。如今,南通博物苑保存了一套花卉小酒杯,是1908年孙钺在江西自制的,杯上有月季、荷花、秋葵、山茶四季花卉图案,均为孙钺亲手绘

制,可见其艺术才华的精湛。

1910年,中国举办的首次世界博览会——南洋劝业会在南京开幕,张謇发起成立研究会,组织各行专家对博览会的展品进行专题研究和评论,孙钺受命完成了《南洋劝业会教育馆博物部之研究》《研究农业意见》的研究报告。孙钺之子孙渠,是博物苑的同龄人,从小跟随父亲在博物苑长大,他多次回忆当年情况:

我父亲的工作是很繁重的。张謇为了要规划一个药坛,专植军山上的药用植物,我父亲就去军山采集了一个月。需要水产标本,我父亲就去吕四海滨调查水产,采集标本。又如地方上发现了什么动植物的奇闻怪事,他要我父亲去调查研究,写成文章,在地方报纸上发表。天宁寺塔顶取下古物,要他去鉴定。鸟儿死了,要他做标本。还要他指导移植花木。每一植物或动物,要他定名。白天完不了的工作,深夜回到家里做。有时宿在苑内,经旬不归。如此种种,不胜缕述。

1912年以后,开始考订苑品的名称。属天产部的,考其拉丁文学名、科学分类和产地;属历史和美术两部的,考其年代、作者、与真赝或仿制;有些并写了简短的说明,制订卡片,分类造册。

为了鉴定这些文物,邀请了一些专家,如金石家诸宗元,矿物专家和画家陈衡恪(字师曾),考古家宣子野,古典文学家尤亚笙和朝鲜诗人金沧江等,共同研究。为了学习和参考,我父亲还自费购买了日本新出版的科学书刊,如《理学界》杂志,订了二十多年。此外,还买了《动物图谱》《植物图谱》《鸟类图谱》《昆虫图谱》和十巨册《日本百科大辞典》。经过两年的努力,于1914年刊行了《南通博物苑品目》上下二册,共录藏品2 973号。上述《品目》印行之后,继续征集的物品于1933年我父亲办移交时另编《品目号外》,录藏品632号。也就是到1933年止,苑品已达3 605号。

第二章 南通博物苑的诞生

1912年11月，通州师范学校改为江苏省代用师范学校，博物苑脱离原通州师范学校，改名为南通博物苑并独立开放。第二年，正式设立职务，张謇任苑总理，孙钺担任苑主任。后来，苑内有了单独的会计，会计也是身兼数职，如门卫、临时用工管理和物资的进出记账等。孙钺的工作仍是总揽一切苑务，事无巨细，事事胜任。

　　孙钺还是一位多产的作家，一有空暇便专心致志地著书立传。据传，他编著的图书近20种，如今留存下来的有8种，有《最新中学教科书用器画》《实用森林学》《初等农业经济及法规教科书》《中等农业昆虫学》《植物病理学》《实用养羊全书》《实用养牛全书》等。这些图书大多一版再版，有的图书再版20多次，可见需求量之大。其中，《植物病理学》是大学教本，也是他毕生理论与实践的成果。孙钺还计划著述南通地方植物图志，一个偶然的机会，江苏省代用师范学校教师曹炳生在古玩市场上发现了一摞残稿本，纸张薄，且多蛀蚀，文字密密麻麻，有精美繁多的手绘植物插图，经鉴定为孙钺未完成的植物志稿本，现此珍贵手迹已由曹炳生捐赠给南通博物苑保存。孙钺还擅长古典诗词写作，生前有诗词结集，名《读雪山斋诗词》，手稿未付印，惜毁于"文化大革命"中。

　　1992年，南通师范高等专科学校90周年校庆时，87岁高龄的中国科学院袁翰青院士致专函，表达了对孙钺的深切怀念。据袁翰青院士回忆，学生们对孙钺的授课方式大多留下了很深的印象，孙钺熟悉博物苑的设置，一花一草都是他亲自栽种的，他常带学生到博物苑现场教学，深得学生喜爱。著名盆景艺术大师徐晓白（字荃舆，号凤笙）在晚年还念念不忘恩师孙钺，"幼时至农校求学都得到他的教诲"，称张謇任命他为博物苑主任时，"学识渊博，为人正直，苦心经营，成绩显著，深受张謇信赖"。

孙钺也是博物苑的宣讲员，按照今人的说法，孙钺是中国博物馆事业发展史上最早的讲解员之一。学生来苑参观，孙钺常常为之引导，随时讲解，团体会员预约前来参观，也多是孙钺讲解接待。1914年10月，中华职教社的俞泰临先生组织嘉定县（今上海嘉定区）教育参观团来苑参观，记录了在博物苑与孙钺的相会：

十九日（月曜），大风雨……蒙苑中主储孙君子铁导入博物馆，有楼五间，建于苑之中央，馆门外有丈余金装佛像二，安置龛中，闻自某庙移至此者。入馆见储备各物，包罗万象……此苑之发起而建设者，为张季直先生，盖有鉴于地方人民常识之不足，乃经营此苑，以为社会教育之补助，经营以来，盖七载于兹矣，将使地方人民于作业之暇得稍扩其眼界，稍充其智识。而学校中关于历史，理科教授之因经济关系而不能求备者，得此亦足供其需要，而便于观察矣，故其苑址乃与师范学校、附属小学校、农学校、医学校相毗邻。呜呼，张公之用意，抑何深厚焉！观览毕，复与孙君茗谈片刻，辞归，孙君为人沉毅精干，办事勤恳。余于此次受其招待时见之，乃知张先生之热心与办公益事业苟不得人以佐理之，恐收效犹不克如今日也。

俞泰临先生将博物苑归于张謇之设计、孙钺之落实，二者相辅相成，缺一不可。张謇曾集有一副对联赠予孙钺："老农老圃，吾不如也；一丘一壑，自谓过之。"这副集句联颇有几分诙谐，联句分别出自《论语·子路》和《世说新语·品藻》，大意是说，种田之事我不如你，可是规划经营之事我比你强，师生的亲密无间跃然纸上。1926年8月24日，张謇不幸病逝，孙钺挽联：

名垂宇宙，功盖家邦，令德千秋绵子舍；
泉石抚摩，园林指点，怆怀念载哭师门。

20多年的师生情谊，博物苑的点点滴滴，都凝聚了师生之间的情怀，一花一草都令人睹物思情。孙钺悲不自胜，本

第二章　南通博物苑的诞生

欲请求辞职,但最后仍然选择了坚守故责。

第四节　博物苑石额

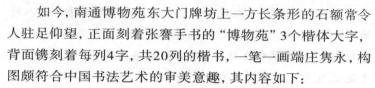

　　如今,南通博物苑东大门牌坊上一方长条形的石额常令人驻足仰望,正面刻着张謇手书的"博物苑"3个楷体大字,背面镌刻着每列4字,共20列的楷书,一笔一画端庄隽永,构图颇符合中国书法艺术的审美意趣,其内容如下:

　　光绪三十一年乙巳,购并地二十九家,凡三十五亩有奇。越岁丙午,苑馆、测候室成,搜集中外动、植、矿工之物,乡里金石,先辈文笔,资我学子察识物理。愿来观者,各发大心,保存公益若私家物,无损无缺。

　　这段文字的释义大致为:1905年,购买了29家的土地,总计约35亩(约23 333平方米)。第二年,即1906年,博物苑里的两座建筑博物馆楼、测候室建成完工,开始征集中外的动物、植物、岩矿物等藏品,同时也征集本土的金石、书画等各类文物,这样做是为了给学习者提供一个实践观察的场所,使其通过实物的比照能明白更多的道理。希望来这里参观的人,有远大的志向和抱负,像爱护自己的物品一样爱护这些公共物品,使之能完好无损地长久地传存下去。

　　这方石额的原件存于博物苑中馆,纵38.3厘米,横175.5厘米,厚7.6厘米,为青灰色大理石石质,人们视它为博物苑的奠基石。作为历史的见证物,可谓字字千金。我们可从以下四个方面来了解。

　　一、纪年

　　石碑上"光绪三十一年"与"乙巳""丙午"是两种纪年法,纪年是人们记年代的方法。我国古代纪年法较多,演变十

博物苑石额拓片

分复杂,到晚清较多使用的有两种,即"干支纪年法"和"年号纪年法"。"干支纪年法",即用十天干和十二地支相配分别依序轮6次和5次,得到60个单位的纪年法。例如,中日甲午战争之"甲午"与上文之"乙巳"和"丙午",均属"干支纪年法"。该纪年法至少在殷代以前,即3 000多年前便已出现。"年号纪年法"大约从汉代开始兴起,即用皇帝年号纪年,"光绪三十一年"之"光绪"是清朝皇帝爱新觉罗·载湉的年号,年号后的数字表示其在位的年数,每个皇帝即位都要改元,一年的起始对应农历纪年。辛亥革命后,中华民国成立,结束了帝制,开始采用"民国纪年法"(其间有袁世凯短暂的复辟帝制,改年号为"洪宪");同时,也引进了西方的"公元纪年法"。"公元纪年法"是以耶稣出生之年(相当于中国西汉平帝元年)算起,耶稣生年为公历元年,之前为公元前某年,之后为公元某年。1949年中华人民共和国成立后,统一采用公元纪年。民国纪年与公元纪年之间以减或增1911年进行换算,如民国元年,即公元1912年。

张謇《柳西草堂日记》和《啬翁自订年谱》中有3条记录了博物苑创建的时间,为方便比对现将其列表(表3)如下:

表3 博物苑创建的时间表

原文出处		《柳西草堂日记》	《柳西草堂日记》	《啬翁自订年谱》
原文	时间	光绪三十年,岁在甲辰,十二月九日	光绪三十一年,太岁在乙巳,十二月九日	光绪三十一年乙巳,十一月
	内容	规学校公共植物园	规画博物苑	因公共植物园营博物苑
年号纪年(对应农历年)		光绪三十年十二月九日(1904年12月9日)	光绪三十一年十二月九日(1905年12月9日)	光绪三十一年十一月(1905年11月1日—1905年11月29日)
干支纪年(对应公元年)		甲辰(1904年2月16日—1905年2月3日)	乙巳(1905年2月4日—1906年1月24日)	乙巳(1905年2月4日—1906年1月24日)
公元纪年		1905年1月14日	1906年1月3日	1905年11月27日至12月25日

从表3中可知,石额中所记"光绪三十一年乙巳","光绪三十一年"对应的公元纪年是1905年,而"乙巳"对应的公元纪年是跨年的,即1905年2月4日—1906年1月24日。也就是说,同时满足"光绪三十一年"和"乙巳"的时间不是一天而是一个时间段。现在要确定博物苑建苑的时间,麻烦就出现了,按说博物苑是因植物园而来,追到办植物园的时间是公元纪年1905年1月14日,但干支纪年"甲辰"与石额上的时间不符。同样,按照兴办博物苑的时间来算,干支纪年虽符合了,但公元纪年已是1906年1月3日,与年号纪年不对应。从表3中罗列的内容来看,究竟应选哪一天作为博物苑的生日呢?

信息化时代下,人们或许很难想象,在没有日历、挂历等提示的年代,有时候老百姓甚至连农历大年三十是哪一天也会有莫衷一是的困惑。

今天,公元纪年已成为定制,其普及性让人完全忽略了它曾在近代文明进程中起到的重要作用。准确的纪年是定位历史事件的基本数据,没有统一的纪年,我们就没法对历史建立时序,同一件事也可能会产生时间错位;反之,千里之外的事也会有一个共同的时间语系,比如公元前5—前4世纪,中国有孔子,印度有释迦牟尼,西方有苏格拉底、柏拉图,正是因为有了统一的纪年,你才会发现原来他们生活在同一个时代,分别代表的是中华文明、古印度文明和古希腊文明,同一个时间段在地球的不同区域发生了同样的大事,这该有多么神奇呢?纪年的对比也使人视野开阔,从而形成了我们观察世界的格局。

二、测候所

石额中曰:"越岁丙午,苑馆、测候室成……"这个测候室后对外称为"测候所",于1906年建成后,每天测天气数据,从1909年元旦开始,在南通地方报纸上逐日登载天气预报。张謇为什么在博物馆建测候所呢?

中日甲午战争以清政府的战败而结束,发展农工商是实现中国富国强兵的关键,救亡图强的国人从热心"坚船利炮"转向关注农业,西洋"农器便利,不用耒耜,灌水皆设机关,有如骤雨"。诸如此类的农业技术让知识分子们神往。1896年冬,罗振玉、蒋黼、徐树兰等人在上海率先成立务农会,即上海农学会,以创办学术刊物、翻译农业科学著作等方式进行宣传。不久,戊戌政变,清政府查禁报馆、会社,以"农学"为主题的组织、报刊因"考求物产,于农务、商务不无裨益"而有幸被保留下来。1906年,代表国家最高农政机关的"平均司"改为"农务司",标志着以筹划农业发展为主旨的农务职权更为明晰。此后,农务会在各地兴起,几乎汇聚了维新派的主力,社会改良与现代化农学启蒙同力协契,也深刻影响到当时的博物苑。

传统农业靠天吃饭,我国气象观测虽然历史悠久,但观测目的多为祭祀、兵戎,观测手段多依靠目测,观测结果多为定性文字记录，缺少定量的数据比对。虽然早期西方国家在我国建立的气象观测站的观测数据比较科学、准确，但是以侵略为目的监控了我国大片区域，具体如表4所示：

表4 早期列强在华建立的气象观测站概览表

建立者或设立机构	气象观测行为	分布地区	目的
传教士或教会	1743年，法国宋君荣在北京进行气象观测	主要分布于文化发达城区	主要为西方教会组织及列强在华进行气象科学交流和气象情报活动服务
	1841年，俄国东正教会在北京进行气象观测，并于1849年建立地磁气象台		
	1865年，法国耶稣会在上海进行气象观测，并于1872年建立徐家汇观象台		
西方国家政府在华设立的"海关"	1869年11月，汉口海关进行气象观测	主要分布于沿海口岸、岛屿及长江沿岸、边关商埠城镇	主要为西方列强船舶航运服务
	1879年12月，台湾淡水海关进行气象观测		
	1891年，重庆海关测候所建立，并进行气象观测		
西方国家政府在华设立的气象观测站	1860年，英国工部局气象观测站在天津进行气象观测	主要分布于西方国家强占的领地、租界和势力范围	收集气象情报为军事、航运及商贸服务
	1874年，英国设立的"香港皇家天文台"在香港进行气象观测		
	1898年，沙俄设立的"中东铁路建设局"在东北建立气象台站，并进行气象观测		

表4中的"海关"之所以加引号，是因为昔时海关与今天海关有所不同。彼时，海关名义上为清政府总理各国事务，实际上是由外籍人员操纵的畸形行政机构。陈泽渔先生曾忆："此上海徐家汇气（观）象台是法国人在我国越俎代庖的，致使有关国家机密的事业落在外人手中达77年之久。"

随着救亡图强成为时代的主旋律，国人要求收回气象预测自主权的呼声日益强烈。就是在这样的背景下，张謇先后在通州师范学校附设测绘科、农科、土木工科和蚕科等教学，以实现其"实业与教育迭相为用"的思路，建博物苑测候所"为本校师范生备物理上之实验，为地方人民广农业上之知识"。当时的博物馆服务农业也成为一时的风尚，如济南广智院专设有"农林新法之宣传"致力于农业的发展，传授捕蝗、凿井、灌溉等农业科学知识。博物苑测候所由通州师范学校学生参与测量和记录，服务于农业生产和人们的生活。饶有意义的是，追溯历史，这座测候所竟是我国自办的最早的气象观测机构，1916年建成的我国最早的一座自建的气象台——军山气象台，正是从这里起步。

三、博物学

石额中的"资我学子察识物理"，讲的是当时影响至深的一门学科——博物学。

博物学是一个被今人遗忘的学科，听起来很容易被误解为博物馆学，但二者是完全不同的两个学科。后者以博物馆为研究对象，产生于近代，而前者是一个古老的概念，它研究的对象包含广泛。早期的博物学是指关于大自然的一门学问，内容涉及当今的天文、地理、地质、环境、气象、生物等众学科内容。19—20世纪，博物学特指西方的理科学科，如数学、物理、化学、动植物学、地质地理学等。到20世纪末，博物学的范围逐步缩小，有时特指生物学或地质地理学。博物学不仅在学科递进上见证了科学的进步，还在启蒙运动中扮演了一个重要的角色，带有浓厚的政治色彩。科学家的论述，如"人是动物中的一员""物竞天择，适者生存"在当时很快便演变为政论口号，成为革命者和爱国志士的口头禅，振聋发聩，产生了巨大的社会反响。在我国最响亮的呐喊便是呼吁清政府变法图强，高呼再不变法将循优胜劣

近代版画中的博物学

败之公例而亡国亡种!从1907—1911年,仅《国粹学报》便刊登了100多幅以中国本土的动植物为对象的"博物图画",广泛传播自然科学知识。

　　我国古代博物学启蒙很早。如《诗经·尔雅》对于花草树木、虫鱼鸟兽等的解释;《山海经》记录的民间传说和地理奇闻;西晋张华《博物志》包罗万象,涉及丰富的自然知识。但因为这些对科举致仕没有帮助,所以也就鲜被人所重视,难登大雅之堂,对大自然的解释往往带有浓厚的迷信色彩。直到清朝在"壬寅学制"和"癸卯学制"中分别规定了中小学堂开设博物课,教授植物、动物、矿物和生理等知识,博物学科才成为近代基础教育的一门正式科目。通州师范学校办学以课程新而著称,当时也开设了博物学课,担任博物学的教师至少有三位:1904年,聘日本东京高等师范学校毕业的木村忠治郎讲授理科(包括各种自然科学的基本知识);1907年,聘南菁高等学校毕业的尤金镛(字亚笙)教授师范本科理化、博物知识;1911年,聘日本东京高等师范学校毕业的陈衡恪讲授博物课。博物苑为学校教学服务的同时,也得到这些任课教师在业务上的指导。

尤金镛

陈衡恪

四、公共意识与国家、国民

在救亡图强逐渐成为时代主旋律的背景下，近代有一些具有鲜明时代特色的词汇使用频率很高，如国家、国民、公共，这些词汇带给时人的感觉就等同于进步与文明。石额中的"保存公益若私家物"，这"公益"二字便是自带光芒的文明词汇了。

公益是公共利益事业的简称，指的是有关社会公众的福祉和利益。2 000多年来，中国社会沿袭的是"家天下"的皇权专制政体形式，"朕即国家""朝名即国名""普天之下，莫非王土；率土之滨，莫非王臣"。在这样一个扩大了的家族组织里，既没有"公"一类事物生成的土壤，又鲜有人意识到它存在的必要性。当梁启超喊出："盖数千年来，不闻有国家，但闻有朝廷，每一朝之废兴，而一国之称号即与之为存亡，岂不大可骇而大可悲耶？"此时，国家观念才逐步在众人的思维中被唤醒或被强化，同时产生"公"的概念。据考证，"公益"一词至1887年在中国出现并被使用，并于1908年12月27日被写入清政府颁布的《城镇乡地方自治章程》中。

张謇在1902年《通州师范学校议》中即有"为教育公益计"之说，1904年通州师范学校春季开学，张謇演说学校宗旨："为诸生养成人格，他日为良教师，成我一国国民之资格。"1905年出任江苏教育会会长时，他讲道："学务者，国民公共之事。"科举制被废除后，在劝说兴办新学时，张謇对新旧教育的差异有一对比：

  私塾为个人之教育，有实心教授之塾师，文字之成绩未必不胜于小学，其病在不足以养成生徒之公共心。彼就少数之生徒而施以各别之教授，其效宜然也。小学则集多数之生徒而使受同等教育，在未成年之时，即已养成公共之习惯，故其大效则人人足以为立宪之国民。

  上述对比恰好切中新旧教育之肯綮，其认识可谓深刻。由此反观博物苑的石额，呼吁来苑者"各发大心，保存公益若私家物，无损无缺"，至是有甘露洒心，劝善劝进之功了。

  笔者曾采访中华人民共和国成立初期在南通市第一届各界人民代表会议上提交了"恢复博物苑"议案的八位代表之一的马骏先生，问他为何会在百废待兴之时首先想到要恢复博物苑，他毫不犹豫地答道："这是我们地方的公共事业呀！"其实在此之前马骏先生从未进过博物苑，对博物苑的认识仅是听说而已。由此可见，博物苑昭示公众的教育意义之深入人心。

  今天，为了保护这方石额，南通博物苑做了复制品展示于北大门之东馆前，碑文中质朴无华的简短叙事，常常吸引观众诵读，昔日提倡的"愿来观者，各发大心，保存公益若私家物，无损无缺"，如今已成为公民的共识。

第五节　征集令

  从规划博物苑起，张謇就开始通过各种渠道收集花草树木、动物标本及文物。1908年，张謇向社会公开发布文物征集启事,广泛征集文物藏品。

现今所见的征集启事全称为《通州博物馆敬征通属先辈诗文集书画及所藏金石古器启》,分为两种格式。一种为粉红纸单页印刷传单;另一种为64开小合订本,启事后附征集目录。1908年第39期《国粹学报》全文刊发了该启事:

自欧人导公益于文明,广知识于世界,上自皇家,下迄县郡地方学校咸有博物馆之设。其蒐(搜)集之部目三:曰天然,曰历史,曰美术。凡动植、矿物皆天然之属,凡金石、车服、礼器皆历史之属,凡书画、雕绣、漆塑、陶瓷皆美术之属。其保护之大法一,曰兵燹时,他国人不得毁坏,毁坏者可责赔偿,著为万国公法(公法《邦国交战例》第六百四十八条:凡敌境之教堂、医院、学宫、星台、博物馆及一切兴学行善公所,皆不可扰犯。又,《军训戒》第三十五条:凡人工精巧之物、藏书之区,均宜免于损害;若遇围城轰击,或故意毁伤,可于和议立约时,得讨索赔偿之权)。美哉,义也!大可久!视我昔时兰台石室徒秘于一姓之宫廷,惟盖滕囊终泯于异时道路者,相去不可同日语矣。

通州师范学校既设之四年,州人协谋更兴中学,下走念博物馆不备,物理之学无所取证。然资力薄弱,不克大举,仅就校河之西,辟地四十亩,杂采植物实之。中建三楼为馆,以储三部之物,而以教育品附焉。外而欧美澳阿,内而荐绅父老,或购或乞,期备百一。其于我通属也,历史部拟求官府寺庙唐宋元明之碑、旧家金石车服之器;美术部拟求老师先生经史词章之集、方技书画之遗。謇家所有,具已纳入。按之志乘,佚漏犹多。谨记其名,附于幅左。伏愿大雅宏达,收藏故家,出其所珍,与众共守。

兹一事也,留存往迹,启发后来,风义所及,盖兼有之。窃廑独为君子之耻,用效将伯助予之呼。倘不鄙夷,伫拜嘉赐!

我们可以注意"通州博物馆"之名,这个名称不能简单理解为"博物苑"之名的别称,在张謇看来,博物馆只是博物苑的一个组成部分。从前面施工过程中的往来信件亦可知,这里所说的博物馆,实际上就是指南馆,如"博物苑工程速办(做博物馆、测候所基地,上博物苑柱内之石榜)"。南馆施工结束后,张謇立即着手征集文物,为南馆布展。厘清这一区别有助于我们正确理解南通博物苑。

征集启事可以分为以下四部分内容:

第一部分内容,可以看作博物馆知识的普及。主要从三个方面来说明问题。

第一,开篇宏大,以看世界的眼光说明了博物馆存在的必要性和普及性。张謇在这里表述博物馆存在的理由与之前奏请国家办博物馆的说辞略有不同,征集启事介绍博物馆直接让读者感到博物馆这件事与每个人均相关,也就是人们经常引用的:"导公益于文明,广知识于世界。"

第二,对博物馆收藏的物品进行了解释,其物品大致分为三类,即天然、历史、美术。这三大类别的划分基本相当于今天的自然类博物馆、历史类博物馆和艺术类博物馆。此分类在日后的陈列及藏品收录过程中,张謇又将其进行了细分。

第三,张謇引用《万国公法》告诉人们博物馆的藏品会被永久保存,即便是战争也不能侵扰它,万一有所冒犯也是可以索赔的。

第二部分内容,张謇对建设中的博物苑做了介绍。

一是说明博物苑的建设是为了南通兴学的需要,即"博物馆不备,物理之学无所取证";二是对博物苑的位置、现状进行了描述,博物苑占地约40亩(比石额记载的35亩有所增加);三是对已征集的物品、拟征集的物品做了说明,并告知"謇家所有,具已纳入"。张謇以身示范,号召大家出其所藏,"与众共守"。

第三部分内容,是对捐赠物品者的行为予以高度肯定

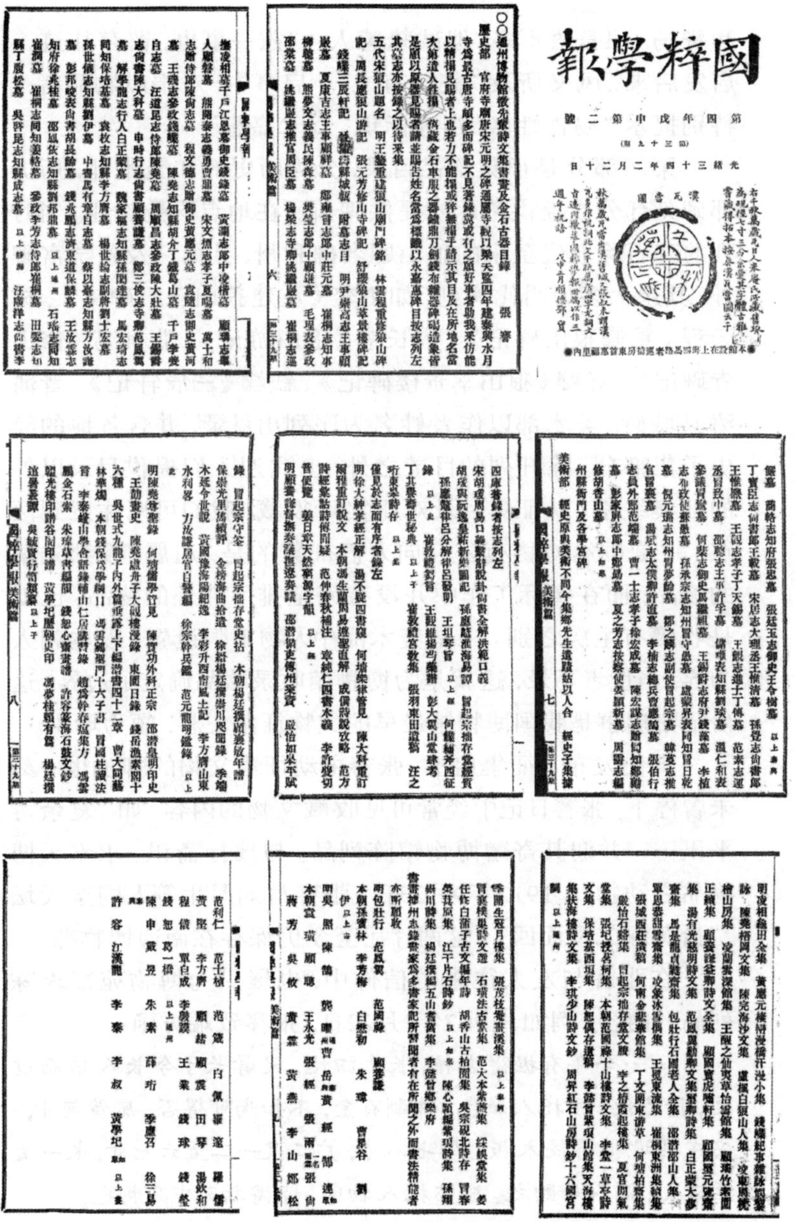
國粹學報
第四年戊申第二號
光緒三十四年二月二十日
通州博物館徵求書畫及金石古器目錄 張謇

《国粹学报》上发表的博物苑征集启事

和赞扬。虽言语不多，但诚挚感人："兹一事也，留存往迹，启发后来，风义所及，盖兼有之。"启事中，对捐献物品者，特别提示"赐告姓名，当为标识，以永嘉惠"。

第四部分是征集物品目录，分为历史部和美术部，历史部碑刻部分或提供拓片或提供碑石所在地点均受欢迎。当时列的碑石除五代至宋的狼山题名碑和州、县衙门及各学宫碑外，其余大多为明代碑刻，如王鏊《重建狼山庙门碑铭》、林云程《重修狼山碑记》、周长应《狼山游记》、张元芳《修山寺碑记》、舒缨《狼山萃景楼碑记》、钱嵘《三辰轩记》、晋蒲涛县城砖。美术部以作者姓名为序列出目录，并含各地的经史子集部分。除开列的目录之外，也欢迎人们提供目录以外的征集线索。从征集目录对比实际收藏，我们可以注意到两点：一是虽然博物苑公开向人们征集的是"通属"乡邦先辈的物品，而在实际工作中并没有完全排斥邦外的物品，也就是收藏有主次之别。二是美术品中人物下限设置：以本朝人为界，当世者不录，这就是为博物馆收录藏品确定了边界。这份征集启事是我国博物馆最早的文物征集史料，颇为珍贵。

即使发布了征集启事，张謇主动征集文物的脚步也一刻未曾停下。张謇日记中经常可见收藏文物的内容，如"复余寿平讯……并谢其寄赠博物馆陈列品。与穆抒斋讯，求奉天博物品之动物"。1912年9月23日，张謇与刘厚生等人同至天坛"拾黄绿二瓦而回"，这两片瓦至今仍保存在南通博物苑。

在张謇与友人往来的信件中，也屡见为博物苑征求陈列品的内容。例如，1907年1月22日，张謇致端方函：

……今年有掘得古棺，长丈四尺，足骨长于今长人倍而过之，惜已散。顷托人物色，许酬百金，不知尚可得否。废黄河中，安东县境掘得楠木板，厚七八寸，广二尺一二至六七寸，长一丈至二丈，浦人争购之。顷亦托人物色，皆博物苑中品物也。

又如，同年3月5日张謇致范铠函：

……校西博物馆成，尚拟广征天然、历史二部之物，若金石、瓷竹、矿产，无不愿收。足下如有所见，可以采赠者，祈随时注意。青州之铅松、怪石最古而有闻者也，倘可致乎？

1913年，张孝若赴青岛求学，张謇也不忘令其注意为博物苑收集藏品：

前托许久翁为博物馆购青州海中之怪石（铅松怪石，《禹贡》之方物，此石品为最古）及莱州石（其石色有黄而带黑理者，有白而带黑理者），家中有一小插屏，即莱石。曾有一莱玉笛（白色），为人攫去。价不贵，久翁曾许为致之，久而不至，儿为托人访购，以备暑假带回。父寄怡儿。

五月十四日

为筹措征集文物的经费，张謇曾多次鬻字集资，甚至提高鬻资。1908年3月28日《时报》有张謇的《謇鬻字改例启》："通州师范学校附属之博物苑购求陈列品，亦苦无资……无已，则倍鬻以济之。"这也可视为一种特殊形式的文物征集宣传。1914年，博物苑建立了藏品总账，根据藏品来源统计，张謇捐赠的藏品总数为1 786号，占当时藏品总数的47%。在他的身体力行下，社会上向博物苑捐赠文物也曾兴盛一时，下摘两段新闻：

【1916年3月15日《通海新报·博物苑启事》】：西门明陈都堂墓域，犁而为田久矣。现其大房以墓前所遗之石马、石虎、石羊等，赠送博物苑，不取分文。借公共保存之地，永先代仪物之传，可谓知大体矣。亟为登报以彰之，谨启。

【1916年7月4日《通海新报·博物苑保存旧印》】：李湘帆先生，前清任寿春镇总兵，驭下严明，颇著政绩。辛亥光复，解职归田，所遗铜印一颗，庋存京寓，长约三寸半，宽约二寸，系咸丰九年六月礼部监造，文曰："镇守江北寿春等处地方总兵官关防"十五字。前托费君携赠吾通博物苑保存。将军系肘之雄风，令人怀想不置云。

博物苑对所有征集者均高度重视，除展示、登记留名之外，还利用新闻媒体对其进行表彰。上述西门葫芦田陈尧墓前的石马、石虎、石羊，由陈氏后人捐赠博物苑后，博物苑于1916年3月15日、17日、19日、21日在《通海新报》上刊登谢启。

除征集文物之外，博物苑还采集、制作了不少文物标本，如孙钺采集的本县土壤标本

博物苑外的石马、石羊

类，有狼山的黏土、马鞍山的弱黏土、剑山的赤色黏土、军山的沙壤土、黄泥山的砂土。此外，还有老岸的腐殖壤土、李家窑的植土、吕四海滨的含盐沙土等，这些几乎形成了地区土壤的完整体系。当年，大生纱厂在唐家闸钻井时，采得的全套地质层标本也均由博物苑收藏。

第六节　建筑经费

张謇对博物苑的建设大多是亲力亲为的，或者通过信件来交代，现今可见的张謇致宋跃门、孙钺的函件中，几乎每一份都是交代工作的内容，涉及用工、用料、工程进度等许多方面。这样，他对建设资金的支出完全了然于心。1912

年前，博物苑与通州师范学校合一本账目，收入并列，开支单列。1912年后，博物苑独立核算，设立了单独的会计，收入与开支均单独列账。

宋跃门（名龙渊）时为通州师范学校的庶务主任，他虽不是名誉上的博物苑苑工，却为博物苑的建设、经费运算做了大量工作，也是博物苑的藏品捐赠者。规划博物苑的第三天，1906年1月16日，张謇就"复与孙子钺（铖）、宋跃门规度博物苑之建筑，拟测候室三间，动、矿物陈列室楼三间"。宋跃门年龄上是孙铖的师辈，在工程管理事务上对孙铖提携颇多。1920年1月17日，宋跃门不幸卒于养老院。张謇在日记与年谱中均详细记载了此事："跃门为余治事二十余年，勤力，爱名誉，与人无疾言遽色。主院事继管仲谦之后，增院产二万余。衰三年矣，屡属勿过劳。春小病即愈。初八日夜十二时，为院买沙田四百亩，立契竣而睡。其子宿外房，晨八时叩扃入视，则以手搘颐如睡，而息绝支冷，但胸次微温耳。余临视之，已将归，尸在舟中矣。失此良佐，可胜慨叹。"从记载中可见，宋跃门精于筹算，工作勤勉，忠于职守，直到生命的最后一息仍心系馆中事务。我们从保存至今的一些信件中可以了解到当时建设的一些具体情况。

第一，关于购地及测绘事宜。

博物苑地购并共若干户，四周界至共若干方丈、合若干亩，迅示。

跃门先生

謇顿首
正月廿二日

第二，关于风车制作、种植竹石陈列处的竹子、搭建葡萄棚的用工和用料事宜。

水匦风车下两凡耳井面铁板须换，照砖外边方盖满，重亦不妨，方免学生移动。请告之姚美华（即宁波机匠）。

透天青三大头竹，令刘朝宰去觅。须有根带竹，竹以绳三面拉之。

方竹令徐恩觅，亦有根带竹。

竹亭候我回再搭。

苑门向西路上之葡萄棚，高九尺或八尺半，令杨贵做。苑门外藤棚上竹棚，令徐恩做。做法已告杨、徐。

跃翁

謇
十一月六日舟中

第三，交代工程进度施工及用料账单事宜。

博物苑工程速办（做博物馆、测候所基地，上博物苑石柱内之石榜）。

细量苑地，画图。南面不平正处，能复量改墙，使平正尤好。若太费事，则于东头另图转弯处修改。

…………

博物馆料开帐来。后楼一间广十五尺，深一丈八尺。正楼深三丈二尺，比前帐加二尺，告之广隆。

农学试验场地如何？并在篱内地较宽。

图交子铁斟酌。

跃翁

謇
三月廿七日

第四，关于拆迁事宜。

博物苑西沈、吴两家到期令迁，勿再听延。苑外西边空地近街口南北之屋，须陆续收买成方，为移筑附属小学之预备。此外各事查照前后各函办理。

跃翁

謇
十月九日

第五,关于施工设计事宜。

苑西侧旧房三间改造法:檐柱(旧高七尺)升高二尺。进深(旧一丈七尺)加二尺四寸,共二丈零四寸。架分(旧七架)改作八架。两边架各四尺,四架各二尺七寸,中一架一尺六寸,共二丈零四寸。向南加一间,宽一丈(与旧二间同)。又落一厦,深四尺。厦南天井一丈四尺。朝西之一架为廊,北山墙仍落厦,归平安馆用。屋归西别业用。

辛二月十六日

博物苑的收支经费,根据文献记载,在1904—1911年,苑内建筑房舍总面积为1 898.7平方米,收入一项,除大生纱厂十四分之一的红利之外,大多数来自张詧、张謇兄弟的捐助。除1903年之外,张謇每年均有捐助,总计约为75 768.941元;张詧累计捐款43 168.396元。1905—1911年,参与捐助的个人与店铺如下:端方2 300元,恽心耘2 000元,彭吴氏2 000元,琅琊王氏1 000元,章西园600元,王春荫堂600元,王鸿猷500元,陈国文500元,徐来凤阁300元,程叠庆堂300元,丁福佑300元,金一枝200元,宋跃门100元,孙润江40元。

这些善款虽不全是用于博物苑的建设,但理应为博物苑所铭记。这段时间是博物苑的基础建设阶段,征地和房屋建设耗资较大,博物苑房舍开支项目和基地、石山、水池、动植物及岁用如表5、表6所示:

表5 博物苑房舍开支一览表(1904—1911年)

名称	数量	高度	深度	广度	银圆数目/元
表门	1座	7尺3寸	—	5尺7寸	45.896
外南表门	1座	6尺9寸	—	5尺2寸	41.548
围墙	4面	6尺1寸至9尺7寸不等	—	160丈8尺	1 903.795

续表

名称	数量	高度	深度	广度	银圆数目/元
巡房	2间	7尺2寸	1丈	3丈2尺4寸半	99.3
六角蜂亭	1座	8尺6寸	1丈9尺4寸	1丈6尺	208.998
植物房	左2间、右1间	8尺2寸、9尺4寸	1丈6尺1寸、7尺6寸	2丈1尺6寸、1丈4尺	154.063
鸟室	9间	1丈1尺	1丈	9丈2尺8寸	1 229.77
北馆	上5间、下5间	2丈6尺	2丈7尺6寸	5丈9尺	4 673.197
北馆屏风及厨房	—	—	—	—	654.841
夫役房厕所	2间1间	8尺2寸6尺5寸	1丈1尺4寸6尺5寸	2丈1尺1丈2尺	222.633
花竹平安馆	上7间、下1间	8尺8寸	1丈9尺3寸、1丈3尺5寸	8丈4尺5寸	1 041.308
馆舍厨房	2间	8尺5寸	1丈2尺	2丈1尺	78.014
馆舍雨廊	5间	7尺5寸7尺7寸不等	4尺7寸至5尺5寸不等	5丈7尺2寸	70.094
馆舍厕所	3间	7尺	1丈6尺6寸	3丈3尺5寸	156.074
西北门房	1间	8尺7寸	9尺6寸	9尺6寸	33.97
西北门堂	2间	8尺8寸	1丈5尺	2丈1尺	133.992
竹石陈列亭	1座	9尺	1丈	1丈6尺	457.627
谦亭	1座	9尺5寸	1丈4尺2寸	2丈2尺	402.922
休疗室	5间	9尺2寸	2丈4尺	5丈7尺	615.106
药室	3间	9尺2寸	1丈1尺2寸	3丈	188.006
鹤柴	2间	9尺	9尺5寸	1丈9尺	95.737
兽室	8间	8尺8寸	1丈	8丈	1 276.888
西南厕所	4间	7尺6寸	1丈4尺	5丈9尺	304.437

续表

名称	数量	高度	深度	广度	银圆数目/元
古像亭	2座	1丈2尺	7尺2寸	1丈6尺	281.468
博物馆	上5间、下5间	2丈7尺8寸	匹丈4尺3寸、月台1丈2尺	5丈5尺9寸	6 741.443
博物馆厨房	—	—	—	—	2 130.133
测候所	3间	1丈6尺	2丈6尺8寸半	3丈8尺8寸	2 487.908

表6 基地石山、水池、动植物及岁用项（1904—1911年）

名称	银圆数目／元
价买基地及平地掩埋费	3 894.342
花坛阴沟、土山路边填煤渣、北坎东岸培土	1 241.081
石山	1 397.874
风车积水亭	1 467.267
圆池	559.176
三角池	123.461
椭圆池	605.625
钓台	266.585
馆品及动用物件	1 774.458
植物及花棚	2 293.542
动物食料	334.035
丁役工资	1 052.078
雇用小工	308.364
舟车水脚各项杂用	584.985
岁修房舍	608.204

以上数据主要来自1914年《通州师范学校十年度支略》（1902—1911年），其中博物苑开支费用共计42 240.245元，这段时间也是博物苑发展的第一个高峰期，土建费用占比较大，之后的大笔费用转向藏品和管理。

从1912年开始，博物苑脱离通州师范学校，正式称为"南通博物苑"，其收支亦单独列账，支出费用分日常支出、特项支出和建筑支出三项。特项支出主要是围绕展品的支出，如动物的养护，植物的栽种，棚架类的搭建，藏品的修护和展出（如陈列品木漆匠、书画装裱工等费用，藏品的购置费始终未见列账）。1912—1914年6月南通博物苑的收支情况如表7所示：

表7 1912—1914年6月南通博物苑的收支情况

名称	款项	1912年	1913年	1914年6月
收入	收张謇捐款	5 000元	5 906.2元	1 500元
	收售菊花款等	55.601元	181.475元	—
	收杂项	—	3.27元	
支出	常特支项	3 173.361元	2 779.917元	1 485.776元
	基建支项	4 814.406元	3 188.052元	
	其他支项	203.4元	552.654元	—
收支两兑不敷师范暂垫款		3 135.566元	2 635.566元	3 051.02元

注：从1908年开始，苑内有出售菊花的收入，最多的是1909年收入100多元，超过了孙钺的全年工薪。

1914年7月—1916年，南通博物苑账册有不完全记录的收开支情况，自1916年之后的账目数据仍未见。员工的工资支出，最初孙钺是作为一般管理人员，每月工资8元。孙钺担任苑主任后，工资涨为每月12元，会计葛进夫每月10元。平时请的苑工，除供食膳之外，还有工资6元或8元不等。有

孙钺为技工所写的薪酬手稿

时苑工的工资需先由孙钺或会计处垫资。如从北京万牲园请来的技工，指导苑工饲养动物，孙钺为支付技工薪酬有致大生纱厂账房林咏清的一张便条：

京中饲养动物者在苑饲养月余，请暂付给大洋捌元，俟啬师到苑时再由敝处商诸啬师再为定夺。咏清先生台照。

博物苑顿首

又六月十

由上可知，苑内费用的支出管理最终均由张謇决定。据说，聘沈右衡担任苑主任后，苑主任每月的工资有所上调，但未见记录。1932年，南通博物苑南馆发生文物"失窃案"。为了加强管理，新聘人员的工资均大幅上涨，唐志崇接任苑主任后，工资增加约一倍，主任每月的工资从12元增至30元，会计工资由10元增至24元。

随着苑内养殖动物的增加，开支也日渐增多，如鹤每月吃鱼的费用为10余元。1913年增设查夜工作，仅查夜费用就为34.197元，这一年账目上记录了"捕贼赏金10元"，想必是发生了文物"失窃案"后，加强了苑内晚间的值班。张謇为南通博物苑的开支也是煞费苦心，先后为南通博物苑设了两处"苑产"。

第一处是一块土地，约1 000步，在姚港附近，佃户姓管。这块田地是南通县长卢子衡离职之时，捐赠给南通博物苑。卢子衡名鸿钧，河南永城人，曾两任南通县知事。

第二处是一块桑园。此园在北濠西岸，地界从查家坝桥小河起，向北到南通大码头河（红庙子旁）为止。这一大片地原是一处乱坟，后用来种植桑树。南通博物苑在路边造了两间房子，并雇佣了专门的看守人。据说，每年春天卖桑叶约有二三百元的收入。

此外，早期的南通博物苑还有一些如今称为"文化产业"的经营之所，在苑内西部有苑品出售所，出售苑中生产的花草，夏天出售除虫菊，秋天出售菊花，颇受人们欢迎。当年，孙钺亲自设计并出售的除虫菊的制品袋，每只袋面上印有孙钺绘制的菊花图案，其样本已由孙钺嫡孙孙模老师送予南通博物苑收藏。

第七节　荒地上长出的花园

前文讲到通州师范学校建在南通古城的南城门外，这是一个相对荒寂的地方。张謇选择了通州师范学校西河对岸的一块荒地来建设博物苑，荒地上满是坟冢，只有少数几户人家。创建博物苑的首要工作是迁坟购地。我们从早期的规划图中可见，这里的建筑设施并不复杂，在张謇事无巨细、亲力亲为的规划下，荒地很快发生了变化。1906年10月28日，《时报》以"博物苑落成南通州"为题进行了报道。很快，清末创办最早、最有影响力的地方政府官报《北洋官报》以"博物苑落成"为题做了转载：

张季直殿撰在师范学校北所建之博物苑，其基垣房屋现已落成，所有华产动植矿物亦将陆续运到，闻尚需购置各国奇卉异兽于其间。日前又在福山运到湖石数百块，内中有美人石一块，纵横径丈，尤为奇特，皆前明珠媚园故物，为前总兵某致献常熟相国而未受者，委诸江干数年，今仍由狼山总兵李镇军运回置之博物苑中。

在早期的建设中，栽种植物是费时久而收效慢的工作。张謇对此格外操心，他称，"移大柏树千万勿伤根。栽时千万须人督察。请告杨、徐，为我用心，不得银杏，则柏树，海门人谓之横树，通谓鸦鹊树，冬青、季青树亦可用"。像这样的信函还有许多，如今均已成为南通博物苑珍贵的苑史文物。经过紧锣密鼓的建设，大约五六年后，这块荒地完全呈现出了一番新面貌。当时在通州师范学校二年级就读的李守铭（李俊民的兄长）记录了当年参观博物苑的

张謇指导博物苑工程手札

情景。虽是学生习作，今天读来却非寻常佳作，亦可见其教学水平之一斑。这篇《游博物苑记》载于1912年《南通师范校友会杂志》，录下共赏：

本校之西，有博物苑。旧为丛瘗荒秽之所。乙巳年建筑，并地二十九家，凡三十五亩有奇。中置动植物，及天产、人造物，所以便学子参观考察也。休假之日，时偕三五知已游焉。入门则见草木葱郁，假山隐隐修竹中。有二楼南北相向，所谓博物馆、测候室是也。博物楼前有伟像二，东西侍立，老子、庄子之像也……回忆昔日累累古冢，荒旷无人迹，今乃为吾通人士及过往宾客游观之所焉，于是又知宙合之间，人事为不可少焉已。是为记。

这篇游记是至今所见描写博物苑较早、较翔实的文字，

提供了许多重要信息。博物苑从1905年才开始建设,至李守铭参观时已是"草木葱郁",从"丛瘗荒秽之所"已变为"吾通人士及过往宾客游观之所",一块荒地已然蜕变为一座初具形态的"花园"。博物苑里都陈设了一些什么呢?我们可以继续跟随李守铭的游记来了解:

  测候室东北有圆池一,储水以灌溉花木者也。动物有熊、猴、树猫、狐、雕、鸵鸟、仙鹤、火鸡等,植物有桃、李、松、柏及四时之花果等,机械有风车、水亭等。凡一花一石、一亭一池、一楼一馆、一栏一槛、一鳞一羽,莫不有一时之历史存乎其间,信乎非徒供娱目骋怀已也。

  作者在描述苑内的花草树木布置之后,感慨每一种陈设"莫不有一时之历史存乎其间,信乎非徒供娱目骋怀已也"。这就是博物馆的教育,给人以启发,开阔眼界、拓宽思路,从而提升自身格局。

  1914年编写的《南通地方自治十九年之成绩》,对博物苑的建设过程有详细的记载,对我们了解博物苑从规划到建成开放颇有助益。下面是博物苑建设时序表,如表8所示:

博物苑全景图

表8 博物苑建设时序表

公元纪年	年号纪年	纪事
1905年	清光绪三十一年十一月	筑苑垣，建苑表门、苑门房，规划苑内外道路，历四月而竣
	十二月	以师范生孙钺为苑主任
1906年	清光绪三十二年正月	始区划各式花坛于苑，搜集植物，分类种植
	十一月	为储天产、历史、美术三部之物及教育品，建楼五幢为馆；为观测地方气候之状况，验南通农业与气候之关系，复附设测候所
1907年	清光绪三十三年二月	贵池刘君聚卿世珩赠白鹤二，为苑饲动物之始
	四月	长沙马君惕吾晋羲赠鲵于苑，始饲水族
	十月	招邗上石工垒太湖石为国秀花坛，征植各种竹兰牡丹之属
	十二月	刊印《通州博物馆敬征通属先辈诗文书画及所藏金石古器启》，邮递各处，开近代中国博物馆藏品征集工作之先河
1908年	清光绪三十四年正月	雇匠按算式环馆壁制馆厨，历八月始就
	七月	建国秀亭于坛前，以我国产之竹石标品列之
	八月	就测候所安置测候器，并设寒暑亭于所侧
1909年	清宣统元年正月一日	从事观测气候按日记载，揭所前而报告之，并登载通报以供地方人民佥知当日气候之状况，是为苑测候所记载之始，亦各县地方有测候所之肇始也

续表

公元纪年	年号纪年	纪事
1910年	清宣统二年正月	造己酉测候年表
	八月	就椭圆池为三小岛,分畜鱼鸟
	九月	建风车,设水塔;置喷水钵(钵)龙于圆池中央;莳荷六种于其四周;就国秀坛石岩,作瀑布注其下之三角池,植水藻类;通自来水管,为灌溉全苑植物之用;减灌丁额
	十月	设鹤柴、鹳室
	十一月	派钺往南洋劝业会征集及价购各别馆物品
1911年	清宣统三年二月	建谦亭
	四月	为陈列古巨鱼骨骼及各种化石,供研究古代生物,储通如泰海四县之金石拓本与诸名家书画,更建北馆楼五幢,历四月工竣
1911年	六月	建兽室以饲兽类
	七月	就南馆外四周分历史、美术两类,增馆外陈列。于是梁唐宋元明清各物品或购或乞均次第列苑
	九月	设蜂室
	十月	始事北馆陈列
	十一月	建设鸟室
1912年	民国元年正月	建相禽阁
	七月	建楼二幢,以为苑事室、接待室
	十月	就椭圆池架水禽䍃以畜水禽
	十二月	为扩充苑地,购并苑西房地,平地掘池,两月而竣
	十二月	因两馆物品粗足陈列,于是考订品名,编次品目,填注标签,十阅月始就

续表

公元纪年	年号纪年	纪事
1913年	民国二年正月	就苑西新并地建平屋七楹,以备发卖种子秧苗及动植物标本之用
	三月	筑秋色坪一,专植饶于秋色之各植物;设晚春堮一,专植晚春着花之各植物
	五月	架鸠鹗栞以饲九鸠五鹗
	十月	订苑章及观览规则
1914年	民国三年正月	苑品目付梓
	三月	设球场
	四月	测绘苑图
	五月	因旧设温室容积有限,且仅受日温,无蒸气管之装置,遂参酌东西各国温室之构造与设备,建新式温室七楹于南馆之南,七月竣工

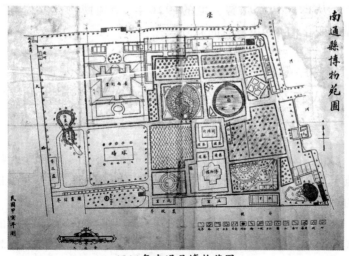

1914年南通县博物苑图

表8所列的是从1905—1914年的情况，不到10年的时间，一片荒地已变成了美丽的花园，以下摘录同时期修成的《南通县图志·教育志》中关于博物苑的介绍，仅供参考：

博物苑建于既设师范学校之二年级即光绪三十一年也。謇以学者识欲博、智欲瀹（浚），非近楼于目而导之不为功。故度地校河之西，购房地迁荒冢，经营建置。至民国三年凡用银四万八千七百九奇，皆謇自任之，以师范生孙钺主苑事。其陈列室为南北馆楼各五幢，储置天产、历史、美术及教育品物，征集通属先辈诗文书画及所藏金石古器，而以所得古今石造像环置南馆外，积石为假山于苑西偏，明顾大司马珠媚园之美人石列焉，绕假山为国秀坛，种植花竹，建国秀亭于坛前，以国产竹、石、标品列之，建谦亭，陈古巨鱼骨骼及各种化石，就椭圆池设水塔，以风车转之，置喷水机并通灌溉，架水禽及鸠鸟䍐，为相禽阁及饲畜鸟兽诸室，凡所蒐（搜）集分别部居标署其名与其产地兼及东西国名字，所以求学者获益，游览之际，用意至周审。

从1914年到张謇去世的1926年，南通博物苑又发生了哪些变化，我们留着后面叙述。

第八节　木村忠治郎与《日本百科大辞典》

前文讲到，孙钺由通州师范学校在读生转为管理博物苑事务的人员，得益于两个人的推荐，一位是相当于副校长的江谦先生，另一位就是木村忠治郎先生。

木村忠治郎是日籍教师，按照1904年1月清政府颁布的《奏定学务纲要》规定，通州师范学校并不具备聘任外籍教师的资格，但因为张謇在学校建制、课程设置上大多仿照日本，甚至借鉴了日本学者相对超前的研究成果，同时又注意符合中国人的习惯和南通的地域特点，有些课当时国内无师资可聘，碰巧前文所述的日本"教科书案"事件，再加上张謇特殊的背景，所以通州师范学校不仅聘有外籍教师，还聘有多名日籍教师。木村忠治郎是"教科书案"的涉案人员之一，当时在日本已被解除教职，所以于1904年8月应聘来通州师范学校任教，而此前他曾先后任日本福冈县、大分县、大阪府教谕及福冈师范小学主事（校长），在日本教育界颇有影响，他的到来使通州师范学校的课程体系设置和教学实践活动得以完善。木村忠治郎在通州师范学校教理科，所谓理科，包括理、化、动、植、矿等自然科学的基本知识。因孙钺通晓日语，而且爱好动植物学，所以孙钺与木村忠治郎的关系是亦师亦友。

木村忠治郎对博物苑贡献颇大，他在博物苑的工作情况，可以参见孙渠先生的回忆录，这也是目前所见颇为翔实的记录，现将其移录于下：

在规划全苑道路时，木村先生设计了花坛和冬青树的短篱……沿苑路两侧都是冬青短篱，一米不足，上剪平顶。花坛用瓦片或砖头插入泥土，围成各种图案。一块正方形的土地，中间作一正圆，围绕圆作六个扇面形，好像旧式桌盒。此种园庭布置方式，自博物苑开始，流行于张先生早期创办的学校、机关及公共场所。

木村先生教导孙钺做各种标本，如兽类和鸟类的剥制标本、解剖标本、植物标本、昆虫标本、酒精（浸制）标本……

木村先生指导（孙钺）按植物的科属分类，分区种植植物，植物有的从征购得来，有的直接自山野采集。

为实物定名。首先找出林那氏（林奈）的拉丁文学名，再考其科属，完成这项工作。木村先生和孙钺翻阅辞典、图谱和其他有关书籍，不惮（厌）其烦，务求名实吻合方休。暇时还带着孙钺到山野认识各种植物,采集标本。

考察博物苑的设置,人们常会将其与日本的博物馆进行比较。这可以追溯到1903年张謇对日本的考察,而只有了解了孙钺与木村忠治郎的交往,才能知晓其真相。关于博物苑的建设,既有规划者张謇对日本博物馆的认知,又有日本学者的亲自示范与指导,以及设计者和执行者完美的配合,由此才使博物苑从一开始就在一个相对规范的道路上发展。当然,无论受何种因素的影响,我们必须认识到,张謇绝不是一个拿来主义者。

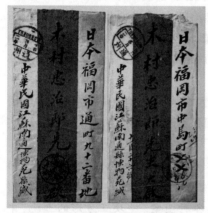

孙钺与木村忠治郎往来的信函

1910年12月,木村忠治郎回国后,仍与孙钺经常有书信往来。集邮家李汇祥先生收藏有三件珍贵的邮品:两张信函封和一张明信片。两张信函封寄出邮戳分别为1913年4月10日和11月26日,其中一张信函封的日期记于背面,邮戳日期与落款日期一致,收信人均为木村忠治郎,收信地点分别为"日本福冈市通町九十二番地"和"日本福冈市中岛町××"。明信片写于1924年11月11日,收信地址为"日本福冈市中岛町××",内容如下:

木村先生大览:敬启者,前月由邮寄,呈请先生代购各书之信谅已收到,未识先生曾将书目交书店,如已交书店,敬乞函嘱书店由邮寄来,费心费心。从前已收到之书,其价金及邮费拟交西谷先生带交,可否?敬乞示知。即请

大安!

学生孙钺鞠躬

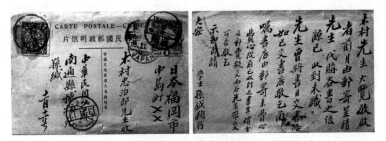

孙钺致木村忠治郎明的信片

从这些珍贵的存物中可见二人交往的事实。木村忠治郎向孙钺推荐了大量的参考书，其中之一就有当时日本最新出版的《日本百科大辞典》，这套代表了那一时期日本最新研究成果的科学工具书籍，也寄托了师生俩深厚的感情。据孙钺之孙孙模回忆："我长大后才知道，祖父那十厚册《日本百科大辞典》得来不容易，一册册前前后后出了近十年，每册总在银圆十五元以上，每次都要汇款日本，请他的日籍木村恩师代购，邮寄过来。一册不缺的，南通只有我祖父这一套。他用这套百科大全书吸收新知识，增长见识，为他的工作提供方便，所以他特别爱这十本书……'文革'中《日本百科大辞典》侥幸保留下来，我们全家将它无偿地捐献给他工作了30年的南通博物苑，以此表示我们对亲人的纪念。"除了《日本百科大辞典》之外，孙钺还购买了很多日文书籍，且几乎都经过木村忠治郎之手。

木村忠治郎在教学上注重实践，这一点也深深地影响了孙钺。孙钺兼任南通农校的植物学和动物学教学。徐海滨先生《缅怀尊敬的孙子铁老师》一文写道："我最感兴趣的是他带我们去野外观察采集。那时上课不用问答式，只有在野外可以无限制地提问。每次出发，我总是紧跟在他后面一步不离，遇见一种野草，就拔起来请教。我问一个，他讲一个，地方土名，植物学名称，有毒无毒，有何用途，特别药用方面引人入胜。老师从来没有对哪一植物有解答不清之处,也从不对学生乱发问题表现出厌烦。"孙国栋先生在《我们的动植物学教师》一文中回忆:"尤其上动物课,我们格外地高兴。因为孙子铁先生教课时,能从一个普通的小虫,把书本上的机械的话,说得很有趣,使人不能不注意听他……他完全把机械的书,当着童话讲着……"

1920年前后,木村忠治郎逝世,孙钺与他的儿子木村孝一继续保持着来往,直到1937年抗日战争全面爆发,二人从此就失去了联系。斯人虽去,象征孙钺与木村忠治郎友谊的《日本百科大辞典》却永久地保存在了南通博物苑,并成为重要的苑史文物。

孙钺所购《日本百科大辞典》

第三章 风格迥异的建筑

博物苑大规模的建筑施工集中于1905—1911年，北馆工程完工后，三大主要展馆工程也相继结束，进入单体建筑施工和陈列布展阶段。1916年，迟虚亭建成，土建工程项目暂告一段落，此后基本上没有再增添新的建筑物，只是对原有建筑的改扩建和维修。

早期的建筑，多是张謇指导宋跃门和孙钺进行设计，建筑施工长期由周广隆完成。1909年，孙钺胞弟孙支夏（名杞，以字行，晚年常用"支厦"）从通州师范学校毕业，张謇主持修建的地方建筑，大多由孙支夏负责设计与管理。孙支夏是中国近代最早的建筑师之一。1905年年底，张謇破格将他录取，令其在通州师范学校本科丁班学习。一年后，孙支夏转入新设立的测绘班，于1908年又转入新开设的土木工科班学习，1909年春毕业。孙支夏刚一毕业，张謇便向两江总督端方推荐了他，端方派孙支夏到江宁劝业道供职，令其负责江苏省谘议局建筑的设计和施工。江苏谘议局是倡导立宪新政的地方谘议之所，也是开国民议政之始的重要机构，其建筑物也需要有一种崭新的气象，于是端方派孙支夏去日本东京考察。哪知孙支夏以清朝专员的身份到了日本帝国议院后，对方瞧不起这位年轻人，不肯提供该议院的建筑图纸。于是，孙支夏自己动手，钻进天花板实测，完全靠自己的勘测画出了结构图。回国后，孙支夏用了不到一年的时间便完成了江苏谘议局的建筑工程，如今，这座建筑仍坐落在南京湖南路上，是全国重点文物保护单位。孙支夏完成这项工程后，张謇便将他召回南通，他设计的通崇海泰总商会大楼、濠南别业作为中国近代建筑的经典之作，已被载入《中国建筑简史》等权威建筑史籍。

孙支夏是张謇培养出来的优秀建筑师，如今留存下来的建筑设计图上，还依稀可见师徒二人的圈改笔迹。南通博物苑建筑的外观别具风格，这与张謇设计的其他建筑有很大的不同，比如与公园对比，我们会发现南通博物苑的建筑在文化的包容性上更时尚，这样的对比还可以进一步类推。张謇主持的建筑特别重视题名和植物的适配，往往是先得名，后赋其实——先为建筑题名题联，然后再建设。这在南通博物苑中也表现得尤为突出。人们通常将题匾视为古建筑的眼睛，南通博物苑内的大小建筑、设施上均有张謇亲自题写的匾额、楹联或跋记，擅长书法艺术的张謇将它们或以楷书，或以篆书的形式书写下来，不仅起到了画龙点睛的作用，还反映了张謇丰富的思想感情，尤其是在1911年后，时局风云变幻，个体与政要、士商群体与家国命运之间纵横交错的复杂关系，都在这些题跋中有所体现，寓意深邃。2002年，南通博物苑赵鹏老师著《漫步博物苑》，对南通博物苑各处的题跋均做了研究和注释，被后来学人广为征引，下文所涉同类话题也转引此著述。以下大体依照建筑修建时序逐一介绍。

第一节 中 馆

中馆位于南通博物苑中部，坐北朝南，一眼望去各自构成一幅完美的景致。该建筑体量不大，但处在宽阔的草坪、池塘和绿树的环绕之中，红色的尖顶阁楼竟透着几许云窗雾阁的气象，秀丽而典雅。20世纪八九十年代，它既是南通博物苑的标志，也是南通市的形象代表之一。这尖顶阁楼正是孙支夏的手笔，但中馆早先的建筑并非如此。

一、测候所

中馆建于1906年，与博物楼相对而立。初建时，测候所为三间平屋，中间为会客室，西房为职员寝室，东房为测候所，两张方桌上放满测试天气的各种仪表，室内有楼梯通向屋顶，屋顶上架着一个约4平方米的晒台，名为"观象台"。台上设有测风力、风向、雨量等仪器。1915年夏出版的《南通地方自治十九年之成绩》，记录了测候所的建设过程：

光绪三十二年（1906年），"为观测地方气候之状况，验南通农业与气候之关系，复附设测候所"。

光绪三十四年（1908年），八月，"就测候所安置测候器，并设寒暑亭于所侧"。

宣统元年（1909年），"正月一日，从事观测气候按日记载，揭所前而报告之，并登载通报以供地方人民金知当日气候之状况。是为苑测候所记载之始，亦各县地方有测候所之肇始也"。

宣统二年（1910年），造己酉测候年表。

测候所初由孙钺负责观测，逐日填写各种数据，做天气预报，后由通州师范学校农科的学生兼任，陈泽渔就是其中的佼佼者之一。据他回忆，当时测候所所用仪器多从

测候所

日本购置。

  测候所的天气预报不仅刊载于地方报纸,以供人们生活、生产之需,也为南通沿海垦区提供数据服务。张謇《垦牧手牒》中有一份张謇致江知源的手札:

  ……要求垦区自治公所须安设风力、雨量、寒温、燥湿计于台上,或即设于公司候台,每星期与博物苑测候处通讯。

  江导岷(字知源)当时负责南通沿海垦区事务,据此综合判断此信应写于1911年。信中并要求通州师范农科毕业生冒朔桢"在自治公所或公司专司测候,详记风雨、风力、寒暖、燥湿、潮汛,兼管小学校旁垦种各事"。由此可推知,此时的测候所已兼具一个地区的气象测候网雏形。可惜,当时的记录已散佚无存。测候所的建立,开国人办气象事业之先河。1913年7月,测候所整体搬移至位于南通博物苑南边的南通甲种农业学校。待培养的气象人员齐备后,测候所于1916年迁往长江边的军山,建立了设备更加完备的军山气象台,当时与40多个国家的100多个气象单位交换数据。军山气象台也成为我国历史上国人自建的第一座气象台。

华严台

二、盲哑师范传习所

测候所在搬至南通甲种农业学校后，1915年秋季，中馆为盲哑师范传习所使用。

早在1907年，张謇就有办盲哑学校的想法。1912年1月，张謇著《筹设盲哑师范传习所之意旨》，论述了开办盲哑学校的重要性和必要性，同年6月，选址于狼山观音岩之前进行规划，因经费等问题，工程一再后延。1915年6月16日，由张謇署名的招生启事——《招愿习盲哑教员者启事》在南通《通海新报》刊出，同年10月，中馆迎来了两位外地盲哑教师，一位是烟台启瘖馆哑科毕业的毕庶沅，另一位是北京瞽叟通文馆盲科教师崔文祥。毕庶元（字芝舫），山东文登县（今文登市）东关人，出身于士绅官僚家庭。崔文祥，山东人，毕业于济南齐鲁大学，基督教徒，曾受高诚身之聘在基督堂担任琴师。因盲哑学校的校舍尚未建成，张謇借南通博物苑中馆开办了盲哑师范传习所，第一期招收师范生王秉衡、顾宏引、王振音等9人，学制1年。1916年11月，南通狼山盲哑学校建成，恰逢盲哑师范传习所9位师范生毕业，该师范传习所师生均转至狼山盲哑学校。这个仅存在1年的盲哑师范传习所为近代盲哑师范教育之发端,之后的南通狼山盲哑学校不仅拥有先进的盲哑教育,并于1930年4月6日成立了首个盲哑社团组织——中华聋哑教育社,延续了张謇的盲哑教育理论与实践。

三、华严台

中馆在测候所迁出与盲哑师范传习所开办之间是怎样的状态呢?

1913年10月—1915年8月,张謇北上出任北洋政府农商总长,不久又被任命为全国水利局总裁,其工作重心均在国家政务上。虽然如此,但张謇在文稿中还是有两则中馆的记事。1914年年底,张謇拟将中馆改建为金石碑帖陈列室,并题跋:

中国金石至博,私人财力式微,搜采准的务其大者。不能及全国也,以江苏为断;不能得原物也,以拓本为断。甲寅十二月,啬翁。

此匾中的"中馆"二字为篆书,跋文为行草。如今,此匾依原件复制,悬挂于中馆门楣,与南馆月台上的对联遥相呼应。那么,为什么会将金石碑帖单独列出来呢?其中原因与一件重要的藏品有关。

中馆匾额

1913年,当时在大有晋盐垦公司负责的章亮元(字永尚,号静轩),介绍浙江同乡张子骞赠送南通博物苑一幅巨大的《华严经字塔》立幅,该作品用整部《华严经》经文书写成宝塔形状。据称，整幅经文"四环庄楷，细若蝇头"，整体颇有气势。为了悬挂这件巨幅作品，张謇决定将露天的观象台进行改造，由孙支夏设计施工，三间平屋中部向上伸出，楼体四面开窗，以便于采光和观览。为丰富陈列内容，张謇于1915年5月再次拟定征集启事《为博物苑征求本省金石拓本》：

　　本苑征品列目，旧分教育、天产、历史、美术四部。而以本省金石各品丽之历史其原器、真石不可得者，则征拓本以列。盖为地方永乐石之存，亦备学校正鲁鱼之助。十年以来，访焦山瘗鹤之铭，买苟爽狸骨之帖，更出个人之旧藏，益以朋好之馈遗，别其大凡，列于中馆。顾征楚钟之双夔，既嫌范围之太广；而轶季碑之十字，殊惭搜集之未宏。特以本省为范，断自明清以前，续事征求，广为丐募……

　　征文中说明原先的金石是作为历史部分陈列于南馆的，现在将其单独列出来，一是为地方保存文物，二是助学校不犯鲁鱼亥豕之误，如此一二不过是言简意赅的叙述。书法艺术一直是张謇个人的偏好，他年轻时即有追访如瘗鹤铭、狸骨帖类名碑名帖的故事，每新得一帖必定要将原藏品找出来逐字全篇地校过。他深知此类收藏浩繁无边，因此将收藏范围从地域和时间两方面做了限定：以本省范围、明清以前为界来征集。在启事中他还引用了"萧翼赚兰亭"的典故来表示真诚，并说明中馆展品，自己历年的收藏和朋友的馈赠均已展示出来。

　　正当这件事紧锣密鼓地推进时，为了建南通狼山盲哑学校，中馆暂借作为其师资培训，直到1916年年底培训结束，中馆才得以重新布展。1916年12月21日，时任甘肃省教育厅厅长的水梓（字楚琴），在私立南通医学专门学校主任熊省之的陪同下，由孙钺接待参观，当时"中馆尚未筹备就绪"。中馆的楼顶改造是何时施工的呢？孙钺之子孙渠分别于1959年和1978年有过回忆，可两次回忆的时间却不相同。

【1959年】1915年改建测候所为中馆，加方形凸出的方拱顶，为了悬挂一个巨幅中堂。这幅中堂写《华严经》，把小字连缀成一宝塔形，所以张謇悬过"华严台"的匾额。又金沙孙儆和省议会中的人曾集资购赠一批古钱碑帖向张謇祝寿，送于苑中，也准备陈列中馆，但没有实现，张謇去世后一直搁置。

【1978年】1920年改建原测候所所在的三间平房，拆去中间的屋顶，加了一个方形的气楼，即今之中馆。那个气楼正面有张謇手书的"华严台"匾额。

由此，我们是否可以推测，中馆实际经历过两次改造：第一次是将中部屋顶伸高；第二次是将伸出的方顶改建为两层尖顶阁楼？

1920年5月12日，以专谋地方自治事业为宗旨的"苏社"在南通召开成立大会，与会来宾100多人共同参观了南通博物苑，并在中馆前合影留念。来宾中，省议员代表18人，如王清穆、韩国钧等，他们均向南通博物苑捐赠过藏品；各县代表64名，为南通博物苑征集本地藏品做了极好的引介。此外，还有美国新闻记者7名，包括《密勒氏评论报》主笔鲍威尔。当时中馆的匾额赫然在列，可惜照片未现屋顶式样。在这一年出版的《南通实业教育慈善风景图册》中，中馆已加盖尖顶，其图片说明中馆馆内"藏华严经及江苏各种碑帖"。

1923年11月22日，近代教育家侯鸿鉴（字葆三，号梦狮、病骥）先生来南通参加"国语演说竞进会"，他看到的中馆展览情况如下：

中楼之楼下，为宋元时文庙用之铜钟、石磬三十二，笾豆三十二，皆铜铸者。楼上则中层为拓本之孟子遗像及关岳遗像，三层则古今名贤像，皆拓本，贴于壁间。

可见，这时的中馆内部结构已发生了变化，楼分为三层，陈列内容已调整为金石拓本，这可以印证前面的推测。

大约在1924年,张謇有一篇题为《中馆》的长诗,其中写道:

　　万字华严塔,精书重大观。兵戈僧付托,金石佛波澜。
　　有本增轮囷,因高易暑寒。云窗何恍惚,花町尽遮阑。
　　法物无新命,流风悭古欢。千年期与护,仙客傥栖鸾。

这首诗以《华严经字塔》的前身和今世叙事,希望它能在南通博物苑长久地保留下去。这里的"仙客"讲的是另一个有趣的故事,也是此诗的缘起,张謇有《菊仙》长诗述其来龙去脉,大意是说,原如皋知县刘焕在中隐园扶乩,得到名为"菊"的仙人的指点,告诫其远离富贵权利,而菊仙常常就客居于南通博物苑的华严台上。菊仙的父亲生于唐朝,距今已千余年,由于他在峨眉修道,所以菊仙将于近日离通归去。张謇由此触生诸多感慨。现摘录部分如下:

　　万世齐一瞬,区区椿菌寿。
　　造物奚不仁,物亦匪刍狗。
　　仙自乐长生,人自重不朽。
　　焉用较名实,谁能了无有。

这是关于生命价值的思考。1922年5月27日,张謇在南通第三养老院开幕时有一段演说,对此做了很好的注解,他说:"人恒以寿为重,其实人之寿不寿,不在年岁之多寡,而在事业之有无。若其人果有益于地方,虽早夭亦寿;无益于地方,即活至百岁,奚得为寿?"由此,张謇进一步议论:"天之生人也,与草木无异。若遗留一二有用事业,与草木同生,即不与草木同腐。"这段名言常被今人引用,可惜引发这些故事的《华严经字塔》没能留存下来,但从老照片中可以发现,当时"华严台"三字横匾是高高地悬在阁楼顶层,比悬于一楼的"中馆"门匾底色要浅。再往前追溯,中馆作为测候所时也是有门匾的,只是照片模糊,尚未现其字迹。

　　如今的中馆,已经过多次的原屋修葺,除墙体外观上有所变化之外,其建筑结构始终未变。2005年,恢复了室外中药坛的种植。中馆如今仍是南通博物苑的重要展馆之一。

第二节 南　馆

南馆建成于1906年,是南通博物苑最早的建筑之一。这是一座颇为别致的英式二层楼房,平面呈十字形,坐南朝北,与中馆相对而立。北向大门双门对开,门楣上悬着篆书"博物馆"三字匾,中部为外凸的半圆形阳台,左右建筑呈对称分布,阳台由两根麻石方柱左右等分,直上二楼月台,月台上有铁质雕花围栏,楼上门楣悬挂着行书"博物馆"三字匾额,左右为木刻楷书对联:"设为庠序学校以教,多识鸟兽草木之名。"褐底白字,均为张謇手书。屋顶四周砌"城垛状"环饰,整体的对称结构凸显其敦厚,颇有彝鼎圭璋的端庄典雅。

1905年,南馆在规划之初时,名为"动、矿物陈列室楼",次年建成后称"博物馆"(此处张謇对于博物馆、博物苑是有所区分的)。南馆是在北馆建成后,主要三个展馆连成一个轴线后的通俗称法,此称法流传至今,直观地反映了馆舍的分布方位,为观众的参观起到了路线导引的作用。1914年的测绘图尚未以此方位来称各馆。

1908年,南馆开始做展橱。据说,为设计陈列橱式一事,张謇与孙钺师徒二人反复推敲,张謇亲自设计了不少图样,式样确定后,于正月开始雇木匠现场定做。据记载,这是"按算式环馆壁制馆橱",即计算好展厅的走线,沿着墙壁制作通木厨。如今,我们只能根据这寥寥几个字去想象这些橱柜的样式了,因为迄今为止尚未发现任何图片可供解释。

南 馆

当年做这些橱柜花了8个月的时间，费用为2 130.133元，是房屋土建费用的1/3之多。同年8月，布展工作正式开始。

南馆是南通博物苑的主要展厅，楼下陈列天产部的动、植、矿物标本和教育部分藏品。楼上陈列历史、美术二部的藏品，当时馆内无专门的库房，展厅就是藏品收藏之所。1914年12月7日，王蜀琼先生经无锡侯鸿鉴介绍来南通考察教育，所记《南通县教育及实业参观笔记》详细记录了南馆的展示情况，以下资料可供我们想象当年的盛况：

馆以内分楼上下两层，两层贮物又分动物、矿物、海产物、陶瓷、美术、历史等部。终以儿童手工制造及幼稚生玩物，明教育意也。

其历史部约分数类，衣物类有前清亲王朝冠朝服及武官正一品之盔服甲铠，又朝鲜之三品官服。石器类有石制箭镞、刀斧等物，皆古石器时代所遗，又有古殉葬物多件，俑像、豚栅、豕狗、灶婢皆备。金器类则有爵、甗、尊、竽、钟、鼎、盘、彝，不乏三代时物。又有木制周明堂模型一具，亦为考古者所必需。乐器有大小忽雷二具，状似筝琶，然止二弦，为贵池刘某所赠。锦有清初及明时制，又有古龙泉剑一口，悬铠服猎人之腰，惜此服清季不常用。余等所见皆鲜。又有倭刀二柄，得自日本,亦古制也。又藏番用器数件,与古塔及馆门外所陈之喇嘛塔皆西藏物,为赵次珊赠。又南洋土番所制布锦及用物,由南洋博览会得来。又望加锡岛出品甚多,亦南洋博览会所得,内有树叶制衣箱多具,甚奇。又有铜器多件,如壶如爵如盂如盘,雕镂甚细,质亦莹。又另有铜器数件,上镂人物花像极细,而人状甚奇,似非近时制,亦南洋土番物,然陈之可以考研该地土人之心思、技艺之进步,并以索寻进化之陈迹,此历史之精意也。

陶瓷部陶类固多古制,而瓷亦多康朝时窑所造。惜余不能识瓷。不能辨其妍媸也。

美术部多雕刻物,有铁花围屏四扇,又大理石嵌花围屏四扇。

矿物部不能遍识其名。

动物者皆标本,虽皆素见,然以备教育之用,亦应有尽有。内有飞蛇二只,为状甚奇,为余所未曾见,惜不详其产地。海产物为数甚多,大小约数百件。最奇怪者贝螺,有蜘蛛贝,状似蜘蛛,皤腹多脚。鹦鹉贝色丽似鹦鹉,长字贝、瓦稜(棱)贝则色状均似枯瓦。蝴蝶贝色状亦似蝶翅,然各不一。亦有似蝶之全体或一部者。螺有蜀锦螺,色彩艳似锦纹,锥螺锥形,黄色,状似纺车之锤故名。又一种状若蜗牛而巨,亦名车螺。其余奇形异状,笔不胜记。兹特举各物多产自浙江沿海等处及本县吕四海港,亦有出自广东者。此外有红白珊瑚各二只,甚大。又有大珠贝壳一只,大如巨盂,又玳瑁壳二只,大径尺许,亦不多见之物也。又石蚕一只,大逾二尺,亦海产物,千孔万窍状似荷叶之张展……

楼内各物,皆书明出产地及赠送人姓名,此皆啬庵十年来留心所搜罗,至今日而成巨观,洵不易易,亦至可艳羡也。

王蜀琼先生提供了一个非常宝贵的信息,当时南馆展品的说明牌除标注名称、产地之外,还标注了藏品来源和捐赠人姓名。据后来者回忆,当时南馆的说明牌上有用中、英、日三国文字标注的名称。

王蜀琼先生还记录了南馆外的陈列:

馆门外有佛像数大尊,石像铜像泥像多尊,皆从各古寺移此,所以保存历史之遗物也。内有南京某寺梁时铜佛像是一尊,甚大,又半山寺罗汉像数尊,为该寺五百罗汉中物,又明陵翁仲二尊,高六尺余。又元张士诚铸铁炮一尊,又意大利古碑一面,为端陶斋赠,亦历史部物也。

此记述与1912年的"楼前有伟像二,东西侍立,老子、庄子之像也"布置已大不相同,其中来自南京栖霞山的梁代佛像最引人注目。

这批梁代佛像张謇有如下文字记录:

苑有梁铜佛像一,铁罗汉像七,皆取之江宁灵谷寺。寺萧梁时所建也。罗汉像本十六躯,外涂以金,灿甚。革命时,黎天才之兵所至,骚扰摧毁,以为寺像皆铜值巨,乃尽毁之,断头、折臂、洞胸之像狼藉败殿之上,时众推丹徒马良暂主都督署内务,謇营博物苑成未久,闻其事乃谋诸良,检其稍完者七躯,并未遭毁之铜佛,露稛间道舟运于通。续断补残,各位以

南馆西侧皂角树及梁释迦牟尼佛铸像

龛,与所得龙门之石佛像、如皋唐塑之迦难像、明刘銮塑之三清像,并露列于苑中馆之外台。謇谓苑客曰:是殆佛像一小劫,一劫之后,意且小明乎?

其中的"梁铜佛像一"为梁释迦牟尼佛铸像,陈列于南馆西侧一棵高大的皂角树下,是当时南通博物苑标志性的景点之一。

作者虽然记录了这么多展品,但当时室内陈列是什么样的呢?张謇认为博物馆的展览要"有异于工商业及他种之会场"。其陈列要有一定的次序,"天产部以所产所得之方地为等差,历史、美术二部以所制造之时代为等差"。想必其物品的摆放也是有一定规则的,可惜没有一张老照片记录其景,我们只能根据人们的记述去想象了。

到了1919年,南馆外的物品又有改变,增加了"古代琴砖与碑石,清康熙朝之喇嘛塔与藏窑墓缸,明万历年间之瓶、炉与盐桶,宋咸淳间之脊顶,尤为罕见"。这明代万历年间的瓶、炉在百年后呈现出其展示时的面貌。2019年,天文科普工作者闵乃世先生向南通博物苑捐赠藏品,其中有一张照片正是其父亲闵之寅(字叔敬)与好友游南通博物苑时在此瓶、炉旁的合影。如今这两件文物均存放在南通博物苑新展馆二厅。

如此丰富的展品,的确能令人学有所悟。1920年1月20日,梅兰芳来苑参观,张謇亲自导览,为他一一讲解。这一年,张謇67岁,梅兰芳26岁。媒体报道:"啬公偕畹华游博物苑及大生纱厂,畹华一一细观,必详询所以,啬公亦不惮指导之烦。畹华此次游通,增进学识实非浅鲜。"参观完毕,主宾就在南馆的阳台合影留念。从合影的照片上可以清晰地看到,一楼门楣上有张謇手书的"博物馆"三个篆字,嵌刻于拱门凹处。这是梅兰芳第一次来南通,离开时还为不能参加第二天"博物苑游会"活动深感遗憾。如此盛举,可惜我们

1925年9月，闵之寅（前）与刘冠明（后）在南馆室外合影

也未见其详，至今也不知游会情况如何。

　　南馆门前的布置经常在调整。据孙渠先生回忆，南馆大门前陈列的曾是古玄妙观的三清塑像，并回忆此三清塑像，系元代刘銮所塑，刘銮曾在尼泊尔学过雕塑。我们猜测，可能每增加一次藏品，南馆门前陈列的摆放次序也会相应地发生变化。从现存的老照片可见，南馆大门两侧对称分布的亭子从左、右各一亭，到两大、两小的四座亭子，最多的时候是左、右各三座大亭子，西侧一排整齐的小亭。繁盛时期是什么样的呢？1920年，浙江省教育会组织第三次出省教育参观团，来自余杭县（今余杭区）的陈孟深先生在考察南京、南通教育后，对此行做了详细记录。说来也巧，10月24日上午9点，当他们来到南通博物苑时，馆门紧锁，无法参观室内陈列，所以才让孙渠先生有反复逗转于室外的机会，得以详细地观察室外的布置。为方便阅读，现将孙渠先生的参观顺序略做调整：

【馆北】有石阶，循阶上两旁尽栽玉茄（兰科），清康熙朝喇嘛塔、意大利古代塔分立左右。又有巍然神龛中藏古美术部塑像类，元妙观，元刘銮塑，道家三清之二太上元始像。雕像类,本县钟秀山明沉香雕韦驮像,河南龙门石雕观音像。

【馆东】有明万历年铸瓶二,明石狮二,鸱尾(古屋饰品),清康熙乾臧窑墓缸(臧应选督造属浇黄窑品)及前清刑具:杖、答、镣、大红枷等,尚有清康熙双龙雕石。

【馆南】有唐经幢,宋铸铁鼎,宋铸铁瓶,宋铸铁石毗卢阁脊顶(宋咸淳间铸),元季张士诚铸炮(周四年据通州),明崇祯铸炮,明盐场盘铁(出吕四丁荡土中,吕四垦牧公司赠),明万历年铸宝香炉,清道光年铸炮,明陈大壮墓石翁仲二。

【馆西】有唐塑释迦牟尼十大弟子像之一,有南京半山寺释迦牟尼铜像,有阿那尊者像(五百罗汉之一),讬迦尊者、九海妙法尊者、火焰身尊者、去诸业尊者、九莎伽佗尊者、德首尊者各像。有北魏永平河南龙门灵岩寺石壁阿难佛像,有陕西宝庆寺唐贞观音铁铸佛像。

【南馆之后】有地数坪,满栽植物,如菊、蓼、马鞭草、鸭跖、百合、天南星、清风藤、冬青、忍冬、芸香、夹竹桃、楝、茄、黄杨、小檗、桔梗、车前、毛茛、茜草、木贼、石竹、旋花、苋、马儿铃(恭按作兜)、蔷薇、罂粟、堇菜、商陆、玄参、石蒜等。

这段记述是目前所见最翔实的南馆室外布置,对复原南通博物苑极有帮助。南馆如今仍是南通博物苑的重要展厅之一,当年的室外展品"张士诚铸铁炮""意大利古碑"仍完好保存,其他雕塑已无踪迹。100多年来,南馆留给每一位观众都是不一样的记忆,而一样的是南馆楼上悬挂着的对联:"设为庠序学校以教,多识鸟兽草木之名。"

第三节 北 馆

1910年，随着南馆藏品的增多，张謇拟建北馆，专门收藏"通如泰海四县之金石拓本与诸名家书画"。虽没有明确的文字说明来严格厘清此处藏品与原先四部分类之历史部、美术部的关系，但从其建设履迹推想，张謇似乎想要拟建一座地方性美术馆，他为北馆所写的铭辞如下：

将究四类，其广海会。金概所藏，州厅县罣。力所弗堪，举例犹派。事固无小，道奚病隘。

其大意是说，馆内所设的四部文物多到无穷其尽，这里要收藏的金石书画以地区为边界。任何收藏能力总是有限的，只能举一反三、闻一知十。事固然不分大小，但蕴含的道理并不因其微小就不存在。

据说，北馆最初拟建一座平房，建筑的尺寸是根据其展示的一幅书画巨作——《江山雪景图》来确定。可是到了年底，张謇突然改变了这一计划。腊月二十二日，张謇致信负责博物苑工程的宋跃门，令其将北馆进行修改，改为建造两层

北 馆

楼房。

北馆拟改为楼，下高一丈一尺，上一丈。所添者楼板、楼楞大料耳，免得将来再做三番。可即估计改换。大料八根：下大料四根，拟十寸、十二寸方，上八寸、十二寸方，共八根。阁栅每架两根，九架十八根，共九十根。楼板六寸起口，十六七方。窗下用旧窗，上用起落窗，均加铁栅。起落窗，令上海匠做。楼梯在东西边间之靠壁，宽占屋之半。此事可即函托孙支夏，支夏有归通度岁之说也。

为什么张謇突然改变计划呢？《南通地方自治十九年之成绩》的说明是："（1911年）四月，为陈列古巨鱼骨骼及各种化石，供研究古代生物，储通如泰海四县之金石拓本与诸名家书画，更建北馆楼五幢，历四月工竣……十月，始事北馆陈列。"从文中所记来看，建北馆是为了陈列"古巨鱼骨骼"和"金石拓本与诸名家书画"。事实上，发现古巨鱼并非在1911年，而是次年的事情。

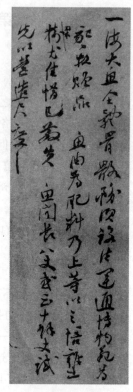

张謇《垦牧手牒》有关鲸鱼的记载

1912年春节期间，通海垦牧公司在吕四垦区的滩涂发现了一"海大鱼"，消息报给张謇后，张謇在农历正月初三立即致信通海垦牧公司的负责人江导岷：

海大鱼全体骨骼务须设法运通博物苑，为垦牧赠品。鱼油为肥料乃上等，以之培壅果树尤佳，惜已散失。鱼闻长八丈或云十余丈，试先以营造尺度之。

此信的日期为农历正月初三，公历为2月20日，信中所言之事亦与张謇日记对应。《南通地方自治十九年之成绩》编写于1914年,有可能是事后追记产生了时间的错位。虽然改变北馆尺寸的原因并不是发现了巨鱼,但这头大鱼的出现的确使北馆的陈列发生了改变。6天后,张謇又致信江知源:

  海大鱼全体骨骼大约可拆取,须令挖泥人逐节挖,勿伤其接笋处。

  "海大鱼",即鲸。"接笋",即接榫。南通地处江海交汇之处,沿海大陆架广阔,浮游生物及鱼类生物丰富,是鲸类等水生哺乳动物活动的良好场地,海岸一带易造成鲸搁浅。南通早在宋代就有鲸搁浅的记录。据王丕烈《中国鲸类》的统计,全世界鲸类已知有82种,而南通有9科18种,其中须鲸9种、齿鲸9种。据后来学者研究,这条"海大鱼"是一头须鲸。由于当时人们对鲸的认识还比较匮乏,其称呼也是多种多样,有时还称其为"鲉骨"。如继此次发现鲸后,1926年3月19日,南通地区再次发现鲸骨,其名称又有所不同:

  城南博物苑,新到鲟鱼(俗呼闰鱼闰年有之)肋骨两条,阔一尺有五,修计两寻,肌骨之大如此,全鱼之长,可想见矣,兹探悉该骨,发现于海门青龙港沙滩,由水上警察厅,特遣四名壮丁,扛送来苑。

  这里的鲟鱼当时也是指鲸,后来这两条鲸肋骨也在北馆展出。1929年,《图画时报》刊登了这一展出的情况,新发现的鲸骨并列于鲸骨架之头部位置,一起展出。

北馆鲸骨展示场景

北馆待孙支夏修改完设计后，于1911年5月开工，历经4个月紧锣密鼓的施工建设，于9月16日"北馆粗成"。建成后的北馆为五开间二层楼房，平面呈长方形，东西向长，北面临南濠河马路，二层楼高处的墙体上分嵌着"博物苑"三字砖雕。室内四面墙壁光滑，雅洁敞亮。在"文化大革命"中，为避免砖雕遭到破坏，墙体上的"博物苑"三字曾用三合泥遮盖，得以未受丝毫损坏，一直留存至今。据孙渠先生回忆：在当时全城建筑中，北馆是开间最大、进深最长的一座用通贯梁的房屋。而陈列鲸的架子和展示《江山雪景图》的展台均为量身定制。

鲸骨运至苑后，北馆楼下的陈列很快开放，较早的参观记录见于1914年："北馆楼下，列大鱼骨一，长二丈八尺，动植物之化石十余件，小禽、小兽类之骨骼数件。楼上尚未陈列。"1916年，楼下的陈列更为丰富："楼下陈设多化石类，最奇者有二鲔鱼之骨骼，长可四丈，围逾五尺，头骨大如车辆，腭骨长六尺，肋骨在三尺以上，椎骨数十节横陈木架上，诚为巨观；一仅余头骨、腭骨及肋骨数根，大亦不逊。此外尚有玳瑁遗壳，状若龟形，亦有圆桌之大，以上三种皆系垦牧公司在吕四所发见者。"显然，参观者对巨鲸的兴趣格外浓厚，有观者描述此鲸骨色灰白而质坚，体长数丈，两肋骨环抱之间可容人走，并感慨"余睹此鱼，始信吞舟之说，为非虚也"。1920年编印出版的《南通实业教育慈善风景画册》登载了一张鲸展出时的照片，该照片成为早期南通博物苑难得的室内陈列资料，其说明牌列于展架的下方。该图片下还附有说明文字："北馆陈列大鱼骨，长四十英尺，在垦牧公司土中得之。"此说明提供了鲸的身长数据，四十英尺约为12.19米，与10.57米长的《江山雪旅图》平分秋色。

北馆的布展经过了较长的时间，楼下鲸骨装置完工之后，南馆的动物头骨、古生物化石部分也陆续被移来与鲸骨配合展出。楼上不仅陈列书画，还有木工特制的格屏，登楼有题额："金石书画之藏。"据目前所见，北馆楼上、楼下同时开放的参观记录是在1919年。这一年，南京高等师范学校学生傅廷栋、游世禄来南通考察教育与实业：

又至北馆，屋与前同，下层陈动物之化石数十及鸟兽昆虫之骨骼，外有鲔骨一具，长二丈，余为前所未见，闻系吕四垦牧公司所掘得者，上层陈古今名人书画若干幅，琳瑯（琅）满目，美不胜收，半皆啬翁所捐赠者也。

1921年，南京高等师范学校附属中学的张毅生来南通旅行，他记录的北馆又是另一番情况：

入门，由苑内役人引导，首至北馆。楼房五间，楼下陈设动物骨骼数十种，如猿猴、鸟类、鱼类、龟类等，皆精制逼真。而鲔骨最大，长可三丈，围可合抱，头骨占三分之一。其他如植物化石，尤为博物家研究古代生物之珍品。转至楼上，则名人书画罗列壁间。书皆真迹，草体为多。画有山水风景、鸟兽、花卉、人物，大半皆清人手笔也。

据《南通博物苑品目》所载，北馆楼上陈列的书画作品有101件之多，可见"琳瑯（琅）满目"之不虚。除钱恕《江山雪景图》之外，大幅作品还有明代包壮行《墨梅条屏》一堂八幅，如今这两件作品仍完好地保存着。如此密集的展品，难免发生意外。就在北馆书画布展后不久，有人在上海古玩市场上发现了南通博物苑的书画藏品，上面还有张謇的亲笔题跋：

是卷为张峡亭凤年所赠于（予）博物苑者。比年里人能出其所藏以实我苑之北馆者，颇觉仅见，张君意识殊可敬。画为清康熙朝杭州僧炎虚所作。炎虚画山水有名当时。纸有折痕，意本是册而改装为卷。康熙戊寅为三十六年，至今二百二十余年矣。张言图故藏丁氏个道人，后展（辗）转归休宁黄鲁山开基家，鲁山病笃，举赠峡亭。其本末如此。南庐闽人，周幔亭者亦闽人也。南庐客通、如间久，卒葬狼山之麓。所谓入山者,指军山而言,山有刘郎路,盖其所辟者。山亦今昔殊观矣,安得善画如烎虚僧,更作图以纪之。"

张謇的题记作于1919年,从内容可知,它应当是收到捐赠时所作。白纸黑字清楚地记录了此画的创作及辗转收藏的信息,即便有心做假也难,此事瞬间在南通闹得满城风雨。

该画名为《刘南庐入山图》,由当时杭州知名画僧烎虚绘于清康熙三十六年(1697年)。南庐,即刘名芳(字南庐),福建人,时因修南通地方志,多出入于军山,他修筑了不少山路,后人为纪念他,称山路为"刘郎路"。此图初由丁有煜收藏。丁有煜(字丽中,号石可,晚号个道人)是南通人,精诗文篆刻,有"外八怪"之称。之后,丁有煜将该画传给休宁人黄鲁山,黄鲁山重病时将此画转托张峡亭。张峡亭(字凤年,号悼棠)出身于南通望族,以诗扬名,恃才自傲,颇有几分目中无人的性情。他之所以将画送苑,的确是珍视此物为地方史料,便要送公家收藏。没想到这么快画竟流落至市井,他不禁怒火冲天,找张謇讲理。张謇收到此画时,本就感慨人们向南通博物苑捐赠的热情已不复建苑之初时那么高涨,现在竟发生这样的意外,张謇也大怒,立即追查原委。

究竟是怎么一回事呢?原来其间发生了人事变动。1914年,新苑主任沈右衡上任时,请来同乡陈衡生担任苑会计。沈右衡是著名刺绣艺术家沈寿的胞兄,为人诚实,而这位同乡陈衡生不仅做事粗疏,而且好弄权招摇,不幸的是,沈右衡因病卧床,苑事多交予陈衡生代理,而陈衡生平时对苑务并不管理。事已至此,张謇立即恢复了孙钺原职,并将保管责任交于孙钺。孙钺受命逐件清点苑内藏品,所幸除此之外并无其他缺失。经分析,此画的遗失有两种可能:一是画先放在北馆橱中被人窃去,二是沈右衡将其送裱而遗忘了。这是一个教训,当年收到《刘南庐入山图》后,张謇曾赋一长诗记事："瞢腾二百年，楚弓未尝失……赖有吾家秀，室画永精魄。"其得意之情溢于言表，万万没想到眼前即失楚弓，张謇对此事高度警惕。孙钺接手管理后，南通博物苑建立了苑事登报公开的制度，从此，南通博物苑每月收到的新藏品，均于月尾在地方报《通海新报》上公布，接受赠品必开具收条为证，苑内大小事情也通过此报向社会公告。这些新举措使南通博物苑的公益性进一步彰显。

北馆收藏南通地方书画盛极一时，对地方书画艺术传承起到了重要作用。至今，南通博物苑的藏品也以地方书画之精为特色之一，并熏陶着地方美术人才不断成长。

第四节　花竹平安馆

花竹平安馆位于北馆西侧，建于1908年。这栋建筑在早期的博物苑规划图和1914年《南通县博物苑图》中均未被标识，因为张謇建此楼的初衷是为了夫人徐端（字蒨宜）来南通养病，无奈徐夫人未等到建筑完工，已不幸于该年4月25日在常乐镇家中辞世。花竹平安馆落成后，张謇在此特设"蒨影室"纪念，并作《蒨影室铭》记其事。现将此列入南通博物苑建筑叙述，除因花竹平安馆与南通博物苑是一同建设之外，也实因南通博物苑事务与这里有太多的联系，它是南通博物苑不可分割的一部分。

前文所述，张謇于南通博物苑每一建筑均有题匾，花竹平安馆也一样。1908年6月18日，张謇有一函致宋跃门：

花竹平安馆额，托老方先生填绿，填好存馆舍，拟钉于突出一间与中一间之间。在中一间椽子头有小墙地位，先用一横料遮去椽子头，将额上于横料之上，朝南勿太侧。

信中交代匾额用绿色填字,并将其悬挂位置、如何悬挂也细细叮嘱。如此这样的信函几乎每位工作人员都会收到。此后,张謇便常住于此,随时指导南通博物苑的工作,直到濠南别业建成后,才搬去固定的居所。这年年底,张謇在营建徐夫人墓时,偶得两件古陶残件,张謇将其裁为小方幅:一铭置博物馆,一镌字置生藏。其铭和镌的文字分别为:

缶乎缶乎,若待余三十年而偕汝者,州其几于文明之域乎!

先帝崩年月在丑,穿土营阡得残缶,地近前明八窑口。三百年薶色不黝,质泥而沙制粗厚,裁而方之两其偶。一置生藏镌季寿,一供博物俪圭卣,虽有合离同宇宙。无保缺坏,鬼神佑吉。

"先帝崩年月",即1908年11月14日。两块普通的陶片,经张謇这样一诠释,顿时成了记录历史的鉴证。在张謇建设博物苑的过程中,如此这般点石成金的事例俯拾即是,这固然给博物馆人许多启示,但透过文辞亦可体会到张謇时时心系家国的思想境界:30年后的南通会是一个现代文明的世界吗?

1909年初秋,张謇聘请昆山诗人张庸(字景云)来南通,教授独子张孝若学习诗文,前后近6年,地点便设于此。张謇曾致函张孝若以博物苑素材作诗:"博物苑、池岛、水榭、鹳鹤柴、鸠鹰寀、国秀亭、钵龙池、南馆、北馆,怡儿每一星期为之作文。"想必这些诗都会有张庸的圈点,可惜未能面世一见。《张景云先生遗诗》中收录有一篇《咏博物苑三岛池和孝若弟》:

池面秋深长绿苔,池头鸳鸯不相猜。
一拳问是何山石,割得蓬莱左股来。

从中可见师生二人教学两欢的情景。这位良师给南通和博物苑留下了许多美好的诗篇。该著作中还收录有张景云先生考察南通垦牧公司时所作的《煎丁苦》组诗,堪当煎盐史诗。后来张孝若的诗才亦颇受夸赞,所到之处常有题咏,因而亦常追念师恩。

1911年建设北馆期间,此馆常作为周转之所,1913年11月,为了给张孝若营造一个安静的读书空间,张謇将此处做了彻底的改造,建为两层楼房,西部作为"丁字"回环,楼上作为读书室,采光、风景两相宜。张謇不在南通的时候,经常写信交代张孝若去察看苑里的情况,并将所见所闻回信告知,并常令其处理南通博物苑的事务,其中有一函:"父今日至垦牧矣……可将馆中物及各抽屉一一理清,令和尚收

张孝若像

拾洁净。古铜盘、圆水盂在影龛下,带回。中间所陈列之香炉二(大小各一),瓷器二,西房陶器一(大桃子花盆),时大彬茶壶一(须用盐擦垢),均送博物陈列馆;皆我赠品,属子铁记册。"

在张謇耳提面命的熏陶下,张孝若见多识广,对新事物有很强的敏感性。1915年3月,张孝若在英籍英文教师雅大谟的陪同下游览香港,参观了香港的博物院,他在日记中写道:"上午与师同游香港博物院,亦一大建筑物,市政厅即在其旁,惟其中物件及陈列之方法,以吾观之,不如吾通之博物院。谁谓吾中国事事不如外人也?"这一年,留美学生在美国东部成立了中国科学社,总社长为赵元任博士,该社以集合同志研究技术、推广科学知识为宗旨。消息传到南通,张孝若立即联合南通学子成立了中国科学社南通支社。1916年12月24日,就在花竹平安馆召开了成立会议,南通《通海新报》和上海《申报》分别进行了报道,《申报》的报道主题为"科

1915年1月,首期《科学》月刊在中国上海出版

学支社成立":

中国科学社为研究技术、推广科学知识而设,所出《科学》杂志,风行海内。南通学校林立,教员中不乏学术湛深之人,由郑铁如、张孝若、孙润江发起组织支社,从事科学之研究。二十四日下午二时,假博物苑花竹平安馆开成立大会,到会者纺织学校、农学校、师范学校、医学校等各教员共二十余人,首由孙润江报告中国科学社改组始末及南通支社设立之必要,次通过会章,次公推职员,以张孝若、范幼兰、孙润江为干事,复由干事互推张孝若为总干事,次总干事演说,次摄影,次游戏。运动至下午四时始各兴辞而散。

这件有意义的事大可载入史册。南通自此与中国科学社结下友谊,1922年,中国科学社迁到国内后的第一次会议就在南通召开。

1920年,张孝若创设南通自治会,并组织成立"南通友益俱乐部",以号召公众共同参与地方自治事业的建设与管理,其地点亦设于花竹平安馆。南通友益俱乐部成立时间不长,同年12月出版的《南通实业教育慈善风景图册》(附参观指南)成为一部重要的史料,全方位地介绍了南通地方自治的成果,是大多数人了解南通、宣传南通的重要依据。该图录前后广告二十则,介绍的地方企事业图片百余幅,其中介绍南通博物苑的图片有九幅,成为该苑珍贵的史料,被广泛引用。

《南通实业教育慈善风景图册》（附参观指南）说明，南通博物苑北向右侧为北馆，左侧为花竹平安馆，南通友益俱乐部设于馆内

  花竹平安馆也是南通博物苑往来嘉宾的招待场地，1920年1月、5月和1922年6月，梅兰芳三次来南通均下榻于此，对此地留下了深刻的印象，他在《呈啬公并赠孝若公子》诗中吟道："积慕来登君子堂，花迎竹护当还乡。"可见其心怡神旷。1920年6月，美国著名哲学家杜威博士来南通，也是在这里被设宴款待的。

  花竹平安馆在日本发动侵华战争期间被毁，如今已丝毫不见其踪迹。若能复建并标识"中国科学社南通支社旧址"标牌，定能成为城市光辉的一景。

第五节　谦亭与藤东水榭

  谦亭与藤东水榭位于南通博物苑东面，濒临濠河，与通州师范学校隔河相望，两处建筑同为灰墙黛瓦，映衬于浓荫碧波之中，远远望去蜿蜒毗连，令人油然而生"五步一楼，十

谦亭

步一阁"的憧憬。这两处建筑的功能也是互为照应,谦亭作为贵宾住宿,藤东水榭作为招饮之所。

　　谦亭始建于1910年秋,坐北朝南,这年10月27日张謇日记中写道:"东南池上拟筑谦受亭。"东南池,即门前的水禽寀,可见谦亭起初的名字是三个字"谦受亭",出自《尚书·大禹谟》中"满招损,谦受益"的名句。同日,张謇为谦亭拟联:

　　　　地中有山,始利大川终邑国;
　　　　人间何世,即看小岛亦波澜。

　　题联还附上了一段跋语:

　　《易》卦惟"谦"六爻皆吉,以其处卑而尊,不违则而能有终也。故初六"用涉大川,吉",上六"利用行师,征邑国"。朱子《本义》释邑国为自治其私邑。然则今之君子不在位者,可以审所处矣。

　　这段跋语在《张謇全集》中的标点与此略有不同,此处摘自赵鹏《漫步博物苑》,他对此进一步的解释是:上联根据谦卦的卦象,山在地下表示着柔中有刚,而从初爻的涉大川到最终的征邑国,都因采取谦道而无往不利;下联则感慨世事动荡无常,即使水中不起眼的小岛,在这局势下也能激起波澜。他认为,张謇是在表明自己推行地方自治,致力南通建设所采取的态度。

谦亭起初是作为通州师范学校教师的休疗处,建成后,又用来接待重要来宾。1913年,大生纱厂股东余寿平、徐积余、刘聚卿等人来南通时下榻此处,张謇在藤东水榭设宴招待。他们仨也都是南通博物苑藏品的重要捐赠者。

1917年,谦亭暂时作为著名刺绣艺术家、仿真绣创始人沈寿(初名云芝,字雪君,晚号雪宧)养病之所。沈寿,江苏苏州人,后客居南通。1904年,沈寿以绣品恭贺慈禧七十大寿,得慈禧恩赐"福""寿"二字,从此更名为"沈寿"。1914年,沈寿受张謇礼聘来南通任教,任女工传习所所长。沈寿生性雅洁,张謇赞其为"好洁而能忍黯黮之诎,好高而能容异量之美,好胜而能止适当之分"的奇女子。沈寿在谦亭养病期间,亦师从张謇习练诗文,留下许多美好的师友应和诗篇。沈寿生性整洁,其居所就像古人所说的去之日如其始至者,无纤微污损,待沈寿病愈离开时,为表达感谢,她还特制发绣"谦亭"二字赠予南通博物苑。南通博物苑的文化氛围对沈寿也影响至深,她生前亲自将自己玩赏的印度土人女工豆织瓶、碟二件送至南通博物苑收藏,又留下百年后将自己的作品赠予南通博物苑永久保存的遗嘱。沈寿去世后,张謇为她举行了公葬,将其安葬于狼五山之黄泥山麓,并亲题墓碑"世界美术家吴县沈女士之墓",并写下挽联:

真美术专家,称寿于艺,寿不称于名,才士数奇,如是如是;
亦学诗女弟,视余犹父,余得视犹子,夫人为恸,丧予丧予。

1921年,为迎接即将举办的南通地方自治第二十五年报告会,张謇将东南一隅的动物房及谦亭进行了改造。10月20日,《时报》对此进行了题为《南通博物苑新猷 添建动物馆》的报道:

通城博物苑主任孙君子钛,鉴于陈列物品尚未能应有尽有,爰从事搜罗珍禽异奇兽,添建动物馆数十间,又将谦亭等处改筑西式楼房，以为游人憩息瀹茗之所……

新改建的谦亭平面上呈凹字形，地基抬高半层之多，临河一面高墙壁立，其他三面曲廊相连。建筑虽只有一层，但飞檐交错，视觉效果极具气势。谦亭落成之前的6月18日，沈寿不幸病逝。为纪念这位著名的艺术家，张謇将沈寿曾在谦亭养病的一间房题名为"味雪斋"，以示永久纪念，并作有铭辞：

雪何味，不可说。雪有味，觉诸舌。脂于冰斯凝，瀹而汤斯热。凝也逾莹，热也逾冽。莹其色也，冽其质也。其味则天下之至淡而无极也。味之者至人，至人踵息。

上文对雪的赞誉，很容易让人联想到沈寿的号"雪宧"，这也曾引来一些捕风捉影的故事。1925年，晚年的张謇与朋友畅游，在一首诗的名称中解释了这个"雪"字的含义："味雪斋故师范休疗室也，室他徙而雪君女士假以养病，六七阅月，比易为斋落成值雪，因以名焉。暇日与客宴坐，有怀旧迹。"文中"比易为斋落成值雪"，指的是房子改建完工时正好是雪天，"斋落成值雪"与沈寿之号"雪宧"相

1922年6月19日，张謇（右二）陪同梅兰芳（右三）参观南通博物苑在味雪斋前留影

合，雪的冰清玉洁恰好象征了沈寿不染纤尘的高洁品性。张謇曾在沈寿公葬会上发表演说，讲到隆重纪念艺术家沈寿，非为普通应酬，亦非循例哀悼，实乃"盖欲我通人士知世界美术教育之重"。由此想到，他反复强调沈寿的好洁如癖、至死不渝，认为日本人"尚美好洁之性情，几成为普通风气，故其国之进步颇速"。洁的象征意义又何其深远。

遗憾的是，谦亭在日本发动侵华战争期间被破坏得片瓦不存，现在的谦亭是2005年为纪念南通博物苑建苑100周年时复建的。

藤东水榭于1912年秋开工，建成于1913年6月，它坐落于苑门东南部，往南就是谦亭。从老照片上看，它外有围墙，是一个相对独立的小院。房屋东、西两面均设大门，临濠河前有平台，亦称"钓鱼台"。台周围以石栏，清流映带，垂杨摇曳，占风光之胜。秋冬，濠河水滨有芦荻丛生，颇有江村风景。藤东水榭不是最初的名称，1912年8月15日，张謇日记中有：

集放翁句为博物苑藤阴小榭联："归来闲指乌藤说，与子更醉青萝阴。"有诗。

可见藤东水榭初名为"藤阴水榭"，集联也因此嵌有"藤"和"阴"二字。放翁，即陆游，他的原诗分别为："归来闲指乌藤说，个是人间耐久朋。""不辞醉袖拂花絮，与子更醉青萝阴。"其时，袁世凯的中华民国临时政府已经成立，而张謇尚未准备出山，联句承袭了放翁的隐逸之风。这"有诗"的记录，遍搜史料而未得，倒是此之前与之后一日均赋有诗，颇见其营建地方事业的怡心快意之情。前一首为《濠东南隅银杏十余株，大者围二丈六七尺，小者亦丈余。岳庙东偏一株围一丈七尺，道士闻余将规其地隶农校，乃货其树于木工，行伐矣，校闻，以银圆七十买之，位树于食堂、寝楼之间，落成，纪之以诗》："举类论年辈，差当子弟林。买从道士手，中有老夫心。或说康乾代，端然八九寻。诸生

第三章　风格迥异的建筑

勤爱护,食息在乔阴。"此"濠东南隅银杏"如今仍高高地耸立在南通博物苑新展馆的入口处,后一首为《中庭核桃、蜡梅积雨渍伤而萎,悼赋》:"生平手植众草木,一花一谢皆关心……寄语世上儿子辈,须以贞干当邪侵。"这警语在如今郁郁葱葱的南通博物苑中,自然是被一花一草所铭记的吧!

1913年6月26日,藤东水榭落成,张謇在此宴请学校诸位好友,并赋二诗:

突兀眼前屋,千年慰杜陵。
夷墟存老树,覆径有新藤。
夹岸层楼接,澄澜一席凭。
兴来桐帽侧,点笔石栏能。

此诗主要依濠河两岸的景致而抒情,当时正值初夏,通州师范学校与南通博物苑夹岸而立,老藤新树枝丫新,颇有景不醉人人自醉的洒脱。下诗的意境回到了现实:

山林异何氏,宾客谢平津。
博物诸生待,忱时漫叟频。
夷花行列绚,候鸟浴余驯。
一笑谁应客,乾坤是主人。

藤东水榭

张謇在这里把自己形容为忧念时事、放纵无拘的老人，这是其内心挣扎的一种写照。此时的张謇与北京政府保持着密切的联系，进退维谷之间，挥之不去的是对国运和民生的担忧。

从上述记录可知，藤东水榭落成之时已改为今名。1919年，有数波三五成群的大学生来苑参观，他们在藤东水榭憩息时，都注意到该处，额曰"藤东水榭"，啬翁有集句联云："待其送夕阳迎素月，若已窥烟液临沧洲。"在此之前，藤东水榭的题额与门联均未被参观者提及。

新拟的联语是何时所作？《张謇全集》在编排时采用了藤东水榭落成的时间。此集联的上句出自宋代王禹偁《黄冈竹楼记》，该文从黄冈多竹写至以竹造楼，再描述竹楼中观山水、听急雨、赏密雪、鼓琴下棋、焚香默读等种种乐事，原文有"待其酒力醒，茶烟歇，送夕阳，迎素月，亦谪居之胜概也"的论述，写尽了作者谪居竹楼的悠闲自得。下句出自萧子显《南齐书·褚伯玉传》，褚伯玉（字元璩）是具有魏晋风度的一代隐士，传说其采霞而食，绝谷饮泉，在西白山上修炼时，广种树木，把西白山变成了一个悠然的世外桃源。原文有"比谈讨芝桂，借访荔萝，若已窥烟液，临沧洲矣"的记述，"烟液"犹烟波，"沧洲"古时指隐士的居处，此处是描述其闲云野鹤的逍遥。张謇集此联来推比藤东水榭，自是不必多言了。

藤东水榭因其环境之美，来苑的宾客莫不在此逗留，因而吟咏它的诗众多，借此景留诗的也多，藤东水榭因而也成为南通博物苑颇富诗意的建筑。尤其令人津津乐道的是这里举行的一次科学盛会。

1922年8月20—24日，中国科学社第七届年会在南通召开，这是该社迁回国内后举行的第一次盛会，据说当时就是在藤东水榭开的会。南通博物苑与中国科学社的结缘早在中国科学社成立之初，中国科学社南通支社的活动及后续情况虽不详，但成立此"支社"让博物馆与科学联姻的气魄堪称开风气之壮举。张謇对中国科学社的支持颇多，这次年会，中国科学社成员莫不怀着景仰之情乘兴而来，南通各界无不铆足了热情喜迎来宾。据孙渠先生回忆说："我有一个印象，即我父亲为此大忙了一顿。"来宾有马相伯、梁启超、丁文江、竺可桢、杨杏佛、陶行知等文化名流，梁启超特带梁思成、梁思永赴会。柳翼谋先生演讲时，感叹南通种种之事业"是以中国文化吸收西洋文化，并非以西洋文化征服中国文化。反之，上海之新事业，非不多于南通，而所以远不及南通者，即由其尽失却了中国文化之精神，而为西洋文化之奴隶也"。如此议论自然也让人联想到南通博物苑的形制，从西方传来的博物馆，经过张謇的改造，完全变成了具有中国文化特征的博物馆模式。

藤东水榭沿墙壁还曾一度展示过石碑，那当然也是应景的。虽不了解详情，却也提示我们南通博物苑一直在调整中。

日本侵华战争爆发后，藤东水榭只剩下颓垣破壁。中华人民共和国成立后，藤东水榭于原地重建。由于周边环境、地理面貌已完全改变，使用功能也发生了变化，修改幅度较大，所幸的是藤东水榭仍系孙支夏先生设计，于其气质之中依稀可寻旧貌。新建的藤东水榭还保留了一份历史的记忆，其东、西两面的回廊铸铁栏楯为"寿"字花纹，这是怎么一回事呢？原来这些铸铁栏楯是跃龙桥原物，1920年张謇七十大寿时，地方机关团体醵资兴建跃龙桥为其贺寿，桥栏铸成"寿"字花纹，即喻百寿之意，当年这座桥号称"南通最长的桥"，"共有十三环洞，约长二十六丈，自此桥成，南通模范市场与城内繁盛之处乃能通车，建筑费洋一万七千元"。中华人民共和国成立后，重新修筑此桥时，桥栏改为和平鸽的图案，这些移换下来的栏杆便以这种方式保存于南通博物苑了。1959年春，著名教育家叶圣陶与王伯祥、曾甦元、陈鹤琴、计雨亭等一行七人来苑参观,叶圣陶在藤东水榭题诗:"数年恢复已堪观,文物盆栽罗百般。此绩亦维今可致,新园更胜旧林园。"这表达了对中华人民共和国成立后修复南通博物苑的赞扬。

跃龙桥

第六节 东馆与相禽阁

东馆与相禽阁相邻,同建于1912年,位于苑大门北面。

东馆建成于1912年8月,初称"事务楼",作为招待室及职员住室。这是一座两层楼房,房子南北线长,北边紧接着相禽阁。这一年,因通州师范学校改为江苏省代用师范学校,博物苑脱离其管辖而独立运营,苑内事务也日益繁多。4月,张謇从通海垦牧公司调来尤式度担任苑庶务。

东馆南边,是博物苑的石牌坊,俗称"表"门,门朝东,隔河为通州师范学校,苑门为单门石坊式,1906年4月20日张謇函致宋跃门:"博物苑工程速办(做博物馆、测候所基地,上博物苑石柱内之石榜)。"此"博物苑石柱内之石榜"

指的是石牌坊及博物苑石额。表门前是一条长堤通向对河,堤坝两边有围栏和篱树,堤坝在河心处有木桥相接。通州师范学校的学生往来博物苑均走此桥。

就在苑室完工之际,南通出土了一方墓志,张謇对其进行了考证:

民国纪元七月某日,土人于城西掘地得一碑,拓视之,文字完好,盖元故万户张鼎墓志也。志称鼎三世,皆赠元官爵,叙其父弘纲勋阶官爵颇详,未言其始镇通州也。按之州志武职表,副帅有鼎名,而无鼎传,称其正元帅,则载大德五年弘纲以江阴水军招讨使移镇,与志不合。传又未载子鼎袭官岁月,其言弘纲镇通二十年,始于大德五年,而志载大德十一年兄汉以父职让公,遂袭前职,镇守通州。然则弘纲镇通二十年之说,州志盖谬。志言鼎镇守垂二十年,州志误并父子为一人耳。鼎以至元庚午生于燕之东安常伯里,元之至元庚午当宋度宗咸淳六年,东安时已属元,且父故仕元,宜其不奉南宋之正朔矣。民国元年八月,郡人张謇记。

《南通实业教育慈善风景图册》(附参观指南)说明,南通博物苑东北向大门之左为招待处及职员住室,再北为相禽阁、迟虚亭、鸠鹰动物室

南通博物苑东门通往江苏省代用师范学校的桥

这方墓志,记载了元代镇守南通的万户侯张鼎的生平,既有补史之功,又证实了州志上将张鼎父子误为一人的记录。据说,这块墓志被发现后,博物苑立即请人将墓志拓下回苑收存,而将原碑立于原处略为修葺后聊以纪念。如果地方上没有设立博物苑这样的机构,很难想象这块墓志的去向。正是在这一段时间,张謇与刘厚生到北京天坛游览时,"拾黄、绿二瓦而回",当时这二瓦陈列于南馆,如今仍保存于南通博物苑。

在张謇考证这段史料时,苑内藏品收集初具规模,南馆与北馆的文物也快布置到位,于是他计划着手对全苑藏品进行考订、编目建册。这项工作于是年年底着手,孙钺工作忙碌时,就住在东馆楼上,有时整月不回家。

苑门北拐角处平时有警察出岗看守,兼看苑门,张謇曾函讯年少的张孝若:"儿不可一人独行,若在平安馆须从苑门出入。馆门临路不宜,如西北角有警察出张岗位尚可,惟馆外门须常关。"这个"馆门"是指花竹平安馆与北馆之间的临北马路的门。

第三章 风格迥异的建筑

东馆在日本发动侵华战争之后,只剩下屋架。现在的东馆是在建国之初修建的,比原先的形式改变较多。

相禽阁建于1912年3月,为游人休憩之所。位于苑事馆北,拥有坐东朝西的三间平房,房前有回廊并围着栏杆,屋顶为歇山式。阁额题有"相禽阁"三个字,笔力遒劲,落款啬庵,为张謇亲题,两边对联:

见树木交荫,时鸟变声,亦复欢然有喜;
待春山可望,白鸥矫翼,倘能从我游乎?

这也是一副集字联,上联是出自陶渊明写给儿子们的一封家书《与子俨等疏》,原文为:"少学琴书,偶爱闲静,开卷有得,便欣然忘食。见树木交荫,时鸟变声,亦复欢然有喜。"作者以年少时怡然自得的成长体验,期望儿子们拥有一种达观的生活态度。下联出自王维致裴迪的一封信《山中与裴秀才迪书》,原文为:"当待春中,草木蔓发,春山可望,轻鲦出水,白鸥矫翼,露湿青皋,麦陇朝雊,斯之不远,倘能从我游乎?"作者以优美动人的春光,希望引起对方的兴趣来共赏美景。这副对联放在来宾招待入口处,尽显主宾之热情,可谓绝配。

从规划图可见,相禽阁北面有一座六角亭和蜂室,折而西行,有平屋9间,即为鸟室,鸵鸟也养在此处,其"相禽"之意由此而来。日本发动侵华战争之后,相禽阁片瓦不存,现已无处寻踪。

第七节　葫芦池与壶外亭

壶外亭从1915年10月22日开始规划,何时完工未见记载,1917年2月26日也就是元宵节时,张謇在壶外亭置酒祝

第三章 风格迥异的建筑

壶外亭

贺南通甲种农校成功举办露天棉作展览会,可见此时壶外亭已经建成。据统计,当天来参观展览会的乡农达到4 000多人,对于南通城当时的人口规模来说,这的确不是一个小数目。这次庆祝会是使用壶外亭较早的记录。

　　壶外亭的建筑形制十分特殊,它看起来就像是一座凌空而起的廊桥,而建筑风格却尽显西洋的气质。东、西两侧是对称的坡梯,自坡梯上去是两扇拱门。桥下设三扇透空拱门;桥上的建筑南面墙体呈扇状弧形,开三窗。据说,此名是因其邻池而建,而池的形状恰似一只葫芦,葫芦在古时也写作"壶"。为什么要建壶外亭呢?张謇的解释是:"规筑壶外亭,以当墙外西弄之口。"同时,他也进一步解释道:"壶池腹周十七丈有奇,傍池北为亭,作半扇形向之,课佣之暇,于是休息。"此亭三面均为学校,"课佣之暇"指的是学校老师课后空闲时,"傍池北为亭"说明壶外亭位于葫芦池北边。

　　为什么要建成"扇形"呢?我们只能从当时的字里行间来做一番推想。张謇在规划壶外亭时,已辞去农商总长的职务。这时的北京,袁世凯的"帝制"之梦正在喧嚣中紧锣密鼓地筹划,对时事忧心的张謇在南通几乎每天都有诗作,

119

1915年10月24日,张謇将近期的诗作抄录寄给在上海的赵凤昌,这些诗作如下:

> 年来惯见海成桑,秋至难禁露欲霜。
> 不雨不风能几日,老兄老弟说重阳。
> 坪花烂漫鲜无赖,镜发萧骚懒似狂。
> 愁绝怕听江上雁,波涛满地觅遗粮。
> 人言秋气令人悲,摇落山川信有之。
> 宋玉偏伤梧欲刈,陶潜亦爱菊无知。
> 百年此日看金注,四海何人对酒卮。
> 为语儿曹须学稼,南山豆落是农期。
> ——《重阳日晴暖,置酒与退翁合饮,并令诸子侍》

> 脱落瓠芦界,孤危此出尘。
> 当池三十度,与竹二分邻。
> 扇避花笼月,帘遮水绉春。
> 欲邀吹笛客,可有采珠人。
> 种完名果种常蔬,更筑闲亭领一区。
> 为障西风留折叠,不从东壁问胡卢。
> 开花落叶巡栏记,去马来牛听野呼。
> 却笑坡公犹好事,寻春频挂杖头沽。
> ——《壶外亭:壶池腹周十七丈二尺,傍池北为亭,作半扇形向之。前广二丈,后广二丈七尺,课佣之暇于是休息》

> 懒散朝来发不梳,闭门白发恋江湖。
> 看松渐熟成嘉友,种菜能真是老夫。
> 错认漫嘲扬子宅,卧游还许少文图。
> 即今已胜东曹掾,不用扁舟逐鲙鲈。
> ——《懒散》

同月26日,张謇收到赵凤昌的回信,当即约定面谈。

赵凤昌（字竹君，晚号惜阴老人），常州武进人。他是中国近代史上一位影响巨大的传奇人物，人称"山中宰相""民国产婆"。他与张謇等人共同参与谋划了"东南互保"、立宪运动、南北议和等重大事件。张謇百年后，赵凤昌亲题挽联为："载道立功，可师可友；乘时作事，以天以人。"可见二人相知之深。

壶外亭与这些诗及赵凤昌的信是什么关系呢？赵鹏认为谜底就在诗眼："为障西风留折叠，不从东壁问葫芦[1]。"张謇曾把它独立写成对联，悬于亭内。

"为障西风留折叠"一句，"折叠"指折扇，在此又指壶外亭的造型。此句隐含了晋代的一则故事。两晋是一个战争频繁、政权四分五裂的时代，进入东晋以后，皇权更加羸弱不堪，士族门阀林立，东晋开国元勋王导（字茂弘）出身"琅琊王氏"，在辅佐朝政中，与颍川庾氏的代表人物庾亮（字元规）发生分歧，庾亮为皇室外戚，实力雄厚，一些见风使舵的人都投奔庾亮，而冷落王导。《晋书·王导传》记："（王）导内不能平，常遇西风尘起，举扇自蔽，徐曰：'元规尘污人。'"其大意是王导心内不平，每当刮起西风的时候，就用扇子挡起风尘，说："不要让庾亮吹起的灰尘把人弄脏了。"张謇用此典故，意为借扇遮挡来自京城的纷扰。

"不从东壁问葫芦"一句，讲的是一宗禅门公案。《古尊宿语录》中记载，有人问佛祖西来的意旨，而赵州和尚却答道："东壁上挂葫芦，多少时也！"禅师的机锋语，打破了人们的惯性思维，破妄执而求自我。结合上句，张謇在这里表明的是不为外物所扰的态度，而外物指的就是复辟帝制的嚣尘。

赵鹏进一步解释道：利用这么一座建筑来曲折地表明

---

[1]原诗中作"胡卢"。当时多用不规范汉字，此处为便于理解，使用"葫芦"二字。

心迹,是因为张謇自有难以明言的苦衷。在张謇心目中,袁世凯是位极其难得的人才,尽管早年因为吴长庆之事他曾愤而与其绝交,但清末奔走立宪时他还是主动与其复交。辛亥革命后的南北会谈,他力推袁世凯来统一局面。及至就任农商总长等职,他更把强国的希望寄托在袁世凯的身上。为了推举袁世凯稳定政局,他甚至惹得不少人的不满和猜疑。所以,袁世凯的不听劝告和倒行逆施,使他失望至极。天真的美梦被无情地打破后,他的那份懊丧也就可想而知了。然而,这份懊丧又难以公开,于是,壶外亭成为其一个最佳的发泄之所。

这个解释很可靠,想必张謇约见的赵凤昌也是其唯一的倾吐对象了。李剑农先生在《戊戌以后三十年中国政治史》中,谈及熊希龄出任国务院总理时,也涉及一些隐约的暗示。因为张謇的特殊身份,南通博物苑的建筑也深深地烙下了时代的印迹,这又使南通博物苑的历史非同一座普通的博物馆。

壶外亭邻葫芦池而建,这葫芦池是一番什么样的景致呢?早在1911年,张謇在规划博物苑荷花池时,就开始了葫芦池的设计,计划将葫芦池中的喷泉做成一只铜蟾蜍,10月3日拟了题铭:"水于汝乎注,亦于汝吐。尚慎旃哉,毋丧汝!"其中的"尚慎旃哉"出自《诗经·魏风》中"上慎旃哉,犹来无止",其大意是希望对方保重自己。显然这也是有所指的。

原来,它记录了一段艰辛的早期民族工业发展的历史。

葫芦池铜蟾蜍周围筑有假山,假山的材质并非山石,而是一个个玻璃熔块,也就是一些不合格的玻璃半成品。1902年,英国卜内门洋碱公司的商人李德立在宿迁购置了白马涧一带的大片沙地,他将白沙带至英国化验,认为这一带的白沙宜制玻璃,且足供世界百年之用。当时国内没有玻璃工厂,而玻璃的需求量很大,为发展民族工业,张謇与许鼎霖(字九香)等人联合发起创办耀徐玻璃公司,并收回了李德立所购的沙地。张謇通过实地踏勘,选定距白马涧不远且临近中运河的井头镇为厂址。1910年,耀徐玻璃公司的产品参加南洋劝业会江苏物品展览会,获得优等奖章。可由于生产设备及技术全部仰仗外人,在种种钳制下,导致耀徐玻璃公司于1912年完全停顿。此事对张謇触动很大,他将工厂的废品运回南通,堆成葫芦池的山景,并在池边立一木牌,亲书"八十万元之败绩",以铭记这段落后遭侮的历史。

工厂的废品通过南通博物苑而转化成教学资料,这对后人思考博物馆的社会地位颇有启示。在张謇的地方自治实践中,他一直强调"实业与教育迭相为用"的思路。钱公溥先生实地参观后曾有段议论,他说:"有教育而实业可兴,有实业而教育愈远。有教育、实业而慈善事业不特流行其间,且推之益广,宜乎南通之发达津津乎有口皆碑也。"如今,耀徐玻璃公司旧址已建成宿迁玻璃艺术博物馆,它向世人讲述玻璃的往事,绽放今天的美丽。

在修筑葫芦池时,同期还在西南建有7间平房,即南通博物苑的售花处。据说葫芦池的束腰部位,东西向架着一座小木桥,桥的栏柱用树枝构架,其上有藤棚,长着茑萝、牵牛花、金银花类的攀爬植物,桥端有绕着藤蔓的竹门,夏日景色尤为宜人。

在南通博物苑的规划图上,有葫芦池和售花处,但未见壶外亭。这里位于南通博物苑西部,与南通博物苑中轴线之间隔了一座濠南别业,所以尚未见有游客参观的记录。张謇嫡孙女张柔武回忆,青年时期她最喜欢夏日在这座亭上晨读。这座气质独特的建筑毁于日本侵华战争时期,1946年,言永《城南文化地区凭吊记》一文记:已完全不见其踪影,也不见了曾经的葫芦池,这块地方"现已改成菜园。日寇搭成的厕所还东西并列着没有拆除,草绳做的门帘,随着风飘荡着"。

有一段时间,壶外亭完全消失在人们的记忆中,以至于曾经有人将濠南别业的西楼误作"葫外楼",移植了葫芦池于壶外亭而臆造出一个新名称来张冠李戴。直到21世纪初,偶然发现了一张老照片,人们才认识了它真实的面貌。

第八节　迟虚亭

迟虚亭落成于1916年5月19日,它位于相禽阁北面,鸠鹰槑之东,也就是南通博物苑的东北角,最早的规划图上就有此设计标识,只是名称为"休憩亭",形制为六角。据1914年的规划图显示,在它的北面还标识有一排蜂房。迟虚亭虽然规划早,但却是最后才建成的,因为它的功能只是一处景观。建成后的迟虚亭是一栋二层高的阁楼,有眺望窗,平面上呈正方形,屋顶为六角尖顶,外置楼梯。张謇集屈原的《楚辞》为之题联:

哀吾生之无乐,望美人兮不来。

迟虚亭远眺

屈原是伟大的爱国主义诗人，也是中国浪漫主义文学的奠基人。该联语的上句出自《九章·涉江》，原句为："哀吾生之无乐兮，幽独处乎山中。吾不能变心以从俗兮，固将愁苦而终穷。"原意是通过述说自己高尚的理想和现实的矛盾，表明自己决不同流合污的政治立场。下句出自《九歌·少司命》，此诗通过少司命与男巫的对唱，采用香草美人的浪漫主义抒情手法，表现楚人对少司命的爱戴与亲近，抒发对美好世界的向往，原句为："望美人兮未来，临风恍兮浩歌。"

张謇集此联的心情，我们可以从他的日记中来体会。1916年新年，他在日记的开篇记下"政府令为洪宪年号"，十四日"闻取消帝制之申令，报言帝制八十三日命运"。远离政坛的张謇，无时无刻不关注着国运，迟虚亭落成之际，时事消息益恶，被赶下台的袁世凯正处于病危之时，朝政群情鼎沸，各执己见，张謇担心的动荡时局已然是不可避免了。5月18日晚，张謇独自一人登上迟虚亭，赋诗《春暮独登迟虚亭》：

乾坤黩默战玄黄，江海萧然漫叟藏。
卖字买山新作计，留春去老旧无方。
欲愁听鸟歌千啭，不饮逢花醉一觞。
独奈迟虚亭上立，临风负手看斜阳。

次日，迟虚亭落成，张謇又赋诗一首《迟虚亭落成》：

曾阅千帆过，重看六角新。
楼台仍后进，莺燕已残春。
坐适支离叟，闲邀磊落人。
何年听击壤，无处说耕莘。

历数张謇咏南通博物苑之诗，以"迟虚亭"入诗名占魁，只是这些吟诵都充满了悲怆的情调。1917年11月30日，张謇再吟《迟虚亭见月》：

> 大月扶扶出，初疑晓日升。
> 光真圆捧镜，气已冷含冰。
> 风雁行无次，霜乌宿未曾。
> 迟虚有亭在，慰尔一闲登。

迟虚亭算起来是南通博物苑最后一座建筑，此后再未有大的基建施工。从现今所见的游记来看，观众基本上是把迟虚亭直接忽略，或许是沿西一路的禽鸟之声过于动听，占去了风光？

游客在迟虚亭回望

第四章　风义遍及鸟兽草木

张謇平生有两大嗜好，一是建筑，二是植树。南通博物苑的一花一草莫不出自张謇的主意，他对于植树不仅有全局的规划，关于时令、种植、养护等也都有一定的标准。南通博物苑的植物不单是为了园林的美化及"多识鸟兽草木之名"的知识传递，在地方物种的引进和培育上也起着桥梁的作用。1915年，张謇有一函致孙钺和孙支夏：

建筑法思想所及，另写一纸寄阅，望察酌计算办理。拟种之果树已一路分别托人购买，甚愿吾通嘉果自此日多，为地方增色耳。

这一短笺记录了张謇论建筑，并着力引进果树的事实。他利用自己的人脉托人在各地购买果树，希望各地佳果落户南通。如果以1905年为界，将南通地方植物物种做一前后统计对比的话，一定可以发现许多外来物种。博物苑建筑施工的同时，征集文物、安置动植物的事务也同时在进行。饲养动物的地方有：鸟闲、兽槛、鹤柴、鹳室、鸠鹩寀、水禽寀、蜂房等。培育花木的设施有：温室、国秀坛、药用植物坛、晚春塍、秋色坪等。截至1914年年底，全区共栽种植物286种，饲养动物36种，这些"活"物记入博物馆账册，也是新鲜事。下面按类别和分区来逐一介绍。

第一节 四季芬芳

一、药用植物坛

药用植物坛设于南馆和中馆之间的空地，截至1914年年底，共有38个类别。这里种植的中草药大多由孙钺采集，如枸杞、山百合、牛蒡、益母草、蒟蒻、天南星、鱼腥草等。张謇从外地采集的有：玄参（浙江宁波）、卷柏（浙江温州）、黄精、茴香、苍术、贝母等。

有两位浙江人送来了他们家乡的物产，一位是张右企，另一位是汤蛰仙。他们二人都是浙江商会成员，在推动立宪方面与张謇合作颇多。张右企送的是天门冬和苍术，张右企生平不详。汤蛰仙送来的是十大功劳，也称"八角刺"，属毛茛目、小檗科，是一种叶缘有刺齿的植物。1933年的《神州国医学报》介绍它时称：枸骨，毛儿刺，味苦平，叶生五刺，九月结子，色正赤，《方书》中载其用处甚多……并列举了数则成功使用此植物医治的病例。可见当时人们对它的认识停留在其医药性上。

汤寿潜（原名震，字蛰先，亦作蛰仙），浙江萧山人，1892年进士，清末民初著名实业家和政治活动家，晚清立宪派领袖人物。汤寿潜与张謇志趣相近，曾一起经历了戊戌变法、"东南互保"和立宪运动，反对袁世凯称帝。汤寿潜身居要职多年，一生正气，生活简朴，有"布衣都督"之称，他因争路权、修铁路而名重一时，在全浙铁路被袁世凯收归国有后，袁世凯通过全浙铁路公司拨发20万银圆，作为汤寿潜担任全浙铁路总理4年多不支一分薪金的补偿，但他分文不收，将全数拨款捐赠建造浙江图书馆新馆舍。汤寿潜因病谢世后，张謇写有《汤君挽词五首》，以怀念道友。其中有"看

汤寿潜像

君炉火上,危坐作常谈""业行青云器,声名白日常",以赞其胸怀旷达,声誉卓著。

现在,十大功劳已是园林中常见的绿化植物,南通博物苑有十数株分散于园中,那茂密带刺的姿态象征了"布衣都督"刚正不阿、泽被苍生的磊落胸怀。

药用植物坛当年还有北京农事试验场赠送的芦荟,南通农业学校赠送的红花。这个区域的植物栽种方式很有特色,每一个种类的植物分种在用砖块分成的六边形小区中,每区用木牌标注其名称、产地,学名有中文、拉丁文与日文,颇有科学和时尚的意味。

著名的药学家庄兆祥先生曾执教南通,他在南通期间是南通博物苑的常客,在他著述的《民元后本草研究之变迁》中,对张謇和南通博物苑的药用植物记述颇详:

讲到栽培药草,我还该提及江苏南通大学已故的张謇校长的功绩。他在民国初期,已把许多药草移植在该校的博物苑和城外的狼山、军山一带,听说当时目的,也是想留下供人研究和化炼的,可惜未达到目的以前,张校长便逝世了。当我在民国二十年间掌教该校时,浏览期间,尚得见断垣残栏中布置整然。那些贝母、薄荷、沙参、桔梗等药草也欣欣向荣地开花结实,想见昔日张校长的苦心。至于城外狼山等地,遍生着白蔹、何首乌和夏枯草一类的草药,恐怕也是他留下来的成绩吧。

我那时候见得他的成绩就此埋没了未免可惜,因此也曾将那些药草一部分移植在医校的庭前,造了一个小小的药草园,还把野外路旁常见的半夏、酸浆、虎杖、马兜铃一类的草药添植其中,藉(借)以引起医科同学对本草研究的兴趣,和纪念先校长的苦心。

庄兆祥先生著此文时,尚处于抗日战争时期,时局不靖,继承前贤做研究何其艰难。他感慨:"这本来是貂尾之续,不值得什么多谈,不过认为有志斯道者,也该得这样办罢了。"药用植物坛在南通博物苑中不过是众多设置中的小小一区,得其知音如此珍视,张謇更着力经营的部分又该如何呢?

如今,南通博物苑的南馆、中馆间仍仿造当年种植着药用植物,虽未能重建恢复到当年的模样,但也足以供今人追念张謇之苦心。

南馆、中馆间的药用植物坛

二、果树类植物

截至1914年,散布苑中的果树共有28种。据目前所见的资料记载,张謇为选择桃树费力颇多,我们可以从中了解到一些选种征集的工作过程,体会其不易,张謇为选桃树有一函致许泽初:

史园蟠桃味不及水蜜桃,索数本比较自无不可。刘氏水蜜桃未之闻也,俟问之。沪桃秧一圆一株之二年树本,可靠否?自己之目不能作主,只好凭人之口。果可靠,则先购六十本,甚是。太仓毛、钱二农之言,似较张农之言为可听。每本四角,购一百本,及黄姑李秧六十本,均可。运送法亦是。曹秉仁复讯,语语中肯,指示径函烟台玉皇顶果苗公司,已照行……

第四章 风义遍及鸟兽草木

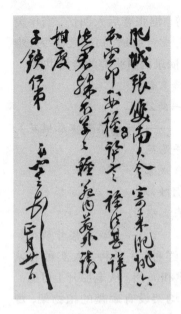

张謇为南通博物苑征集桃树的手札

南通博物苑种植的桃有肥城的水蜜桃和无锡太湖的水蜜桃两种。1923年11月24日,《通海新报·述异》刊登了一则新闻《冬放桃花》:

昨日予谐友数人,散步于城南博物苑中,寒风萧瑟。草木黄落,瞥见桃园部空枝秃干间缀花数朵,夭夭灼灼,笑靥嫣然。反复凝觉,咸不能解。窃意于露冷霜浓之际,现此奇葩,果反常为妖欤?抑应时呈瑞也?敢以质诸博物君子。

植物偶有这样的反常并不奇怪,难得这件趣事为苑中桃树在历史上留下了一爪片影。苑中大多数的果树未得见详细描述,如苑中的苹果有三个品种,分别来自美国、日本和中国山东,何时、何地、何人引进均不详,桃子、李子、杏子、梨子、橘子、橙子、柚子、枇杷、杨梅、石榴和无花果等,每个种类都有精选的名种。据说,当年在苑西北部北馆前,辟有一方地,专植各种著名果树,每种只植二三株。如中国苏州东山的白沙枇杷、山东德州的胡桃、无锡太湖的水蜜桃、山东莱阳的梨,以及日本的杏子和美国的李子,等等。据张謇后人回忆,当年美国的核桃,皮薄肉厚,新鲜时采摘,多汁脆嫩,口感之佳令人难忘。这些品种均未能保存下来,仅摘录两首张謇的吟诗共赏:

春到吾家树尽妍,绯衣百队绛宫仙。
新花合有新诗赏,好乞珠玑一两篇。
——《示内集女宾看桃花》

种梨十载但槎枒,此日桃开并见花。
生事桑麻添别部,文章脂粉合成家。
入林近拂香团雪,俯槛遥窥月映沙。
一笑昌黎看李去,缟裙练帨浪咨嗟。
——《我马楼外梨花》

苑中的葡萄有4个品种如西洋种、牛乳种、大实种和紫实种,分别来自美国及中国的天津和海州。从老照片上可见,葡萄架的规模很大,参观路线上均架设有攀爬的植物架,观众亦多有描述。

南通博物苑葡萄藤架远眺

三、观赏类植物

观赏类植物在《南通博物苑品目》上记有182种,除植于国秀坛之外,还有几个重要的分区。

（一）植物园圃

1.晚春塅

顾名思义，晚春塅是展示晚春开花的植物的场地，其中比较有代表性的植物有荼蘼、紫阳花、麻叶绣球等。张謇的一首《绣球盛开海棠余红》对此有过描述。

　　一春花事为谁忙，归向花前始自伤。
　　能为白头娱晚景，亦怜红粉洗华妆。

2.秋色坪

秋色坪位于西南部，种植适合秋天赏叶观花的植物，如秋海棠、棕榈，以及如皋虎刺、苏州丹枫和银杏等。张謇题铁厓女士画册时，有一首《秋海棠》曾有吟诵。

　　最爱闲庭院，红妆晓露时。
　　不随梅并嫁，那识断肠词。

秋海棠又称"相思草""断肠花"，是多年生草本植物。

3.菊圃

菊圃种有绯色种、绿色种、绛色种、大轮白羽种等菊花。南通金沙张蓁（字圣麟，号馨谷）种菊、画菊均高妙，张謇观看张蓁的菊花并吟有长诗，但未发现这些与南通博物苑的关系。张謇受金沙菊展的启示，拟在南通五公园举办"通如海菊花大会"的菊展，以"导人民之好尚于清洁，分职业之农圃于审美"。可见，他对南通博物苑与公园的职能进行了区分。他认为："公园者，人情之圃，实业之华，而教育之圭表也。"在南通博物苑，菊花是一种植物的分类；在公园，艺菊与赏菊才是植物的观赏品种。

（二）苑中的植物

除以上3个分区之外，考虑到植物科属分类的复杂和古今植物名称的差异，以下择选今日所习见的一些植物，做一大略的分类介绍。

1. 梅花

苑中植梅很多，集中的植梅区有3处：养鹤的竹篱前、南馆四周和美人石前。南馆北面台阶下的一株为胭脂红，花形特大，花色似胭脂，系从南京梅庵旧址移来，1914—1919年，江谦担任南京高等师范学校校长，邀请孙钺规划学校校园。据说，此梅为李梅庵（字仲麟，名瑞清，号清道人）校长手植，1918年孙钺索得一株移植于此。可惜这株梅未能存活至今，但孙钺为南京高等师范学校绘制的校区植物规划图还完好地保存着。还有一棵从苏州邓尉山移植来的梅花，重瓣花种，相传为东汉太尉邓禹手植的遗种。美人石前的梅花为檀香，花瓣白色，带有极淡的杏黄色，萼深红，芬芳似旃檀，有三五株。此外，园中还有很稀罕的绿梅。张謇吟梅的诗句很多，按不同的种类分主要有以下3种。

（1）粉梅

无限含春意，
朔风吹未开。
不知残雪里，
已有暗香来。

——《早梅》

（2）红梅

此君亭边林合围，
自悼山荆来坐稀。
若为今日东风恶，
吹散梅花何处飞。

——《忆扶海垞后园梅花》

（3）白梅

过墙七尺玉梅高，
前夜惊风若耐飘。
晓起院苔浑一白，

只疑残雪不曾消。

——《啬庵咏梅四绝》

2.樱花

樱花是当年南通博物苑的明星花,因其品种独特,花色格外美丽,吟诵者颇多。1914年登记的品种有:八重樱、吉野樱、茶色樱、小町樱。这些品种均从日本引进。八重樱在苑表门朝东通向江苏省代用师范学校的长堤的路旁种有好几株,由木村忠治郎从日本带来,花色白微带红晕。据说,此花复瓣八重,亦有说法是八朵聚一丛,黑夜望去如积雪,所以又名"夜光樱"。张謇曾赋诗一首:

草木华夷迭主宾,当年移植自东邻。
两家春色波潮接,一角中天雨露新。
世界美人无畛域,文章异处有精神。
葡萄苜蓿吾家事,太息旃裘内向辰。

——《樱花岬》

"世界美人无畛域",科学和美是不分国界的,张謇把这一精神贯穿于南通博物苑的许多细节之中。当时在南通博物苑的张庸(字景云)也有几首吟诵,表现的却是另一番面貌:

国色从来出小家,
移根弱水吐灵芽。
阿侬恨汝还怜汝,
淡艳轻娇第一花。

——《博物苑观日本樱花》

一

艳艳繁枝碧海涯,
归根到底属谁家。
只将冶眹倾人国,
看尔东风几日花。

二

犹记笼香里媚时，

牙樯万里送西施。

美人不谢东君意，

一火烧残二百枝。

——《通州博物苑看日本樱花感赋》（二首）

3.蔷薇

蔷薇科的植物很多，除玫瑰、月季之外，还有野蔷薇、海棠、绣线菊、石楠等。在南通博物苑东边的紫藤棚下有一排竹篱，依附在篱上的各种高本蔷薇，有白花、紫花、红花等，其中香水白是这时传入南通的。盆植的矮本月季，有传统的四大名种，如春水、桃坞、汉宫和秋葵，前三种的全称分别为春水绿波、桃坞春深、汉宫春晓，尚不知这秋葵如何称呼？篱前辟有一块玫瑰花田，栽植有红花、白花等一百多株玫瑰。

散植于苑中的其他蔷薇科植物，散发木香的有两种颜色，分别为黄花和白花。海棠花有苏州的西府海棠、如皋的贴梗海棠和南通的垂丝海棠。现摘张謇的诗一二，以供欣赏：

香夺玫瑰郁，花疑芍药丰。

欲张千万朵，围住七三翁。

古别蕃麟紫[①]，吾思海雁红。

后来真足胜，万类日新中。

——《山庭红蔷薇之大者正开繁艳异常，俗或以洋玫瑰、洋牡丹呼之，可厌。昔张文襄易洋雁来红为海雁来红，常自喜而语客，今余亦以新蔷薇为其名，花而有知当不怪唐突》

注：①唐回纥买马，太宗因色别为十种，各赐以名，一名翔麟紫。

红蔷冷落已空枝，

似雪橙花洒到池。

留得绿荫期结子，

等闲蜂蝶莫侵窥。

——《雨后小池侧蔷薇橙花零落满地伫视喟然》

靡靡流苏媚晚春，

殷殷碎锦染霜匀。

一身色相嫣红里，

叶叶花花不负人。

——《海棠深冬叶作玄绛色，晨起见而有感》

4.藤本类

爬藤植物有紫藤、银藤和凌霄等，银藤比较少见，有一株清风藤，由章亮元（字永尚，号静轩）先生赠送，他曾任中华民国临时政府军事高等顾问，1914年1月奉孙中山先生之命以军事总代表的名义参加了袁世凯就任总统典礼。据说，是因受张謇的影响不愿北上为官而回乡，同年6月受张謇之邀，到南通共管垦务，1917年辞职返回杭州。清风藤是落叶攀缘木质藤本植物，其叶、根、茎均可入药。

张謇有一封关于植藤的手

张謇关于植藤等的手札

札，内容为："送去藤本及草树共十余种，专船送校，初六一日种完，免根久露受伤，切切。应觅各树皆赶觅赶种，正月及二月望前均须种完。苑外南北路若在棚下，则石柱门颇虑逼近苑门之石狮……"如今，藤东水榭还保留有两株当年的紫藤，这也是张謇吟诵较多的品种。

木难火齐珊瑚株，累累百琲颓虹珠。

海南瑰琦石家储，王家垣圯赤脂涂。

紫丝步幛幛群姝，丹裳绛帔红襜褕。
豪华绝世今亦无，何缘到我中唐除。
修藤移来七八载，茇骈理颖植架扶。
三年蔓交叶覆盖，高不过丈平廥廡。
花时朝霞晚霞舒，百千鞿鞲垂流苏。
繁缨星旄会与与，风不可挠乃可疏。
日愁其午欲其晴，巡檐即暍烦老夫。
便欲日日招吟徒，倾尽洞庭春百壶。
西园尚有地一亩，广为卷画当何如？

——《庭中朱藤开几匝月姚光冶色灿烂殆不可状诗以张之》

5.其他观赏植物

观赏类植物除美观之外，还讲究品种的纯正和齐全，征集十分不易。如桂花有丹桂、金桂、银桂、月桂，它们分别来自不同的地点；木芙蓉有红色种、白色种、绯色种，它们分别由不同的人所赠送，聚集这样大量的物种实属不易。1914年，张謇在苑南建造了七间温室，用以养护一些品种娇贵的植物和热带植物。兰类如印度兰、金粟兰、风兰、白兰等，热带植物如仙人球、仙人掌、仙人指、仙人鞭等。

苑中引进的"洋花"不少，如郁金香、千岛菊、孔雀草、玉蝉花等。当时，从位于南通东门外的天主教堂里也引进了一些，如雏菊、夏水仙、樱草、洋鬼子菊（大理花）、花菖蒲、百日菊等。在这些引进的品种中，培植白花除虫菊的过程颇为曲折。

白花除虫菊为菊科菊属多年生草本植物，原产于欧洲，驱蚊、治疥癣、杀灭疥虫等药用功能极佳。孙钺得知天主教堂种植有白花除虫菊后，曾多次向其索得种子，但种子总不得成活。后来，他设法向该堂园丁弄得一成株，移植后精心培养，终于开花结子了。孙钺采集种子后，及时播种，该种竟日益繁衍。之后，他又用分株繁殖法，竟然也培育成活了菊

孙钺绘制的除虫菊制品袋图案

苗。有了种植经验，孙钺在南通博物苑辟了一大块地种植，并由苑向市民供应种子。再后来，农民开始试种。据说，随着规模的扩大，三星化学工业社来南通定购花干，海门、启东一带竟因此发展了经济。孙钺为推广这白花除虫菊，特地设计了包装袋，还尝试用此制作蚊香，为南通博物苑创收。据调查，这白花除虫菊为良种，原产于意大利，在南通博物苑的推广下，白花除虫菊在南通日益繁衍，后来又扩散到了更多的地方。

观赏植物类的草本、灌木植物还有许多，这里不一一列举，大型乔木有璎珞松、格兰德玉兰、丁香花等。

四、乔木类和杂树类植物

按品目的分类，植物类分工业植物、药用植物、果树、乔木、杂树、观赏植物、水生植物和标本类。工业植物有中国安徽的漆树、江西的三丫树和油桐、本地的乌桕和紫花玫瑰，以及美国的白花玫瑰。以下对乔木和杂树做一简介。

1. 乔木类植物

博物苑在一片荒冢地建成，苑区唯一的大树是位于南馆西侧的皂荚树，辛亥革命后，从南京运回的一尊佛像曾陈列于此。

南馆及西边皂荚树旧影

1914年登记的苑内乔木有13种。杉树有福建的广叶杉、湖北的细叶杉；松树有日本的落叶松、朝鲜的海岸松，中国浙江的栝子松、江西的五钗松和黑松、本地的罗汉松；柏树有花柏、侧柏。曹家麟（字秉仁）当时在镇江经营祥和广货号，其曹园的花木颇有些积累，便选了一棵由人工剪成圆锥形的花柏送入南通博物苑。

北洋政府时期，张謇从北京农事试验场购得数株白皮松，种植于南通博物苑南部土阜松林中。这株白皮松原出自皇族三贝子的花园，是一个优良品种，皮为白色，且质地光滑，每当暮春，松根近处会长出松菌，鲜肥似冬菇，其孢子随松粉传播，可繁殖一大片。在南馆东侧也有一棵高大而奇特的白皮松，它从根部分出两支树干，并排着向上生长，好似一对孪生兄弟，因而得了"同根松"的美称，不幸的是，这棵松树大约在"文革"期间枯死了。

据说，苑中还种过一棵楷树，由孔子的第七十六代嫡孙孔令贻（字谷孙，号燕庭）特别赠送。树从曲阜移来，形似橘树，惟叶无裂刺。楷树是别称，实为黄连树。相传孔子去世后，孔门弟子端木赐（字子贡）为纪念恩师，在孔子墓的周围栽植了此树，并守墓三年。后人有感于这尊师重道的精神，将其称为"楷树"。传说,子贡所植楷树在明代枯死,清康熙皇帝亲手补植楷树一株,并立碑纪念,亲笔手书"子贡手植楷"五个大字。当年南通博物苑的这棵楷树种在什么地方,何时消失均未见记载,为了延续这一段佳话,2015年,栟茶高级中学选在南通博物苑举办成人礼仪式,特从山东选购了两株楷树赠予南通博物苑,与会双方代表共同将其植于南通博物苑东部,师生们在这具有象征意义的大树下庄严宣誓:继承和弘扬伟大爱国主义实业家张謇的精神,为祖国富强而努力奋斗。黄连树树干疏而不屈,刚直挺拔,它生长在南通博物苑,又被赋予了鲜活的精神力。

2.杂树类植物

1914年记录的苑内杂树有7种,分别为:德国槐及中国海州垂柳、镇江冬青、山东白杨,以及本地的梓树、柽柳和香椿。这些均为张謇捐赠。张謇曾有诗表达对树的痴爱:"啬庵老人性爱树,生平所种累万数。"生性爱植树是张謇博学广识的一种写照,这种精神体现在南通博物苑中,对博物馆从业者也是莫大的启示。1916年3月,钱公溥先生参观南通博物苑后,曾吟有一首长诗,可视为对此精神的呼应:

一物有不知,儒者之所耻。古人垂斯言,本以教为士。无如士拘墟,埋头钻故纸。谷宜辨菽麦,木宜审橘枳。鱼何以善飞,獭何以潜水。萤草雀蛤幻,有石星陨此。山海阻高深,品物难缕指。宝藏蕴其中,莫尽五都市。更有工作成,各逞精良技。美丑与怪奇,可惊复可喜。非特目未见,抑亦闻塞耳。足不出户庭,岂能穷谲诡。陋哉井底蛙,何曾一挂齿。良由势□固,清光壅渣滓。今兹博物院,罗列莫穷拟。譬遇扁鹊医,痼疾起瘘痞。譬遇钧天乐,下里聆宫征。宾朋远来游,天涯若乡里。勖毋固步封,后生与小子。

张謇在选择植物的多样性时,也是有其自设的标准的,这些标准我们只能透过往来事实去体会。他在出任农商总长期间，1913年和1914年的春节均在北京度过，这段时间有不长的公假，张謇便携友游访西山一带，与当时退隐在这里的英敛之先生颇多往来。英敛之（字敛之，名华，号安蹇斋主，晚号万松野人），满洲正红旗，7岁入塾，23岁受洗礼，为天主教徒。1902年，英敛之创办《大公报》，提倡白话文，创立北京培根女学，皆在北方开风气之先。民国成立后，因政体与其所主张的君主立宪论相违，而退隐京西香山之静宜园。静宜园为清朝皇室的五园之一。为了保存名胜，英敛之与马相伯等人在这里兴办静宜女学，后又在园内设辅仁社，英敛之晚年致力于辅仁大学，从事教育事业。据徐致远先生《英敛之先生行迹》载："先生少时膂力过人，石掇三百觔（斤），弓挽十二力，马步之射十中其九。晚年久病，每一握拳，胳膊间，犹筋肉隆起，常使群儿啮之不动，以为戏……人方以高寿期之，不意先生生平用脑过劳……乃以十五年一月十日卒，年仅六十，先生可谓尽瘁于兴学者也。"张謇与英敛之的交往可见的史料不多，张謇在日记中记有："校长英敛之（华），满洲人，信奉天主教，有刻苦之行，数年前曾识于上海。因欲保存此园之林木而设此校，亦有心人也。"这显然是对英敛之的赞词。

1916年2月2日，已远离京城两年的张謇，作有怀念西山静宜园的诗寄给英敛之，如《除夕日宴坐啬庵，有怀西山静宜园，寄主管英敛之君，并令儿子及前同游诸生和》中有："生平不识作官好，京师两年历寅卯。岁阑农闲官亦嬉，老夫辄走西山道。"记述了当年的情景。英敛之收到后立即回复，并作有和诗《奉答通州张季直先生二律》为复，诗前有小序云：

  癸丑、甲寅两年除夕，先生俱来山中度岁，蔚西元日诗有"献岁愿教成吉识，年年常伴赤松游"之句。昨乙卯除夕，先生已经南归，此约遂虚。丙辰人日，忽奉到先生除夕见忆诗，瞻

(眷)怀旧迹,一往情深,并承索山中娑罗子于南中试种,且约俟先生八秩览揆辰同赏此树。仆本不知诗,且已多年不作韵语,兹感殷殷雅谊,在远不遗,虽学邯郸步,弄班门斧,亦何敢辞?非惟投桃报李,用以为好,要亦藏骨浃肌,敬备不忘云尔。

这段文字中的"癸丑""甲寅""乙卯""丙辰"为1913年至1916年,"蔚西"就是当年与张謇同游西山的著名地理学家张蔚西。这段小序记述了张謇向英敛之索要"娑罗子"栽种,并相约待张謇八十岁时邀英敛之来南通共赏此树。"娑罗子",即七叶树,因七叶树与佛诞树的树叶相近,当时北京的寺院多将"七叶树"作为娑罗树的替代树,此树在南方极为少见。现南通博物苑南馆南侧有两棵高大的七叶树,相传就是根据当年张謇索要的"娑罗子"进行培育的。有前面的因缘,如今看到此树,似又不只是对先贤的缅怀而已。

第二节 国秀坛

国秀坛始建于1907年。顾名思义,此处汇集了来自各地的名花奇石。国秀坛位于花竹平安馆南边,是游客必到之景点。这里有国秀亭、美人石,因种植了大量竹子,也被称为"竹石陈列处"。

国秀坛为一圆形的花圃,竹子外环一周为界,美人石坐北朝南为中心,前方为空地,左右半环对称种植名贵花木,入口处南端为国秀亭。

外环分为若干扇形区域,栽植各种竹子,据孙渠先生的回忆及《南通博物苑品目》的印证,有25个品种,如金丝竹、紫竹、慈孝竹、莽慈竹、荡竹、观音竹、江南竹、鹤膝竹、烟晕竹、川竹、斑竹、龟甲竹、彗竹、管竹、淡竹、米竹、山白竹等。另外，还设了一个"例外竹坛"，栽植名竹而非竹的种类，如石竹、文竹、天竹、棕竹等，其中天竹有红果和黄果两个品种。

内环种植的各地名贵花卉以牡丹最为丰富，有10个品种：魏紫种、白绿种、朱色种、白色种、绯色种等。其产地以河南和山东为主，以魏紫、大红袍最为珍贵。芍药有3个品种：紫色、朱色和金带围。其中来自扬州的金带围为名种，花色浓紫，复瓣中有一圈花瓣色似黄金。这里种植的兰蕙有地栽和盆植两种，如中国福建的建兰、广东的金粟兰和白兰，以及印度的印度兰和风兰。

国秀坛的中心是太湖石堆成的假山，以一块美人石为最高。美人石的背面镌刻着张謇于1906年题写的《美人石记》，如今美人石仍于原地屹立，而这些文字多已风化漫漶，现将全文摘录如下：

石故有名，明顾大司马珠媚园物。园再易主，至王氏复落。光绪癸巳，总兵朱鸿章取送常熟相国，不受，委福山江干。大小凡百六七十枚，尘沙雾雨之所沦埋，舟子樵僮之所侵侮，污垢缺裂，且旦且暮，兹石其尤可怜矣。己亥春，起居相国于虞山白鸽峰，归舟见之，恻然若有无穷之感。阅七年丙午，营博物苑于师范学校之河西，以语今总兵李祥椿，归我所往，度置苑内，群石之幸存者皆腾焉。俪以华产异卉珍花，与众守之。数百年后，或者稍异于一姓之物之变迁乎？朱之旧部请记朱名，即不请，亦应记以征实。

这段文字中的"明顾大司马"，即顾养谦（字益卿，号冲庵），南直隶通州（今南通城区）人。明嘉靖四十四年（1565年）进士，官至辽东巡抚、蓟辽总督、兵部尚书。顾养谦以科举正途入仕，又以战功赫赫扬名，为一代卓越的名将，他既喜丹青，又善征战，被誉为"文武才"。1598年，顾养谦被罢官，回乡后营建珠媚园，该园成为胜甲一城的江淮名园。顾养谦去世后,珠媚园几经易主,至清代王氏之后,渐至破败。1893年,狼山总兵朱鸿章将园中山石取出,运至常熟,有意送给时为大学士的翁同龢。不料,翁同龢不受此礼,朱鸿章便将这些石块抛弃在了江边。1899年春,张謇过江看望恩师翁同龢,此时的翁同龢因支持戊戌维新已被慈禧太后革职,赋闲在家。返回南通时,张謇在常熟江边,看到了这些沦落尘沙雾雨中的山石,恻然生感。1906年,张謇营建博物苑,便请新任狼山总兵李祥椿(字湘帆)将其悉数运回南通,安置于博物苑之中。这批山石中最大的一块叫"美人石",张謇将此经历书成《美人石记》,并全篇刻于美人石背面。因有感于山石的兴替演变,张謇设问:"与众守之。数百年后,或者稍异于一姓之物之变迁乎?"此一问特别能提醒我们注意到博物馆的公共性特征。后来,张謇将原珠媚园旧址改建成

《南通实业教育慈善风景图册》(附参观指南)载美人石图影

了南通女子师范学校,以保存古迹。为堆叠这些假山,张謇特地从扬州请来了余继之专主其事,余继之是民国初年扬州园艺大家、造园名家,其自艺园林冶春园颇负盛名。新任狼山总兵李祥椿是湖南人,对南通博物苑支持颇多,后来他将清兵提督的两套装备,即一套铠、一套甲送苑收藏,同时赠送的还有箭插、弓插、步箭九支。这两套装备陈列在南馆楼上,给许多观众留下深刻的记忆。辛亥革命后,李祥椿解职归田,还特意托费范九先生将一枚咸丰九年(1859年)六月礼部监造的"镇守江北寿春等处地方总兵官关防"印送至博物苑保存。

美人石畔种植有三五株檀香梅,花瓣白色,带有极淡的杏黄色,萼深红,芳香似檀。另植有江西赣州的刘芋珊赠送的八仙花一枝。八仙花,原称琼花,相传自扬州某寺移来,是隋炀帝下江南时的遗种。

刘树堂(字晋钦,号芋珊),江西省赣县王母渡浓口村人,赣南实业先驱。1901年,刘树堂在赣州创办日新公司,翻印新书,出版该地区的第一张报纸《日新汇报》,之后组

1925年7月,通州师范学校第一附属小学(以下简称"一代师附小")四年级全体学生毕业时在美人石前留影

织赣学社、兴办浓溪学堂等教育和实业,谋求改变"国弱民穷"的道路。刘树堂在赣州万松山栽种松树80余万株,1914年农商总长张謇聘其为农业部顾问,并申请大总统授予其四等嘉禾勋章。1915年,刘树堂任巴拿马国际博览会江西参赛产品审查长,被授予三等嘉禾勋章。1920年8月,为俄国侵占庐山租地一事,刘树堂在酷暑中奔走交涉不幸因病辞世。

国秀坛假山中还设置了人工瀑布,用机关控制,机关一开则泉水直泻。其水源来自国秀坛东面的风车和水塔,此风车是从荷兰某洋行买来,水塔至今仍保留于苑中。瀑布下有一个三角池,用以蓄养金鱼。

美人石前设有一小块空地,其南端有一座国秀亭,此亭初建时与中国传统古亭并无差别,圆形茅顶,后用作陈列名贵的岩矿石标本,如水晶、竹叶石等,因此在四周添加了玻璃橱窗,别具风貌。

南通博物苑收集的许多大体量的岩矿石标本也陈列于此,有来自东海的水晶石、奉天的血筋石及湖南浏阳县(今浏阳市)的菊花石、山东费县的鲕状石灰岩、山西泽州县鸟岭的鸟石、云南大理府的大理石等,还有很多来自南洋劝业

国秀亭

会。此外,也有孙钺从狼山采集来的砂岩和泥灰岩。每块岩矿石上均刻有名称和产地,特别名贵的品种,均罩以铁丝网或玻璃罩。保护方法不一而足,而细致爱护之情如出一辙。参观者在此流连忘返,寻常视而不见的物品,一经比较,引发人们种种联想,这又岂是书本上的知识可同日而语的呢?

发生在国秀坛的故事还有很多。1924年4月27日,张謇邀客赏国秀坛牡丹,前一日,张孝若奉政府之命访问美国等10国,他返回南通,"退翁挈豫、立,余挈佑、襄,内子挈妇及非、融同至天生港。朋好多至二百余人",欢迎张孝若凯旋。这些赏花的主宾正是陪同张孝若一同考察的随员,他们分别是:朱中道、席鸣九、钱乙藜、张文潜、李敏孚、徐德称、许巽公。张謇赋诗勉励青年们莫辜负大好青春:

　　早与蕙兰标国秀,更先芍药灿天葩。
　　有风不害都围竹,无鸟常鸣莫摘花。
　　倚杖每愁云锦脆,当杯看惯日轮斜。
　　诸君要惜方春好,放过重寻一岁差。
　　　　　　　　——《邀客看国秀坛牡丹》

这些青年日后都各有成就。其中,徐德称先生之子徐惊百(名震,以字行),在抗日战争爆发后,与张謇嫡孙女张非武等青年组成"抗日义勇宣传队",为抗战夺取最后的胜利做出了贡献,他生平的手稿、日记等遗物,均由南通博物苑收藏,这些也成为爱国主义教育的内容之一。

如今,国秀坛大致格局虽然被保留下来,但内容多有改变。上列竹石花卉,张謇当年皆以石刻标名,现遗存的石刻题名还有牡丹、蕙兰、例外竹坛、观音竹、青龙山石、湖石(苏州太湖石)。

第三节 声声长唳出鹤柴

1907年,博物苑迎来一对丹顶鹤。声声鹤唳由此开启了博物苑饲养动物之始,丹顶鹤也不期然地成了博物苑的守望者。

这对丹顶鹤由大收藏家刘聚卿赠送,而丹顶鹤早期的主人却是张謇的恩师翁同龢。当时翁同龢已仙逝,若知张謇有此奇缘大概也会欣慰吧。这其中又有着怎样的故事呢?

据张謇留下的文字记载,这对丹顶鹤来自朝鲜。1894年冬,一只丹顶鹤突然逃逸,不见踪影,爱鹤心切的翁同龢立即张贴悬赏求助。据说,因时人推崇两代帝师的书法,这招贴一出立即被人揭去收藏了。当时正值中日甲午战争之时,朝廷大臣竟有暇为宠物操心,使翁同龢招致众人诟病,甚至有讽刺诗道:"军书旁午正彷徨,惟有中堂访鹤忙。从此熙朝添故事,风流犹胜半闲堂。"半闲堂是南宋奸相贾似道在西湖边的别墅,元兵入侵时,贾似道屈膝求和,个人却变本加厉地贪图享乐,这里是借古讽翁。曾朴在《孽海花》中曾讥讽翁同龢此举的失当,书中编的《失鹤零丁》帖中有两句描述此鹤的诗句,可供一观:"我鹤翩跹白逾雪,玄裳丹顶脚三节。请复重陈其身躯:比天鹅略大,比鸵鸟不如,立时连头三尺余。"据说,后来此失鹤以白金八两被赎归。

戊戌变法之后,翁同龢因支持维新运动而被革职,离京前,将这对丹顶鹤送给了在京城供职的刘聚卿。刘聚卿见张謇正四处收罗动植物筹办博物馆,也深知翁、张二人的师生情谊,于是将这对丹顶鹤转赠给了张謇。张謇早在1903年于日本参观动物馆时,便在一众禽鸟中独钟情于鹤,这对丹顶鹤的到来,让张謇如获至宝,6月20日张謇致孙钺函:

博物苑饲养的丹顶鹤

急治鹤室前外篱,铁栅开门,使鹤游行,防其致病。二鹤不易得也,珍重。
子铁仁弟

謇顿首
五月十日

自从这对丹顶鹤来到博物苑后,张謇也爱鹤成癖。这对丹顶鹤刚到苑时养在室中,室内放着一个木制浴盆。因室位于花竹平安馆东侧,张謇每每去探鹤都不免勾起对徐夫人的怀念。1910年,他就在谦亭的东南角临池建了鹤柴,将这对丹顶鹤迁移过去。鹤柴为两间,高约9尺,宽19尺。没想到,不到一年的工夫,一只母鹤竟然死去。时在苑中教导张孝若的张景云有诗记其事:"日费鱼腥百十钱,铁阑干里舞翩跹。主君可惜归时少,大好毛衣只自怜。"

母鹤死后,孙钺对其进行了解剖,寻找原因时,发现其食囊残存石屑,认为其亡故是食物不洁所致。张謇十分悲痛,以至于欲作一首吊鹤诗,也数起数辍。1911年10月3日,在开往九江的轮船上,张謇作了一首《吊鹤》的长诗,细细追述了得鹤、养鹤、爱鹤、怜鹤的心迹:

第四章　风义遍及鸟兽草木

海东有双鹤，嚳嚳青田姿。
韩犹备藩日，轩然来皇畿①。
饮清而鸣高，曾伴松禅栖。
人事一朝变，遂与刘相依②。
余营博物苑，物色羽族仪。
刘君为择地，筠笼隔江贻。
郑重复郑重，感系友与师。
花竹为汝媚，鱼稻为汝糜。
霜晨月夕候，长唳相参差。
盘旋作小舞，雪翮相高低。
自题蒨影室③，临汝独怀凄。
为汝建新筑，广以疏梅篱。
谓可适汝偶，不苦常孛羁。
岂意忽憧约，饵石伤不知。
丹扬上皇侧，分张殒其雌④。
儿书远来告，中有伤心词。
不鸣不嗜食，言汝逾旬期。
归来重临视，只影窥清池。
有语不能致，汝臆余知之。
汝其养千岁，相慰归休时。

注：①鹤产自朝鲜。
　　②鹤故畜于虞山相国京邸，戊戌夏相国罢官，以赠贵池刘聚卿观察。
　　③苑中花竹平安馆为徐夫人养病而筑，馆甫成而夫人殁。因夫人字题馆之室曰"蒨影"。
　　④主者不知鹤病奚致死，剖视之，胃中有石屑撮许，盖新筑石工所遗之屑，误杂食料中不能化也。

　　母鹤死后，无论张謇如何关爱，失去了伴侣的这只雄鹤就是不吃不喝，忧郁不鸣，大约在1914年夏后黯然死去，这年仲夏成书的《南通博物苑品目》上还登记有："鹤（雄），贵池刘君钜卿世珩赠，饲养鸟室。"双鹤的离去使张謇十分着急，后来他新买了一对鹤，这才纾解了郁闷。

这对新鹤的鸣叫之声传播很远。有一年春天，引来一对野鹤，丹顶白羽，盘旋于鹤柴之上，后降落于藤东水榭前的河滨，其美妙的身姿吸引了众多的观望者，野鹤在水面上嬉戏一段时间后，振翼冲天而去，让时人惊叹不已。这对鹤还下了数枚鹤蛋，形状像鹅蛋而比之大了一倍。孙钺按孵蛋的原理，将鹤蛋埋藏于黄沙之中，白天暴晒，夜晚用棉絮掩盖，在孙钺的精心照料下，竟孵出了一只小鹤来，可惜它未能长大。

1918年，张謇在营建的林溪精舍也建造了鹤柴，所养之鹤来自灌云。张謇爱鹤，亦有卖字买鹤的经历，为此他还赋了一首《鬻字买鹤》的长诗，开篇便引用王羲之的《黄庭经》中换取山阴道上一群鹅的典故，以示仿效。

南通博物苑前后共买过几回鹤，没有一个准确的说法，买鹤的经历中留下了许多趣事。1921年，张謇两次致函时在垦区盐场的志青，请其代为买鹤：

【10月19日】志青仁兄：

……前承为买之灰鹤，多因途中惊恐、拘缚，不久即毙。兹仍为请购雌雄各一只，装笼交妥人带南通。诺价见示，为荷。即候

近安

謇

十月十九日　九月十九日

【12月4日】志青兄：

……承代觅灰鹤四只，途中受伤，到苑已死其二。以后似觅小鹤，当易养也。此颂

近安

謇

十二月四日

有一次，张謇买回一对小鹤，待长大后才发现原来是鹳而非鹤。为此，他作了一首小诗《买鹤得鹳》自嘲：

　　　　鹤也市人诳，来知鹳是雏。
　　　　留当常鸟畜，日费小鱼铺。
　　　　江雨交鸣促，墙阴习舞粗。
　　　　如何犹两斗，老子一胡卢。

这里的"胡卢"，即糊涂之意。在南通博物苑所有的动物中，唯有鹤一直与南通博物苑相伴始终。据张謇孙女张柔武回忆，南通博物苑的鹤不仅漂亮，而且叫声嘹亮，她每天早上都是听着它的叫声起床。

抗日战争爆发后，南通博物苑还有一对白鹤，日本侵略军侵驻南通博物苑后，肆意虐弄苑中动物，有一天竟枪杀了一只白鹤，煮以下酒，上演了一场"煮鹤焚琴"最为人所不齿之事。当时曹文麟（字勋阁，号君觉）先生在通州师范学校内迁海复镇成立的侨校任教，其侄曹从坡（曾任南通市副市长）从南通城寄书信告知他此事："苑中鹤有煮而食之者，已而厌其腥，弃之。其侣日夕长鸣，声甚哀。"曹文麟先生引孔齐《至正直记》卷一中"雁孤一世，鹤孤三年，鹊孤一周"的谚语，悲愤叹道："苑中长鸣之鹤，盖永世孤矣。"

面对日本侵略军的暴行，幸存下来的一只白鹤，整日悲鸣长唳，以示抗议，最后也绝食而亡。

第四节　风车转向荷花开

荷花池、风车、水塔建于1910年，起初名叫"风车积水亭"，位于中馆与北馆之间。风车、水塔据说系从荷兰某洋行买来，配合美人石假山和喷水池。当时苑里有两架风车、两座水塔。其中一架风车和一座水塔在秋色坪上,为本地仿制,专供濠南别业装的自来水之用。

荷花池中喷水建于1911年,池中砌一圆柱形底座,底座上为盛开的莲花,花中托一水钵,钵中一条巨龙昂头直立,水由龙嘴喷出,水压就来自西边的风车、水塔。风车利用风力吸水上升至水塔,再通管以成喷水。据说,当时来苑安装的是一位名叫姚美华的宁波机匠。这座水塔一直保存至今,但风车早已被毁坏殆尽。现在我们看到的风车是21世纪初重建的,修改过多次,但仍无法还原当时的功能。

1911年9月30日,张謇在上海开完大生纱厂股东会后从上海乘日清公司的"大福"号轮船赴武汉,这已是当年第二次赴鄂。这一年长江发洪水,沿岸省份都遭受了水灾,10万余人被淹死,数百万人无家可归。在南京至安徽段,张謇看见两岸洪水覆没之地的水仍未退尽,颇为忧心。10月3日,张謇在长江轮船上作《博物苑喷水钵龙铭》:

  器亦可藏兮,或跃在渊。泽所施者戋戋,龙以自全。

此铭文后来环刻于钵下的圆柱底座上,白漆填色,颇为醒目。此铭文的释义我们还是采用赵鹏老师的研究结论,他认为:"器亦可藏兮",出自《周易·系辞》里的"君子藏器于身,待时而动,何不利之有"的古训。随后,他又进一步解释:

采用龙形喷水是否出自张謇的创意,已不得知,但张謇在为之制铭时,联想到以龙为象征的《周易·乾卦》则是无疑的,因为"或跃在渊"就出自该卦的爻辞,照孔子的解释,就是"上下无常,非为邪也。进退无恒,非离群也。君子进德修业,欲及时也"。整个铭辞是用喷泉来比喻,说自己所泽施的范围虽然不大,但却可以远祸害而保全自己。

这里的"保全自己"是直译,并非苟以存活,而是指成就自己的事业。或许是对身处的环境有所预感,一周后,张謇刚刚登上返程的船只,就亲眼看见了武昌起义的熊熊烈火,

荷花池、风车、水塔近影，远处楼房右为北馆，左为花竹平安馆

辛亥革命爆发了。而就在革命党起义的前一天，张謇还去为博物苑购买了孔雀、锦鸡等动物，派范顺于前一日乘"德兴"号轮船送至博物苑。

张謇在拟此铭辞时，也想到了苑西边的葫芦池，也就是日后修"壶外亭"的处所，为池中的蟾蜍也拟了铭辞。

荷花池中的喷泉，由管理人员操作，当时也是稀罕之景。1917年11月，江苏省立苏州第二女子师范学校组织四年级学生来南通参观教育状况，作为毕业前的实习，在5名教职员工的带领下，全班32人来到了南通。4日下午，他们参观南通博物苑时看到了这一情景，班上的蒋安全同学记道：

更前行，池水一泓，中设喷泉，招待者特令转捩其机，以示吾侪，如雨溅珠，尘襟为之一爽。

荷花池蓄水后，不仅是园区灌溉的水源，也养了不同类的水生植物。1914年，这里养的植物有荷花、睡莲、凤眼莲、菱和槐叶苹。其中荷花有六个品种：锦边种、红色种、白色种、并蒂种、绿色种、锦带种。

关于这个凤眼莲颇有些故事，这是从日本引进的一个品

种,张謇对其有考证:

　　日本种,根横,浮生水面,茎长仅及尺,近根处鼓起作球形,中包纤维如稀绵,叶略似慈姑。花浅绯色,缀别茎之上,或四或六以至十二,对生而不平。花瓣六出,其上出主瓣,中心紫晕椭形,渐中而深,钩(勾)勒成眶,黄睛星湛,凤眼之名以此。左有四瓣,大相等;下独窄,若蝶之带然。不香而雅冶,顾不耐久,二日即萎。是于中国特产字、并头之外,又一类也。

　　张謇先后赋诗两首:

　　　　异种蛉洲至,幽芳凤眼嫣。
　　　　输情波动处,感泫露收前。
　　　　别干腰垂鼓,漂根脚叩舷。
　　　　生来清浅惯,不藉出泥贤。
　　　　　　　　　　　——《凤眼莲》

　　　　帘前过雨暖兼寒,
　　　　水上新花整又残。
　　　　自惜分明幺凤眼,
　　　　不曾轻易泥人看。
　　　　　　　　　　——《晓观凤眼莲截句》

　　两首诗均赞颂了凤眼莲叶绿清新的姿态。不料,在培养的过程中出了状况,此物侵占性太强,繁殖太快,所到之处的水面立即被其完全覆盖。后来,人们不得不将其除去,以保证其他物种的生长。

　　荷花池在中华人民共和国成立后进行了修建,因风车、喷水钵龙损坏严重,修建时未能还原。2005年,相关人员对其进行了重建,但已是改头换面,再难恢复从前之姿态与神韵了。

第五节 禽鸟双栖水禽冞

水禽冞这里最早称"椭圆池",1907年5月,马惕吾先生赠送博物苑一条鲵,亦称"娃娃鱼"。据说,此鲵系从湖南山溪间所得,这是博物苑饲养水族之始。当时,苑中工作人员就将其蓄养于此苑池中。1910年8月,在椭圆池营建假山,分为三个小岛,分畜鱼鸟。1912年10月,在谦亭、鹤柴修建之后,在池上架设水禽冞,以畜水禽。从规划图上看,当时架设有网罩,只占池的东边一半。这里是早期博物苑存世颇为完整的一处构筑。

水禽冞周边的石驳及池中心的假山石材均来自南通本地的狼五山,这种紫红色的石英砂岩,在地质学上归属为古生界泥盆系五通组,形成于距今约3.5亿年。自砂岩形成之后,南通五山地区虽没有发生过大的火山运动,但至少经历过三次地壳运动,小断裂发育,岩层被纵横切割,岩石普遍

水禽冞今景

发育多期次的片理和劈理。石英砂岩的矿物组成主要为石英，主要化学成分为二氧化硅，化学性质比较稳定，在漫长的地质年代中，它被风化剥蚀的面貌表现为表层呈片状剥落或沙化，或沿裂理分崩，却不易穿透，因此岩石多呈直棱嶙峋状。这与太湖石玲珑剔透的气质颇为不同，别有一番古拙质朴的韵味。太湖石质地为石灰岩，石灰岩的主要化学成分为碳酸钙，碳酸钙遇到含有二氧化碳的水易被溶解，所以常常形成通灵剔透、千姿百态的形状，园林上称其有"瘦、漏、皱、透"之美。太湖石是营造园林的首选石材，博物苑国秀坛之美人石即为太湖石。

博物苑有三处水池，水池之中所营假山的材质各不相同，张謇深谙园林之道，才有此不落窠臼之举。池中营建假山并非全为美观，也是养殖水生动物的诀窍之一，池中设置假山为障碍，便于水禽和鱼儿"周绕无穷若游江湖也"。此处的假山数峰立于水池中央，横接两岸有步道，中间有起伏山洞可攀爬穿越。池南的石道上，迎面一石上镌刻着"山行小憩"四字隶书，落款为"闵鹗元"。闵鹗元是什么人呢？

闵鹗元（字少仪，号峙庭），浙江湖州人，乾隆年间曾任江苏巡抚，作为学政来南通主持过科举考试。这民国时期建设的博物苑怎样上溯到清朝乾隆时期，请早已作古的先辈来题词呢？想来采伐五山石搬运来博物苑时，或许是采石者完全的无心栽柳也不可知。如今于此却是恰到好处地保存了古迹。

水禽栎石驳砌好后，池东架以铁丝网罩，1914年池内养殖的禽鸟有五种，分别为：野鸭、鸭、翠鸟、鸤鸠、鹅鸪，均为本地品种。禽类展示也时常变化，后来还添置了鹭、鸳鸯，笼中有翠鸟和布谷鸟，涉禽与飞禽相映成趣。1920年10月9日，南京高等师范学校附属中学学生张毅生参观记有："复至水禽栎中，有鸳鸯一对，家鸭二只，鹭鸶、白鹅游泳其间，池不甚深，中架假山数座，为水禽栖息之所，空布铁网，以防飞出。"

张謇有一首诗，记述了水禽寮小景：

人言鸳鸯必双宿，我视鸳鸯尝立独。
鸳鸯未必一爺娘，一娘未必同一鹝，同池未必有媒妁。
拍拍波面迎，喈喈矶边鸣。
怡怡自有乐，恧恧自有情。
东风吹浮萍，散散复聚聚。
浮萍无本根，鸳鸯有处所。

——《池上看鸳鸯》

现在，水禽寮里仍然养着鸭、鹅等禽类，池面上的铁丝网早已不存，苑中鸟儿多聚此嬉戏，杂叠的磊石中，由鸟播种长出一株高约7米的榉树，榉树从根部分出数分枝，仿佛人工巧饰，刻意所为。张謇对植树颇有研究，绕池多树，冬暖夏凉，水生动物才易孳育。水禽寮池边当年种的树木未能留下来，如今这株榉树已自然生长得郁郁葱葱，被列为国家二级保护古树。

第六节　虎啸鹿鸣居南阜

兽闲建于1911年，位于博物苑南边，一开始是八间兽室，后来随着动物的增加，有几次增建。张謇题写"兽闲"的时间不可考，这个牌子直至1928年还保存于此。

1908年4月23日，张謇有函致穆湘瑶（字恕斋或抒斋）："求奉天博物品之动物，说山东人李梦发（采木公司把头）熟于猎户。"此为博物苑征集动物之始，穆湘瑶于5月31日来到南通。从《南通博物苑品目》中可见，来自吉林的动物标

159

本有数十件，均为张謇赠送。这是否与穆湘瑶有关，未得其详。据说，博物苑里养的动物寿命均不长，养不了多久便死去，死的动物后来均被制为标本，陈列于南馆。如今不妨把来自吉林动物标本之名录于此，如虎、狐、狸、貂、猞猁（雌雄各一只）、麝、麂、山猪、豪猪、貂鼠、穿山甲、鸮（雌雄各一只）、鸢、雕等。

1909年5月，张謇有信致张孝若，问苑中各动物已安顿否？显然是已有动物入住。

1911年，建南边八间兽室时，张謇曾专门请北京万牲园的兽师前来指导动物的饲养。兽室建成后，1913年，博物苑添了一大批动物，如小东北虎、黑熊、豹、孔雀、鹧鸪、鸳鸯、山猫、箭猪、猴子等。截至1914年，《南通博物苑品目》中记录圈养在兽室的动物有：中国安徽的猿、南洋群岛的石猴（雌雄各一只）、俄罗斯的斑鼠、美洲的树獭。以上均为张謇赠送。此外，还有北京农事试验场赠送的美洲兔。

南通博物苑早先入住的动物是来自垦区的羊。张謇曾写信致负责垦区事务的江知源，信中写道：

长吉羊舍远眺，羊舍在丛松中，前方房屋左为谦亭，右为动物室

先送羊一百五十头去师范,校植物苑杨贵收……知源老弟。

謇顿首

八月卅日

这封信的准确时间尚未考定,而饲养羊的"长吉羊舍"大约建于1914年以后,长吉羊舍在博物苑东南向的土阜丛松中。

1921年,东南及南边的动物室增至20余间,每室均为三面围墙,留其正面,以铁丝网之。早先猴子也在北边鸟槛处饲养过,后来迁至南边的兽闲。1920年10月24日,来自余杭县教育会的陈孟深参观南通博物苑后记道:水禽㯱之东有鹤柴、鹳室,穿过一条土阜,是饲养的各类动物,有鹿、熊、鼠、猿、獐等。1926年11月4日,陈秉仁先生来苑参观时,记录的动物除了鹳、鹤等禽类之外,还有猿、兔和一只雌鹿等兽类。这里的鹳,产于江苏海州,由南京公园赠送。

日本侵略军侵驻南通博物苑后,经常把兽闲中的猴牵出来肆意戏弄,其他动物则均下落不明。

第七节 鸟儿啁啾在北垣

鸟室建于1911年,共9间,位于苑北,北馆东侧,与北馆并排,背马路而建,张謇为之题名"鸟槛"。禽类和小型动物均在这一排房子中,临路是房舍,舍前有铁丝网张布的笼架,便于动物活动和游客观赏。

1913年,在鸟室东首建鸠鹩㯱一座,又称"鸟禽㯱"。鸠鸟飞翔上下扑翅声与竹枝簌簌声交作,疑置身幽谷间。此外,这里饲养的鸟禽还有鹦哥鸟(南洋群岛)、羚羊兔(美洲)、鸾(中国南通市)、雉锦鸡(中国云南省)、珠鸡(阿非利加)等。

鹦鹉颇得游客喜爱，有学生观众写道："有鹦鹉二，见吾侪至，飞鸣点首不置，一若表示欢迎之意者。侪辈见之，相与大笑。"1919年1月18日，张謇根据《鹦鹉图》题诗一首，并赠予梅兰芳："天与聪明谁与惜，梦回碧树帘阴立。白衣倘有度禽径，应参般若波罗密。"想必梅兰芳在此参观时，也逗弄过鹦鹉。当时，苑内养的鹦鹉有4个品种，即大五彩种、五彩种、牡丹鹦鹉种和普通种，均来自中国云南。

鸟中明星要数鸸鹋，由北京农事试验场赠送。鸸鹋体型比鸵鸟小，而形态非常相似。苑里养的一只是雌鸟，春季产卵可达20多只，卵为椭圆形，壳颇厚，表面深绿，布满黑色斑点，远看呈墨绿色。蛋清纯白，卵黄白，可供食用。南通博物苑对外出售时1银圆可得2只。据张謇孙女张柔武回忆，其祖母曾将鸸鹋蛋上方开一个小洞，去除内物后，在口边镶上金边，作为艺术品清供。鸸鹋的寿命比一般动物都长，这只鸸鹋在苑内长达10多年，直至1928年方才死去。相传，镇江金山寺僧人曾买得一只鸸鹋蛋，诳言为龙蛋以招徕游客一睹为快，后来被一位南通人列举南通博物苑之鸸鹋蛋而戳破此谎言，可见南通博物苑传授知识的影响。

受观众欢迎的鸟禽有：来自中国湖北的一对孔雀，来自美国的一对火鸡。此外，还有从中国吉林引进的两只雕，从东印度引进的两只文鸟。这些丰富的展品吸引观众前来捐赠，具体如下：

通邑西厢大河滨，于十七日午后，天空忽降下极大之金翅鸟三只，见者无不惊异，当经乡人合力向前捕捉，生擒其一，其二远飏，刻已送至博物苑，闻养于鸟槛，远近往观者极众。此鸟身重四十余斤，翅大善飞，形极似鹰，顶上有红色甚美，吞食鱼虾豕肉之量甚宏。闻该馆刻正请博物家查其名称、习性云。

——1922年11月27日《大公报》报道《发现大鹏金翅

鸟，捉送南通博物苑》

南通博物苑前得一大鸟，以志本报。现因该大鸟野性难驯，且食料不合之故，已致死亡。该苑主事已将鸟剥制陈设南馆……该苑总理孙子铁君现就奉省购来鹿六头、孔雀四只，均畜于动物部云。

——1923年6月1日《时报》报道《南通博物苑近讯》

乐同乡渔夫某甲，日前捕得水鸟一只，嘴有黑、绿、红三种颜色，背上的毛羽，一条条好像黑丝线一般，翅上和腹下，总是白毛。这渔夫爱同拱璧，养了十多天，居然驯了，被黄灿阳闻知，出钱购买，装置笼中。听说拟由大达轮船运送南通博物苑豢养。

——1923年6月16日《南通》载《渔夫捕获奇鸟将送往南通博物苑》

据说1925年前后，南通如东农家捕获一只秃鹫送至苑内饲养。只可惜秃鹫到苑不久便死去，后被制成标本。张謇吟诵鸟的诗句颇多，有一首诗颇为恬淡清新：

今日花不开，鸣鸟何为来。
鸟非爱花者，花自性姚冶。
千声万色司三春，声声色色神乎人。
有花有鸟一绚烂，无鸟无花一平淡。
平淡绚烂都有情，自然适之天地宁，有有无无安足争。

——《今日》

第五章 风范长存的收藏往事

第一节 张謇的收藏世界

张謇不是一位收藏家,但他一直在收藏各种物品。1912年9月30日,张謇在北京天坛,拾得黄、绿两块琉璃瓦带回南通博物苑收藏,与明代的瓦、古八窑口瓦同置一处展示。1922年,为祝贺张謇七十大寿,海门郁芑生(名寿丰)送一尊牙雕孔雀明王像作为寿礼,张謇将其送至南通博物苑收藏展示,并在底座题记:"民国十年辛酉六月夏历五月,謇年六十有九,海门郁君寿丰赠牙雕大士像一躯,极精美,因赠博物苑南馆美术部永宝存之。方训谋刻。"从这两个对比鲜明的事例中可以看出,张謇对收藏不循俗例,有着自己的标准,他收藏物品都是为了在南通博物苑展示,并坚信与其一家私藏不如公之于众。

这两块琉璃瓦与牙雕孔雀明王像如今均完好地保存于南通博物苑。经研究,这尊牙雕孔雀明王像由整块象牙雕琢而成,其工艺为西式风格,推测其可能来自境外。捐赠者郁芑生,精通英文,是大生集团外事业务的重要人物。

张謇虽然不是收藏家,却有着收藏家的习性。他爱好

第五章 风范长存的收藏往事

张謇题款的牙雕孔雀明王像

题跋,不仅在书画上题,还在木器、瓷器、陶器等但凡能题字的物件上题款。我们今天看到的张謇留下的物品,大多都有张謇的题款。例如,1903年张謇所作的《题龙泉鬲式炉》云:"光绪癸卯,因建学校浚城濠,得之泥淖中,三百年前殉葬物。张氏啬庵永用。"这只龙泉炉三足,多处缺损,张謇题款于炉颈一圈。炉因有了题款而显得饶有古意,凸显其器物本身的价值,而非被破损之处所吸引。这对博物馆工作颇有启示。又如,1917年,张謇在军山建东奥山庄时,拾得一块檀树根,高约4.7厘米,长约47厘米,宽约27厘米,张謇"因势名状",将其制成饰品,配以托架,并在托座一圈密密麻麻地题满了铭文:

　　民国六年,岁次丁巳,月当孟冬,余营军山东林。山人陈立和获樵余古檀本于坠崖之侧。异根同条,俨成连理;旁株

165

张謇题款的龙泉鬲式炉

抱珥,并作回环。迮大石而屈扁,滋潜液而泽滑。谓若摩琢,疑出鬼工。因势名状,厥与芝称。爰乃承以它根,供诸几席。伴瓶华为朝暮,对尊酒而主宾。或亦山灵所饷治山之酬欤?为镌小铭,祝其永寿。铭曰:

不鹓骈羽,非麟并角。嘉植奈奈,萃灵兹木。其气天同,其合天作。若芝著文,因檀蕴馥。等贵椶梓,齐秀兰茝。瑶姬降汉,王母临窗。乃匹乃偶,亦独亦双。炉香覆云,镜花媚雪。相对清娱,永言嘉袚。后有万岁,嗣之山月。

张謇在书法作品上的题跋又是另一种风格,如张謇三题刘墉(字崇如,号石庵)书法:

张謇题款的木雕随形座

1904年，张謇所作的《题刘石庵行书七言联》云：

此联初以薄涩致疑，既乃审为鸡距书，浓墨茸豪，故非老于行阵者不能若是之指麾如意也，孰能赝之。光绪甲辰十二月，謇识。

1908年，张謇所作的《题刘墉行书七言联》云：

联为丹徒丁恒斋太守所藏，光绪三十四年冬丁夫人举以寄赠，盖东武晚年笔也，张謇识。

1913年，张謇所作的《题刘文清行楷册》云：

右东武书凡三十五叶，是公晚年书，硬笔所作。《中隐堂诗》公屡书之，曾见于《曙海楼帖》。观公自记，不记时代先后书，所忆则他诗亦公所尝书。此册自《中隐堂诗》以后，弥见精能，乃笔与捥会之候也。李君亦园，湘人，清光绪朝知名之士，考其题册岁月，距其辞世殆不远，亦可感喟。

"东武"是以地名代指刘墉，刘氏祖籍是山东诸城，诸城旧时曾称东武。从以上所列题款可感知张謇对书法艺术的熟稔。他的题款极少应酬之语，或考证，或解说，有的放矢间总能自然地将人引入堂奥。1904年12月20日，张謇与友人游彭玉麟故居。彭玉麟（字雪琴）与曾国藩、左宗棠并称"大清三杰"，军事之暇寄情于诗画，其画梅之作颇有盛名。恰在此时，友人赠送张謇一幅刘世儒的墨梅，长357厘米的大尺幅，极为罕见。于是张謇便乘兴题诗：

未能免俗彭刚直，三十年来人道奇。
寥寂山阴雪湖叟，千花万蕊出天姿。
霜皮溜雨差堪拟，铁干回春只自知。
粉壁云窗晴昼里，倦睛轩豁最高枝。

这首题诗涉及了数位画梅高手，诗序简要地勾勒了他们之间的一段佳话，张謇在序尾的一句感慨尤耐人深思：

明刘世儒字继相，《无声诗史》谓尝写《铁干回春图》赠胡元瑞，胡赋诗比之为花光长老及王元章者也。光绪甲辰得此画，适与客论画梅，遂题一诗，证三百年翰墨缘。更三百年，不知此画此诗复在何许。

刘世儒（字继相，号雪湖）活动于明代正德、嘉靖年间，从小酷爱临摹王冕画梅，后来自成画梅一派。胡应麟（字元瑞，号少室山人），明代中叶著名诗人。《无声诗史》是一本明代画家的传记，其中记有刘世儒为得到胡应麟的诗作，郑重其事地绘制了一幅巨大尺寸的《铁干回春图》去恳请，胡为之赋了一首长诗，并在诗中赞刘的画梅堪比花光长老和王冕，而花光长老和王冕都是古代享有盛誉的画梅大家。张謇引用古人佳话，而诗赞彭玉麟，看似游离画面，实则将历史与现实

张謇《题刘世儒〈万斛清香图〉》

进行对比，从而引发墨缘相传之思考。这幅画名为《万斛清香图》，是博物苑最早收藏的画作之一，尤为可贵的是得此画正是在张謇规划博物苑的前夕，不难让人联想，正是因为有感于时世交替变化之快，张謇才萌发兴办博物苑之念，以永久保存先辈名迹。

这样的收藏观，在张謇的许多藏品中均得到体现，如1907年9月29日，张謇《题包壮行〈墨梅〉》：

此前明崇祯癸未进士包石圃壮行画。《绘林伐材》称壮行工钩（勾）勒梅花、水墨竹石。顾乡里之间流传极少，似此巨幅尤为仅见。初得时，前侧之下犹存一"包"字，复为裱工剥弃，无可征信，后之人将不辨为何人所作，可惜也。题而识之，付博

物馆,以存先辈名迹。光绪三十三年丁未八月二十二日。

包壮行(字穉修,号石圃老人),南通人,明崇祯十六年(1643年)进士,官工部主事。包壮行创制的"包灯"家喻户晓,可他的存世笔墨却不多见,况且该画尺幅巨大,因此十分珍贵。这幅画由八幅条屏组成一堂,高约1.2米,宽约4米,苍劲的老杆虬龙攀缠,画外生枝,势如蛟游瀚海,点点梅花星落当空,犹唱明月关山之浩荡。这幅画当年在北馆展出时颇受观众关注,如今仍完好地保存于南通博物苑,历经300多年笔墨如新。

张謇的收藏不止于传承有形之物,还重形而上的资治与教化,如他在题跋中多叙及主人的高风亮节、善行义举等,这就让一幅作品不仅有存史之功,还有教世之用。如1895年4月17日,张謇《题崔桐行书自书诗卷》:

东洲先生,立朝风节,著于史传,为吾乡耆旧之冠。今玩其诗卷,书法出入山谷,诗亦雅近大复。族孙聘臣训导宝之若球璧,盖相传三百年,非独先生手泽之可珍,而世世子孙维持不坠之苦心,亦至可敬也。有明之季,通州缙绅先生咸主保全民命之说纳款本朝,其人则皆文采风流照映一代者,视先生之清操雅望,得无差异。然则有明一代之史,微先生则吾州几无厕名列传之间者,以是知士不仅贵词(辞)章艺事之末,而聘臣训导之勖励以绍承先泽者,弥不可怠矣。聘臣方以算学受荐于朝,就试译署,将行,属题此卷,为致吾意而归之。

崔桐(字来凤,号东洲),南通海门余东人。明正德十一年(1516年)探花,历任翰林院编修、礼部右侍郎、福建参政、浙江副使等职。崔桐因直言敢谏两次受到廷杖,著有《东洲集》20卷,《东洲续集》10卷。张謇在题跋开篇即赞崔桐:"风节著于史传,为吾乡耆旧之冠。"如此,因张謇而引人关注的先贤还可列举数人,而因张謇留名的乡贤就更多了。

1912年年底,张謇组织专家对苑内藏品进行研究和考

第五章 风范长存的收藏往事

订，他在这段时间对地方名人书画也做了大量的考订工作，现摘录部分题跋（表9），以供参考：

表9 1912年12月—1913年12月，张謇题跋的文物及现状一览表

时间及名称	张謇题跋	现状
1912年《题朱石甫草书横幅》	石甫此书似文衡山，精能可意。石甫于嘉、道间以书名，故老传闻，每晨盥沐，必以手蘸水画圆圈数十，以熟指腕，宜其书驾李、白诸人而上也。卷故狼山僧近岸物，以赠博物馆，退翁为刻石还之山寺。	—
1912年《题朱石甫〈墨竹〉》	石甫，清嘉庆诸生，书学香光，画亦殊见笔力。《州志》并其书画淹之。	—
1912年《题白佩〈荷花〉》	《州志》：白佩工花卉，渲染欲活，购者一帧百金。间以绒片贴素缣，亦栩栩有致。是佩不仅擅场于画。	—
1912年《题钱文伟〈山水〉》	钱文伟，字景祎，号兰台。清咸丰三年（1853年），以商丘知县防贼，守城陷，遇害。《州志》不言其能画，亦一阙也。	—
1912年《题顾骢〈墨竹〉》	《州志》：骢专写竹石，尝之吴，见郊外人家有竹，作图赠之。主人请设色，裂其幅而去。	存世
1912年《题范箴〈画牛〉》	《画史汇传》：范箴工花卉翎毛。《州志》：箴贫而介，断炊时，辄画一牛付质库，得钱易粟以活。此殆其质钱之画也。赠博物馆藏之，亦以老辈安贫自给之高风，为后生矜式。	存世
1912年《题李敦谟〈荷花〉》	《州志》：敦谟工画，神韵倏然，性好洁，寓居萧寺，清苦如梵行僧。息耘其晚年之字。日本人重其画，著录误敦为效。生平画荷花为多。	存世
1912年《题刘伊草书田琴〈墨梅〉合帧》	刘伊字莘儒，乾隆壬申进士。田亦乾隆人，《州志》称其画梅，拟之李方膺。刘书田画，流传皆少，益可珍矣。	—

续表

时间及名称	张謇题跋	现状
1912年 《题丁有煜画〈牡丹〉》	有煜,清康熙朝人,扶风知县腹松子。《画史汇传》:有煜肆力诗、古文、篆刻、水墨画,晚号"个老人",亦字丽中。袁枚于其卒也,叹曰:"个老亡,江北无名士矣。"为时人所重如此。	一
1912年 《题张小斋〈缓带轻装图〉》	此小斋所作《缓带轻装图》,笔势开拓而意度闲适,近人中不多觏也。	一
1912年12月 《题褚章〈枯笔秋林晚眺图轴〉》	木田,泰兴县(今泰兴市)人。《县志》:章性高简,久客京师,晚年所作,人尤宝之。民国元年十二月,孙君观澜赠。謇记。	存世
1913年5月2日 《得汤雨生画因题(有序)》	雨生自题诗曰:"几度行吟向水滨,西风回首总无因。年来笔墨皆拘束,只画溪山懒画人。"时事所触,有感此意。 汤生画趣故清高,画到无人懒亦豪。安得溪山如此画,冥心却向画中逃。 何尝鸟兽可同群,空谷犹稀见似人。学佛还应无我相,卷齐世界入陶轮。	一
1913年10月 《题李鱓墨〈笔枯木竹石图轴〉》	是否当年退院僧,退庵题字得兄鹰。复堂枯木非无意,阅尽冰霜老健能。 海州张君为得《李复堂寿退庵禅师枯木竹石图》,以归叔兄退翁。民国二年癸丑十月,啬翁题。	一
1913年 《题文徵明〈山水〉》	求衡山画二十年,适于沪上得见此本,高情远韵,绝与寻常所见者不同,乃知神龙骏马,自有真也。	一
1913年 《题刘松年〈百寿图〉》	此卷长一丈四尺。民国肇建之岁六月,薄游京师,故人赵小山庆宽介绍得之。故定邸所藏,后归恭邸,革命之际,散落人间者。正谊堂印,即恭邸章也。翁题下笔率然,不类真迹,或者真迹为妄人割去,别装赝画。世传刘清波画人物山水,神气精妙。清波故师张敦礼,	

续表

时间及名称	张謇题跋	现状
1913年《题刘松年〈百寿图〉》	张以笔法紧细著称。此卷用笔，足证师传。清波画见著录者，有《老子出关图》《香山九老图》，余未之见。此卷与较，未知如何。定邸收藏至博。当时中原无事，士大夫精于鉴赏者，率聚都下，所收必不草草，而恭邸收定邸物独多，翁书又不知何时割去。货此卷者，意甚窘蹙，乃以百金与之。归而题后，以示子孙。一时势力，宁有如二邸之盛者，聚则终散，世之常理。今既归我，则以为我之眼光，曾落于百老人须发衣带向背深浅之间而已。	一
1913年《题〈绢本十虎三彪图〉》	此图笔法，纯乎宋、元，意态腾攫生动，必名家作，惟无款识，印文复漫漶不可辨认。可辨者，仅项氏、赵氏等家收藏之印。首题"十虎三彪"，亦无款无印。彪，《说文》：虎文也，彡象其文。段氏注引班彪字叔皮，桂氏证引王彪字叔虎以明之，不别于虎也。下"虓"，《说文》：虎鸣也，从虎九，声许交切。一曰师子，《一切经音义·二十二》引作：一曰师子大怒声。《东观记》："阳嘉中，疏勒献师子，似虎，正黄有髯耏，尾端茸毛大如斗。"不言尾即如斗。虞世南《师子赋》："阔臆修尾，劲豪柔毳。"亦第言其尾之修耳。可知后世画师尾鬖然如斗之误。此图所谓三彪，则尾修而毛茸作散形，近于今所见之真师，益征为名家之画。然则题当名"虓"，漫书作"彪"，盖未加研索者耳。	一
1913年《题刘文清行楷册》	右东武书凡三十五叶，是公晚年书，硬笔所作。《中隐堂诗》公屡书之，曾见于《曙海楼帖》。观公自记，不记时代先后书，所忆则他诗亦公所尝书。此册自《中隐堂诗》以后，弥见精能，乃笔与挽会之候也。李君亦园，湘人，清光绪朝知名之士，考其题册岁月，距其辞世殆不远，亦可感喟。	存世

续表

时间及名称	张謇题跋	现状
1913年《题僧明中山水册》	明中，清乾隆朝人。《画史汇传》：俗姓施，桐乡人，主杭州南屏净慈寺，高宗南巡，三赐紫衣。山水得元人法，气味清远。善诗，有《炙虚诗钞》。此册第一页右角之印，"炙虚"即其号也。瑛梦禅题是贵人念念不暇语，不足为画轻重。意境清远，绝不类热中和尚，此则可敬者耳。	—
1913年《题何子贞字屏》	雪眉姓彭，清道光乙酉拔贡，出何文安公门下，丙申进士，与蝯叟同年，入翰林，官至知府，见《东洲草堂诗集》。名籍尚未详。	—
1913年《题童原山〈鼠图〉》	童原山，华亭人，西爽长子。西爽花卉翎毛，钩（勾）勒着色，俱本宋人。原山承其家学。《图绘宝鉴续纂》称原花鸟虫草，笔法秀雅云。	—

张謇《题李敦谟〈荷花〉》

以上这些大多都曾经是南通博物苑的藏品，未注明现状的部分属于目前暂未发现者。

张謇酷爱碑帖，收藏碑帖的时间起步较早，于此也颇下了一些功夫。他每次赴北京应考，都会去琉璃厂肆逛逛，但因经济上不是很宽裕，只能偶尔选购一二作为考试辛苦的犒劳。1885年，张謇赴京参加秋试，一举高中南元，相当于以第二名的成绩考中举人，于是索性留京等着参

沈曾植像

加来年的春闱。滞留北京期间，他在时任刑部主事的沈曾植（字子培，号乙庵）处看见一旧拓《礼器碑》，认真阅读后，发现此拓比自己已有的几版都好，甚至多出20余字，张謇爱不释手。沈曾植看出了他的心事，对他许诺：如果本场他能考中进士，就送此作为贺礼。

沈曾植，浙江嘉兴人，1880年进士，官至安徽布政使。沈曾植以"硕学通儒"蜚声中外，1913年张謇提请国家兴办博物馆时，向上推荐的人选就有他。但遗憾的是，张謇这次考试却落第了。正要黯然离京时，沈曾植还是派人送来了《礼器碑》，并附笺曰："昔期贺进，今以赠行。"张謇如获至宝，每见新的《礼器碑》总要将其拿出来对比，一较字之出入。1925年8月，著名收藏家莫棠（字楚孙）出示一款礼器碑帖，请张謇留题，张謇想找出沈曾植送的碑拓来两相比较，却怎么也找不着，烦恼不已，张謇将这事的前因后果

——题在了莫棠的碑帖上。

……惘恨何益?譬如未得此物以前,此物何属?我得则人失;我得而不能朝夕共,等于未得,亦等失。今我失则必有得者,知此物而得之喜,与得之而不知甚喜,等得也。知而喜,何必不如我;不知而不甚喜,则亦不能朝夕共,何必不如我。如我之喜,则物以有喜之者为得,何必我;不如我之喜,而物之可喜者自在,无与得之喜不喜,何有我。昔我得而以为有者我,则我相也;今人得而以为有者非我,则人相也。殢于物乎?殢于我乎?譬如涕唾,涕出鼻,唾出吻,我尚欲有之乎?譬如衣履,衣脱袂,履脱底,我尚欲有之乎?是殢于物。譬如金钱,人有则嗛其数多,我有则嗛其数少;譬如势位,人有则觉其时长,我有则觉其时短;是殢于我。殢物则物淫之,殢我则我殉之。是分别,是执着。分别不可,执着不可。譬如花,非时有花否?有花能一一看否?譬如月,非时有月否?有月能时时赏否?譬如我所住屋,屋忽破倒;譬如我所爱人,人忽化变;譬如子女远出不反(返),譬如朋友中道异趣,譬如盗劫,譬如兵毁,譬如鼠啮蠹蛀,譬如雨淋水浸,譬如拉杂摧烧,譬如涂污漫漶,譬如布施,譬如赠予,譬如悫(蠢)妇折作线簿,譬如黠仆窃抵酒账,譬如悭奴窖金不必见金,譬如痴儿梦富尽有人富,譬如巢、许、尧、舜之让天下,譬如桀、纣、幽、厉之失其国,譬如仙之白日飞升,譬如佛之涅槃示寂。我且无我何有物,物自为物何为与我。我忘物则我净,物忘我则物净,惘恨何益?

这篇看似絮絮叨叨的题记,大概也算得跋中一绝了吧?莫棠早年拜张謇为师,是跟随张謇时间最长的门生之一。莫棠,贵州独山人,晚清大儒、藏书家莫友芝九弟莫祥芝的第三子。早年间,莫棠游宦两广十几年,民国以后归隐苏州。他一生酷嗜图籍收藏,自编有《文渊楼藏书目》,藏书钤"铜井文房""文渊楼"等,富足一时。

张謇对物之失与得的通透辨析,更像是禅悟,透露着垂暮的无奈,亦可作为其收藏观念的变化来看待。

第二节 宣子野捐赠之谜

江苏高邮宣君向南通博物苑捐赠了大量的藏品,据截至1933年的南通博物苑藏品账统计,"江苏高邮宣君古愚哲人"者捐赠十五条,"江苏高邮宣君子野时雨"者捐赠物品极为丰富,其中天产部有贝类、头骨类、矿石、岩石、化石,历史部有酒器、兵器、钱币、玉器、印、鉴,美术部有如意、玉、斧、枕、盏、佛像、卜筮、瓷器、陶器、漆塑,总计二十多个类别。从分类来看,二人似乎没有明显的收藏方向,他们是否为同一人呢?

宣哲(字古愚,晚号愚公)有"近代神人"的雅称,《晶报》称其为考古学家,在收藏界颇负盛名,江苏高邮人。据张

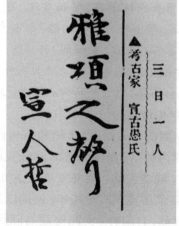

考古学家宣古愚书法,载1920年3月12日《晶报》

宗儒为之作传记载：愚公先生身材伟岸，腹大腰圆。任清朝监察大员期间，宣哲因为博闻多识，又了解民情，判断案情时准确率很高，常令大家所折服。1903年，宣哲赴日本参观大阪劝业博览会。辛亥革命后，他寓居上海。因其住所邻近园林，所以居处又被称为"花园里"。宣哲晚年读书养志，家藏书画、古董丰富。收藏品中以古钱币为大宗，上自周秦，下逮光宣，旁及海外诸国，善行草，时作山水。上海凡钻研金石训古或工词（辞）章书画者，莫不与之交往。据说，宣哲晚年，因病魔缠身，不得不将所藏曼生壶换钱治病。

从上文的描述，宣哲酷爱收藏，与捐赠大量的物品似乎可以对应，但史料上还未发现宣哲与张謇有任何交集。而宣子野呢？他与张謇则交往密切。

宣子野人称"高邮富翁"，生年不详，卒于1931年12月18日，平生事迹所留文字尚不多见，他与张謇在实业上有多处交集。1906年，江苏铁路公司成立，张謇被推举为协理，而宣子野与吴讷士、季子云、钱选青、张宏轩为该公司五人董事。1908年9月中旬，南通各实业会议董事会召开期间，宣子野作为大生纱厂的投资人之一，曾与刘厚生一起来到南通，张謇陪同他们一起参观大生纱厂。这时的博物苑正在热火朝天地筹建之中，发征集启事即在此时。1910年，宣子野作为南洋劝业会研究会的研究员，负责审查各馆的瓷器，并应南洋劝业会研究会之邀作《各馆之瓷器》对参展的瓷器品物进行评论。南洋劝业会研究会正是由张謇召集成立，并主持工作的研究机构。

从以上片段勾勒出的宣子野形象更像是一位实业家而非收藏家，但他与南通博物苑的关联也颇深。据孙渠先生回忆，1912年以后，南通博物苑开始考订苑品的名称：天产部重点考其拉丁文学名、科学分类和产地；历史和美术两部文物，重点考证年代、作者及其作品真赝，对特殊事件与物品要进行简短的说明。当时邀请的专家有国内学者诸宗元、陈衡恪、宣子野、尤亚笙及朝鲜诗人金沧江等,专家们曾在一起共同研究,历时2年,于1914年印行了《南通博物苑品目》上、下册。

据1914年《南通博物苑品目》统计,宣子野捐赠给南通博物苑的物品多达67件。该书编辑成册之后,宣子野与宣哲仍然与南通博物苑保持着联系,继续向苑内捐赠物品。截至1933年,实业家宣子野共捐藏品76件,收藏家宣哲共捐藏品15件。这不得不让人对他们二人产生好奇。

经过初步查考,其实他们是同胞兄弟。宣子野是兄长,其才华被商业成绩所掩盖,身后还因财产分割闹得声誉掩息,后由兄弟宣哲出面协调,才平息了这一家事。

宣子野所赠藏品,自然类占三分之一,除本国沿海的贝类、螺类之外,有一"生人脑盖骨"常被参观者所提及。历史、美术类品种繁多,如元押(判署用章)、唐梵书鉴、古石镞、古殉葬瓷枕、古陶盉、西藏佛画像(八幅)、牛卜之骨(有繇词)、清雍正窑五彩岁朝图瓶、山东窑土淀提盒、清乾隆窑填白瓷王母壶、陈曼生刻紫砂壶、陈鸣远制桃杯、清沈朗亭雕锡壶、明周柱螺钿紫檀书镇、清乾隆雕漆盒、清乾隆江都庐葵生雕漆笔架、旧雕桃核人物、明龙凤锦、清康熙锦……如今留存在南通博物苑的仅剩一枚龙钮石章。这些物品背后有着怎样的故事,只能留给后人去钩沉了。

第三节 端方之丧

端方捐赠给南通博物苑的藏品记录在案的有68号。其中包括1905年,端方与戴鸿慈等33人组成的第一批晚清出洋考察团,在对美国、德国、奥匈帝国、俄国、意大利五国考察和在丹麦、瑞典、挪威、荷兰四国游历后,归国时带回来的外国文物,如意大利古碑、埃及古刻拓本、石雕比萨斜塔、意大利摩色石。

意大利古碑立在南馆大门外,100多年来它一直立在这里注视着岁月的沧桑。有人说端方是我国第一个收藏外国文物的人,这4件留存在南通博物苑的文物就是见证。

端方(字午桥,号陶斋),清末大臣,金石学家,满洲正白旗人,官至直隶总督、北洋大臣。戊戌变法中,朝廷下诏筹办农工商总局,端方被任命为督办。戊戌变法失败后,端方也被革职。1900年,八国联军占领北京,慈禧太后和光绪皇帝出逃陕西,端方因接驾有功,调任河南布政使。1901年,端方升任湖北巡抚,随即办起了60多所新式学堂,并派出大批的留学生(其子也赴美

端方像

国留学)。1904年,代任两江总督时,端方在南京创建暨南学堂,开华侨教育之先河。1905年,端方任湖南巡抚,据传半年内便建有小学堂80多所。1911年,端方为川汉、粤汉铁路督办,入川镇压保路运动,为起义新军所杀,谥忠敏,著有《陶斋吉金录》《端忠敏公奏稿》等。

端方与张謇的交往始于1904年,端方的奋发有为深受张謇好评。张謇认为端方"其言论甚明爽",二人很快便因相同的志趣联系密切。1905年9月24日,得知端方等五位大

第五章 风范长存的收藏往事

臣出使前遭遇炸药袭击后,张謇连夜拟电报问安。端方在江苏担任两江总督的3年内,张謇在兴办实业、教育等方面有所需求,端方总是设法为之解决,建博物苑之事当然也不例外。江浙渔业公司、中国图书公司、南洋劝业会等都是张謇在这段时间筹划的。1908年4月18日,端方邀张謇等人聚于宝华庵畅谈,宝华庵缘于端方收集的《华山碑》3本聚于一室而得名。端方表态要以自己所藏支持张謇创办博物馆,同时表示,张文襄没有能办成帝室博览馆,他"当以生平蒐(搜)致者独成一博物馆于都中,而分其名品存于南中,能宝吾物而公诸世者"。也就是说,端方在此表示:要举全力将海王村博物馆建成,以弥补京城无帝室博物馆之憾。同时也宣称,若南通博物苑建成,他将不遗余力地支持。

1911年6月8日,张謇"因中国报聘美团事"赴京,端方组织亲友团迎接,并特意将张謇一行安排下榻在张謇恩师翁同龢故居。在京期间,端方亲自陪同张謇参观他在京城办的学校,重点考察了建设中的海王村博物馆。在参观过程中,端方表示:海王村博物馆布展完工后,所有的复件将悉数赠予南通博物苑保存。

不幸的是,端方突然离开了人世,直到半年后,1912年4月26日,张謇才有心绪拟挽联追悼故友:

物聚于好,力又能强,世所称者,燕邸收藏,三吴已编匋斋录;守或匪亲,化而为患,魂其归乎,夔云惨澹(淡),万古同悲蜀道难。

同年五月十七日,张謇致信端方之弟端绪,重叙与端方的旧约,人过事迁,这时他更关心的是海王村博物馆是否还能继续进行下

端方捐赠的汉代虎纽錞于

去？一旦海王村博物馆不能完工，他辛苦收集起来的藏品又会是什么样的结局？他在信中写道：

……陶公一生心力，酷嗜金石，藏石之富，海内今古莫二。即论金属，亦过于吴县之潘、潍县之陈。往在江宁宝华庵从容谈论世界大势，公以张文襄不能成帝室博览馆，谓："当以生平蒐（搜）致者独成一博物馆于都中，而分其名品存于南中，能宝吾物而公诸世者。若子之博物苑辛苦而成，必有以相助。"走尝叹公为达人，而言为知言。公则亦尝以拓本数十、陶器十数见遗矣。去年在京，公导观海王村馆，复与论及，谓："陈列后当检复品分寄，以志不忘江南之意。"何意不及半年，而人世无常，遂有陵谷变迁之事。公之高义，亦若在风烟灭没之间。推此而言，世上纷纷，何一不可作梦幻泡影露电观乎？

潍县陈氏之钱，不知今无恙否？若潘氏之物，则十年以前，已有散落于仆婢之手者。公所收藏有贤弟佳子，为之保存，自无他虑。微闻一二不慊于公者之论，则意正莫测。深顾及洹上总统之任期，完成海王村之建设，以竟公之志，而亦愿分其复品陈列于下州，以永公之精神及遗爱于南中也。

今疏金类之名于别纸，凡六十种，若鼎、彝、尊、卣、敦、簠，每种求大小二品，其余一种一品亦足备数，所分不过十一耳。汉、魏、晋、六朝、隋、唐石刻则求其真者，一代一种，简朴无妨，不求精也。各器附以考释及出现时地，佩资标识，尤所祈祷。近又见报载奉天旧内收藏名品，累日不休，其必有请公诸世之一日无疑。惟甚虑主其事者或不得人，公膳不免更鹜之来，妙画时有通神之续耳……

可惜人亡政息，信中所言之事都未能见后续音讯。

端方赠送给南通博物苑的文物，大多为重器，以历史文物为主，占历史文物总数的9%之多。其中最有名的要数汉代虎纽錞于，通体高53厘米，口长径26.8厘米，錞于是古代铜制的军中打击乐器。端方捐赠的陶石类文物包括3座造像、

3块石刻、2块墓志、2块碑石。其中造像有2座出自北魏时期，墓志分别出自唐朝和北魏时期。有纪年的晋砖9件。此外，他捐赠的拓本有28件，其中隋代的有1件，唐代的有11件。天产部中有端方捐赠的大鳄1只，在展出中颇为引人注目。值得欣慰的是，端方捐给南通博物苑的藏品，留存下来的还有数件，它们常被用来展示，一直在发挥着作用。

端方捐赠的外国石碑

第四节　徐乃昌访碑

著名收藏家、金石学家徐乃昌是张謇的挚友。他们相识之初，即有张謇应邀为《徐积馀太守定林访碑图》题跋的佳话。

徐乃昌（字积馀，号随庵老人），安徽南陵县人，出身望族。1893年，徐乃昌中举，曾奉派办理江南、南通厘务，署淮安知府。1904年，徐乃昌奉湖广总督端方之命率学生近百人赴日本学习陆军、实业和教育，回国后总办江南高等学堂，督办三江师范学堂（南京大学前身）。1911年，徐乃昌官江南盐巡道兼金陵关监督，对张謇的实业、盐垦帮助颇多。张謇去世后，作为大生纱厂股东会董事参与维持大生纱厂事务。徐乃昌爱书成癖，政绩和实业均为学名所掩。晚年，徐乃昌

徐乃昌像

倾心于著书、刻书和藏书，并收藏金石古物，多以积学斋署名，抢救和保护了大量珍贵的文物。他捐赠给南通博物苑的物品总计45件，其中古镜占二分之一，拓本占三分之一，拓本基本为本地古碑，按志索骥而得，而有些拓片捶拓之始尚未有南通博物苑。

1899年10月20日，张謇、徐乃昌、沙健庵、金铽、范当世一起访狼山碑刻。据说，这次访碑由徐乃昌招集，因徐乃昌当时为地方官员，范当世三弟范铠（字秋门，号酉君）与三位翰林公张謇、沙健庵、金铽同于上一年辞职返乡，分别在南通、如皋、泰兴实践救亡图强的抱负。沙健庵后面有介绍，金铽（字范才，号薇意），师事"通州三生"（张謇、范当世、朱铭盘），曾三度参与修纂《江苏通志》，有"金太史"的美誉。这次访碑后，张謇查寻旧志，对狼山成陆有不同看法，21日张謇致函徐乃昌：

昨游狼山，承询山在平陆几何年。比以元、明之代对，无据之言也。退而不安，舟中冥思，忆州志刘弇《游狼山记》是北宋元丰年间，其时似已成陆。至书院落索志观之，记有僧语：今之山跗，前五十载海也。其深盖碇丝千寻，莫能测。时则元丰四年。由元丰而上求所谓五十载者，至仁宗明道元年，然则真宗乾兴、仁宗天圣之间，犹是海中无疑；由天圣至杨吴天祚，九十五六年，宜须舣舟题名矣。天祚二年至今己亥九百七十一年，拙诗不待千龄，而非漫语耳。又山所有宋元题名未尽见拓本，欲求公余一一按志觅得之，命工洗拓分惠数分，以一分存山，一分寄都门公馆，一分收藏。公许之乎？
积兄大公祖左右

謇顿首
十七日

　　信中，张謇不仅谈了狼山成陆的问题，并由此延伸至古迹涉及史证的重要性，请徐乃昌组织人员将狼山石碑一一捶拓，分处收藏。此时，尚未有博物苑，踏山寻碑完全是几位知识分子的个人爱好，而张謇已有收藏之念，可见其见识的确高人一筹。

　　1903年，当时在南京的徐乃昌转寄日本驻江宁领事天野恭太郎的邀请书，邀请张謇赴大阪参观日本第五次国内劝业博览会，这次出访对张謇一生事业至关重要。张謇当即回信："惠答承为安排至详，曷胜佩慰。弟此次东渡，主意在农工中之人工，及市町村小学，其大学非所亟，故拟大扰使馆。弟本乡人，亦不以其礼遇与否介意。我之士大夫往者被其礼遇，而回又济得甚事耶？为之一叹！"可见二人之率真。

　　张謇回国后，着手兴办博物苑，徐乃昌自然是大力支持。如张謇嘱咐徐乃昌："知公时游古玩铺，奉上另纸，祈为物色之。鄙意欲使人识古器之形，因而识字，不必如陶斋所求，但得制作尺寸合度，赝亦不妨。琐琐之请，亦佐公闻中消遣。"这显然是为博物苑的物品在动脑筋。可惜无往来信函对照，不知后事详情。徐乃昌见多识广，所收藏的古器物种类丰富，这些对于他来说自然是轻车熟路，所以张謇也常有类似之请。如张謇拟做一套十二生肖的屏风，请徐乃昌代为寻找式样，其语气颇为风趣：

　　积馀先生鉴：十二辰中猪最难觅，虽得王小某所画，然王画本不甚高，殊未慊心。马有徐铁山之八骏（顷在江宁见赵子昂一马，疑其赝，故未收），绢本损裂矣。钱南园瘦马不易得，欲得姜福清者亦降而求其次之意矣。有可物色否？鼠得钱舜举者极佳，然是卷子（幸不长），若改裱为直幅，须更求一横者偶之最好。得一松鼠小幅（即扇面亦好，不论团扇、折扇），亦可以类从也。乞公为留意。即请

大安！

蹇白
二月廿九日（祈并托聚卿）

"聚卿"，即徐乃昌妻舅、著名收藏家刘世珩（字聚卿，别号楚园）。据安徽著名教育家程演生（字源铨）著《徐乃昌行状》记述："（徐）所蓄三代彝器、甲骨及秦汉以来古镜、带钩极富，皆世间殊绝之品。而金文石刻拓片达三万余通。"据徐乃昌自编的《随庵藏器目》所载，其收藏的商周钟鼎彝器达90余件。王国维为徐乃昌编写的《随庵吉金图》作序时说："南陵徐积馀观察，博雅有鉴裁……所藏古器物尤精。"罗振玉在《小檀乐室镜影序》中称："积馀先生藏古镜至富，兹精拓以传艺林。"由他经手送给博物苑的商父佳鼎、商尊、周伯尊、商雷纹卣、旧雕竹根寿星等想必也是精彩的。徐乃昌大概是有志于为博物苑收集全狼山题名拓本的，从记录上看，他已经收集到的有杨吴天祚、宋熙宁、宋元丰、宋淳熙、宋淳佑这5个年代的拓本。若能保存至今逐一比对，又会有怎样的发现呢？

如今南通博物苑存有一幅《通州新城记》碑拓，上钤"徐乃昌读碑记"，但《南通博物苑品目》上并无此记载。原来，此处记录了另一件往事佳话。据赵鹏老师考证，民国十八年（1929年）农历七月初三日，寓沪的徐乃昌曾致书费范九，请为题《狼山访碑图》，随信附赠"元至正通州新城记拓本"作为酬谢。20世纪50年代末，南通博物苑复建后，费范九将此转赠南通博物苑收藏，而费范九捐赠给南通博物苑的书画等物之多，抢救地方史料功绩之大，又是一段佳

话。先辈风德就这样一代代在南通博物苑传续。

第五节　刘世珩的大小忽雷

张謇与刘世珩相识于南京,一是因刘世珩与徐乃昌为郎舅关系,二是因他们与"江宁七子"是共同的朋友,因此很快建立起友谊。

刘世珩像

刘世珩,清末著名藏书家、刻书家、文学家。1894年,刘世珩中举,曾授江苏候补道,历任江宁商会总理、湖北及天津造币厂监督等职,历办江南商务官报、学务等。1905年,刘世珩担任三江师范学堂监督,以三江师范学堂总办身份参与《聘请日本教习约章》的草拟和签字,后任直隶财政监理官、度志部左参议等职。其父刘瑞芬官至广东巡抚,刘世珩世居安徽贵池县(今贵池区)开元乡南山村,故自称"南山刘氏"。辛亥革命后,刘世珩移居上海,以清朝遗老自居。他"无声色裘马之好,识通今而性嗜古。凡缣素彝器,出自古名贤手者,必得藏弄为快",在上海购地数亩,筑楚园以贮金石书画,藏书十余万卷。他与徐乃昌一样,均为大生纱厂的股东。

张謇建博物苑之初,刘世珩便将翁同龢赠予的丹顶鹤转赠博物苑,截至1914年他捐赠的藏品共8件,每件均有来历,其中仿制的大小忽雷最为难得。

忽雷是一种颈式半梨形音箱的拨弦乐器，因其发音忽若惊雷而得名。相传，唐代音乐家韩滉制有大小忽雷，到元代末年，大忽雷为诸暨人杨维桢所藏，小忽雷不知去向。1910年春，小忽雷辗转了刘世珩手上，刘世珩时刻不忘寻求大忽雷，他在《小忽雷传奇跋》中写道："顾余以小忽雷迭经劫火，并未遗失，则大忽雷或尚存人间世，不能恝然忘也。"很快，就在同一年，机缘巧合之下竟让刘世珩得到了日思夜想的大忽雷。刘世珩请林纾为大小忽雷制图，将阁也更名为"双忽雷阁"，并在1911年辑其图影和经过情形编成《双忽雷本事》流传后世。此后，大小忽雷形影不离。因张謇向其征集藏品，刘世珩特各复制一件赠予博物苑收藏。如今真品保存在故宫博物院，南通博物苑的复制件也完好保存着。

《张謇全集》收有一份致刘聚卿的残函，时间为1911年，函中记载："……通州博物馆已成三年矣，历史部最难充轫，前求公分古镜一朝一品，公未见答，知（下缺）"。其下文不可知，颇为遗憾。

刘世珩还赠送给南通博物苑一幅珍贵的画卷，当时《南通博物苑品目》上曾为其定过名，现在将其定名为《江山雪景图》。为了展示这幅巨作，张謇特建北馆，北馆尺寸也是为此画定制。

《江山雪景图》全幅长1 057厘米，高35.2厘米，描绘的是一望无垠的茫茫雪山，一列骡队穿行其间。画面中既有蜿蜒小径、群山峻岭，又有江舟帆影、丛林茅舍，这一切尽映衬于一片白茫茫的雪海之中。画至末尾，江山开阔，行旅队伍绵延细长，惊起一群大雁前引飞翔。这幅画的绘者钱恕（字达中，号心斋）系南通著名画家，与其父钱球、其叔钱莹合称"通州三钱"。钱家山水对后人影响深远，有《心斋画谱》（又称《钱氏画谱》《钱氏画谱参解》）、《匡庐纪游图册》存世。此画末尾自题："嘉庆二十年春正月，心斋钱恕写于集虚山房。"装裱后再题:"昔东坡云,文以达吾心,画以适吾意。以适意而晚多雪景者,范仲立已先我而为之。一卷既就,能无动河朔之思欤?集虚山房再笔。"这里"范仲立",即范宽(字仲立,又名中正),北宋著名画家,其《溪山行旅图》对后世影响深远。钱恕《江山雪景图》亦师其笔墨,这幅作品如今完好地保存于南通博物苑,是地方美术发展史上的重要里程碑。

刘世珩送给南通博物苑的藏品还有珍贵的贝叶经(总计56片)、晋元康砖砚、明赵忠毅公铁如意等。

第六节 张詧与地方文物

张謇在南通创办的地方事业,通常是张謇策划,张詧落实。唯有博物苑事业与其他事业有所不同,张謇是亲力亲为,但依然少不了张詧的参与。

张詧(字叔俨,号退庵,晚号退翁),张謇的三兄。1883年,张詧入吴长庆军中帮办后勤之事,以军功保举知县。1892年,张詧署贵溪知县。他办事果断干练,深得民众爱戴,曾因对待当地乡民抗粮和与西洋传教士发生冲突一事,处置得当,得到上谕传旨嘉奖。1902年,张詧辞职返回南通,全力协助张謇开办各项事业,对大生纱厂管理致力尤多。南通事业,通常是张謇主其外,张詧治其内。晚年,张詧寓居上海,著有《具孺堂集》。

据《南通博物苑品目》记载,张詧捐赠文物24件,以抢救地方文化遗产之物颇为珍贵。如盐场营业牌照,当时一共收了5块。这个牌照是政府为了控制私盐生产,发给灶丁的许可证,相当于现在企业的营业执照。该牌照为普通木制,高

张謇像

约15.6厘米,宽约8.4厘米,现在仅留下1块,倘若没有这方小小的执照,今天在讲述清代盐业历史时就少了实物的证据。张謇捐赠的还有当时陈列于南馆外的明万历铸鼎和明铸铜瓶,这是旧庙改造过程中抢救出来的实物,若不及时捐给博物苑只怕是要变为废铜了,这两件实物是考据地方寺庙兴衰的重要史证。

  张謇捐赠的美术品均为地方名人佳作,例如,胡长龄(字西庚,号印渚)的行书堂幅和对联。胡长龄是第一个南通籍的状元,官至礼部尚书,遗物存世极少,其手迹自然十分珍贵。又如,李方膺(字虬仲,号晴江)的墨梅、范崇简(字完初,号懒牛)的山水等。此外,还有汤鹏的铁画一堂四屏,当时在南馆展出,颇为观者称奇,有观众称其为"铁花围屏四扇"。

  这四扇铁画仍完好地保存于南通博物苑。汤鹏(字天池),祖籍徽州,相传他做铁匠时,与被后人视为"清初画圣"的王翚(字石谷)是邻居,汤鹏痴迷于观看王翚画山水,常常忘了本业,王翚嗤笑他说:"此等笔墨,汝今生则休矣,何眈眈视此,废汝工作?"汤鹏受此奚落,羞愤道:"何轻我太甚,吾独不能以铁作画乎?"此后,汤鹏便潜心铁艺,从揉铁作花鸟虫鱼,到作山水屏障,技艺益精,直达炉火纯青之境,其作品被赞为"铁为肌骨画为魂",乃地道的铁画银钩之作,被后人视为"铁画鼻祖"。如今,每当回顾南通博物苑的历史时,这四扇铁画都会被展示出来与观众见面。

  在张謇捐赠的物品中,不难看出还有他个人的珍藏,如清雍正窑五彩人物盘、清乾隆窑霁红水盂、旧雕榕根佛、旧

第五章 风范长存的收藏往事

刻榕根人物五躯。在他的带动下,他的儿子张敬礼也将个人所藏捐给了南通博物苑。正是有张詧、张謇带头捐赠的示范,才有了地方人士踊跃捐赠文物的热情,这一贡献又是不可等闲视之的。

第七节 宝山袁氏兄弟和袁希涛游记

袁希涛像

上海宝山袁氏三兄弟,活跃于民国年间,颇有声誉。长兄袁希涛(字观澜),是著名的教育家;老二袁希濂(字仲濂),是律师和书法家;老三袁希洛(字叔畬),是教育家和社会活动家。同为教育家的两兄弟,都向南通博物苑捐赠过藏品,长兄袁希涛捐赠的是两支古箭镞,兄弟袁希洛捐赠的是一把古石斧、一个古石镞、一块黑曜石。大概是因为他们有太多的相同之处,二人的名字有时也常被互换。

袁希涛是清光绪举人,1914年任北洋政府教育部次长,1917年以次长代理部务,1919年代理教育总长,不久辞职,组织"欧美教育参观团"出洋考察,在美国参观了20多个洲,又转赴欧洲考察了10多个国家,著有《欧美各国教育考察记》。1923年,袁希涛被选为江苏教育会会长。他将德国人创办的同济医工学堂(今同济大学)收回自办,又迁校于吴淞,并担任了为同济大学第五任校长。

张謇与袁希涛相识于1905年,江苏成立学务总会时,袁希涛以上海龙门师范学堂校长身份为江苏学务重要成员之一。在筹建复旦学院事务中，张謇、袁希涛与马相伯往来密切，袁希涛承担了大量具体事务，不惜以私资负债助学。袁希涛醉心教育，张謇作为江苏教育的领袖人物，二人在教育观念上也颇为接近，1920年9月，由张謇倡导"建设南京大学"致教育部的公开信上，袁希涛与王正廷、沈恩孚、蔡元培、蒋梦麟、穆湘玥、江谦、郭秉文、黄炎培等人同时署名。之后，在张謇倡导的重大事情上，袁希涛几乎都表示赞同。张謇逝世后，袁希涛挽联："道教育实业先河卅载中华溯开创，出经术文章余绪一言举国系安危。"1914年10月27日，袁希涛作为北洋政府教育部次长来南通考察，并记录了他看到的南通博物苑：

南通县博物苑在南门外，与师范学校隔一湖，联以短堤，堤之中断处，贯以小桥，风景绝胜。苑门不常启，以未售票纵览故，惟学校员生及他有志考览者，有人介绍，即得入观。

苑内主要之营构，为测候所及博物馆。苑北别构一楼，曰北馆。此外，有池有亭，有廊有轩，有以风车转机轮吸水之井，用溉植物。

博物馆洋楼五间，楼下所列为天产品及工艺教育品。计天产品一千余件，内有本国矿物四百余件，种类颇繁焉。所制标识，大都只标所产之省，而未详识其地点。此外，以动物标本为大宗，禽类、兽类、水产各种举要列之，昆虫较少。工艺教育类约三四百件以内，有理科器械模型若干种及幼儿教育用品。另有旧时科举品物，如考卷题纸之类，以明万历丙子科山东乡试录为最久，又清康熙初殿试策称皇父摄政王者，亦与清代史料有关系者也。楼上为历史、美术二部。历史品物八百余件，有宋程子冠，明季顾亭林履（此二件系仿制者），唐雷琴，赵忠毅铁如意，三代之彝器、钟鼎，上古以来之戈、戟、矢、镞、泉刀，殷商之古骨及古牛卜之骨。所列明代折扇，长一尺三四寸，短者亦逾尺，以今扇例之，几减其半。此外，土番器具亦列其间。美术品计三百余件，以元、明迄清代之瓷器为多，及汉唐以来之瓦缶，明以来之漆器、雕刻器。有鲸须所编之烟袋，亦不经见之物也。馆外绕阶列美术装塑品之佛像十余，罩以玻璃龛，有高巨逾丈者。他如石翁仲、石兽、前代屋顶之鸱吻及他饰品，前代铜铁炉鼎。有宋铁钱石一，高二尺许，是铁是石，殆不能辨，而有钱模之凹纹，意盖铸钱时之铁滓与石融结者也。列笞、杖、架、镣等刑具，今或将复为法庭现行之器，不徒以历史上之遗迹目之。北馆楼下，列大鱼骨一，长二丈八尺，动植物之化石十余件，小禽、小兽类之骨骼数件。楼上尚未陈列。北馆之左以铁丝网罩屋，凡九间，蓄养禽类，有鸵鸟、孔雀、鹦鹉等，其中一间蓄猴类，闻曾蓄熊、虎、旋毙，即制为标本，而列之博物馆之天产类者也。

全苑地址共三十六亩，除建筑物外，悉种植物，分科标识，界划井然，计共三百四十余种，兼有标品植物及花卉园艺之作用，其农产物另有农场在，故不参列焉。

余入观已近晚，天复雨，故略一周览，不能详记其品物。而天产人工之品类，与夫我国古今制度习尚艺术之殊别，一经并列比较，辄引起我种种之观念，夫岂钻研故纸所可同日语哉！余所经各省，惟津沪及济南有所谓博物院者（在济南者名广智院），皆西人所立，而我各省省会，今尚无自设者。南通一隅地，以张季直先生十余年经营实业及教育之余力，拓此规模，余不胜为此邦人士幸，并为游览此邦者幸也。营构之费计四万二千二百四十元有奇，陈列品之价值不计，要亦无可估计也。苑右别有图书馆，聚书十三万余卷，计为册四万有奇，今编目未竣，阅览盖犹有待，故余所记仅及博物苑。时民国三年十月二十七日也。

这篇游记的标题为《参观南通博物苑记》，曾发表于《中华教育界》和《昆明教育》，此举显然是有提倡和推广之意。1923年11月,南通举办"国语演说竞进会",袁氏两兄弟与黄炎培、沈信卿、高梦旦、王希玉作为评判员同时来到南通,张謇在俱乐部设宴欢迎。据说,袁氏三兄弟性格各异,袁希洛生性亢爽,不畏强权。那么,他眼中的南通博物苑是怎样的呢?

第八节 如果文物会说话

南通博物苑从空无一物到琳琅满目,汇聚了无数人的爱心。如果文物会说话,它们或许会告诉我们许多的名字,并讲述其背后的故事。

徐世昌像

一、徐世昌捐赠三叶虫化石

徐世昌捐赠的三叶虫化石产于直隶(今河北),准确地点不详。

徐世昌(字卜五,号菊人),直隶天津人。家世显赫,清军入关后南迁天津,其家族被称为"寿岂堂徐氏"。1886年,徐世昌中进士。1905年,徐世昌任军机大臣,颇得袁世凯的器重,在袁世凯称帝时以沉默远离之。1918年,徐世昌被国会选为民国大总统,被后人称为"文治总统"。晚年,徐世昌退隐天津,一生编书刻书30余种。这枚三叶虫化石是徐世昌在出任总统之前捐赠给南通博物苑的,反映了他与张謇的交情之深。

张謇与徐世昌交往的文字记载始于1911年,之后在北洋政府中共事,交往增多。1915年,袁世凯加封张謇、徐世昌、赵尔巽、李经羲为"嵩山四友"。徐世昌担任总统期间，对张謇在南通经营的地方事业予以了大力支持，曾授张謇一等大绶宝光嘉禾勋章，褒奖张謇对国计民生做出的重要贡献。虽然如今三叶虫化石已不知所终，但这枚勋章现在仍完好地收藏在南通博物苑。

二、赵尔巽和他的受降品

赵尔巽（字公镶，号次珊，又名次山）捐赠南通博物苑的藏品均来自战场，是受降品，包括藏壶、藏佛和藏塔。

赵尔巽像

赵尔巽，清末汉军正蓝旗，奉天铁岭人。1874年，赵尔巽中进士，入选翰林院编修。1903年1月，赵尔巽任湖南巡抚，把创办新式教育作为"新政"的第一要务。1904年，赵尔巽署理户部尚书。1905年，赵尔巽任盛京将军，之后先后任湖广总督和四川总督。1911年，赵尔巽任东三省总督，为官清廉。辛亥革命爆发后，赵尔巽参与了阻止革命的行动。1914年，赵尔巽任清史馆馆长，主持编修《清史稿》。袁世凯称帝时，他被尊为"嵩山四友"之一。晚年，赵尔巽随逊清王公贵族、高官大吏移居青岛。

张謇与赵尔巽相识于1897年，在安徽安庆，张謇以前辈相称，为大生纱厂之事拜见赵尔巽，其间二人交往不详。1914年7月7日，赵尔巽主持《清史稿》编撰期间，张謇曾致函赵尔巽推荐名士参与其事，如介绍南通人冯澂，"敦行好学，里中有目为书痴者"，谋求史馆一职。张謇逝世后，赵尔巽挽联："英声千载，斗南一人。"并有函致张孝若："尊公养望斗奎,归神箕尾。文章道德,名迈夫沂公;钟鼎山林,业隆乎晋国。万流失仰,四裔同悲。继美方宏,节哀为重……"日本侵华战争后,赵尔巽捐赠的藏品,已不知去向。

三、冬虫夏草与爪哇民风

冬虫夏草是青藏高原的物产,与印度尼西亚热带雨林气候的爪哇本没有关联,但这些物品来自同一人的捐赠,二者也就有了奇妙的联系,这个人就是数次来南通的黄炎培先生。

黄炎培(字任之,号楚南,笔名抱一),江苏川沙(今属上海市)人,清末举人。南洋公学毕业后,黄炎培留学日本。1905年,黄炎培加入中国同盟会。辛亥革命后,黄炎培曾任江苏省教育司长、江苏省教育会副会长、江苏省谘议局常驻议员。北洋政府时期,黄炎培两度被任命为教育总长,均未就职。1918年,黄炎培募款创办中华职业学校,倡导职业教育。中华人民共和国成立后,黄炎培曾任全国政协副主席、中国民主建国会中央委员会主任委员等职。

张謇与黄炎培的交往始于1905年江苏学务会的成立。江苏学务会改为江苏教育会后,张謇任江苏教育会会长,黄

1920年,江苏地方自治组织苏社在南通成立,
4月12日,与会人员在南通博物苑中馆前留影

炎培任副会长。之后,他们在江苏教育、立宪运动、反袁称帝等重大事件上均持同一主张。1920年,黄炎培又协助张謇在江苏组织成立苏社。1926年,张謇逝世后,黄炎培挽联:

物则棉铁,地则江淮,盖其自任天下之重如此;着眼远处,着手近处,凡在后生,宜知勉矣。

早岁文章,壮岁经济,所谓不作第二人想非耶!孰弗我有,孰是我有,晚而大觉,尚可憾乎?

黄炎培追随张謇多年,对张謇创办的南通博物苑事业也是大力支持的,他虽然不收藏文物,却积极为南通博物苑征集藏品,由他捐赠的物品有冬虫夏草、火山熔岩、爪哇制弓箭、爪哇制牛角鹊、爪哇土人制沙笼等。

四、叶恭绰和唐代佛像

南通博物苑收藏有一尊唐代的石雕彩绘佛坐像,该佛像高30厘米,佛结跏趺坐于莲花台上,两侧胁侍菩萨对称单手上举护持。台身下方是供养人题记。雕刻技法圆润华丽,堪为唐代佛像之精品。他的捐赠者就是叶恭绰。

叶恭绰(字裕甫、玉甫、玉虎、玉父,又字誉虎,号遐庵),晚年别署矩园,室名"宣室",祖籍浙江余姚,出身于诗书世家。祖父叶衍兰(字南雪,号兰台),1856年进士,官至军机章京。父亲叶佩

任北洋政府交通总长时的
叶恭绰像

含,诗、书、文颇有盛名。叶恭绰在京师大学堂化学馆毕业后,留学日本。1912年,叶恭绰任交通部总长,兼理交通银行、交通大学。1923年,叶恭绰应孙中山之召,任广东政府财政部部长。中华人民共和国成立后,历任中央文史馆馆长、

北京中国画院院长。晚年，叶恭绰将所藏大量典籍与文物重器尽献于北京、上海等地博物馆，专事著述。

张謇与叶氏祖孙三代均有往来。在叶恭绰任交通总长期间，张謇曾为军山气象台之事请其支援。1922年，张謇七十大寿时，叶恭绰挑选了数件珍贵物品为张謇贺寿，除了上述佛像外，还有唐写经一件、清乾隆笔四枝、清乾隆墨十锭。

张謇收到后，立即回复致谢："猥以贱辰，辱施珍品。景识金轮遗物，英雌无惭；虔传玉版真经，大雄是宝。应挥兔颖，细研隃糜。谨标大赐之名，付诸公有之馆。藉永古物，以章隆情。"同时，张謇还邀请叶恭绰明年来南通参加地方自治成绩的展示会："下走营村落而遁江湖，念故人而怀风雨，拟以明岁，敬馆来宾。值古人传事之年，报地方经营之绩。敢企高驾，惠以良箴。区区之忱，不胜大愿。"遗憾的是，一场史无前例的暴雨，使南通大面积受灾，张謇的计划未能实现。

张謇逝世后，叶恭绰仍与南通博物苑保持着联系，关心并支持南通的文化事业。

五、金沧江和他的朝鲜官服

金沧江（字于霖，名泽荣，沧江为其别号，以号名），朝鲜京畿道开城郡人，42岁中进士。1903年，金沧江任弘文馆纂辑所文献备考续撰委员，被授予正三品通政大夫等官职。1905年，日本加紧对朝鲜的侵略，为不沦为亡国奴，金沧江辞官携家眷和大量史籍避居中国。张謇十分欢迎金沧江的到来，并安排他在南通翰墨林印书局担任编校，以保障其生活，使其专心著述。

金沧江像

张謇与金沧江于1883年在朝鲜汉城（今首尔）相识，互为敬慕。金沧江来到南通后，通过张謇结识了许多朋友，除张謇兄弟之外，还与其他学者也有交往，如严复、梁启超、屠寄、吕思勉等。因生活相对稳定，金沧江出版了大量书籍，如《韩国历代小史》《韩史綮》《新高丽史》《申紫霞诗集》《梅泉集》《明美堂集》《丽韩十家文钞》等。著述之余，金沧江还参加了张謇相邀的各类文事。金沧江捐给南通博物苑的藏品主要是朝鲜官服，据推测应该就是他为官时入朝穿戴的服饰，有朝鲜三品琥珀缨、朝鲜三品朝服紫带、朝鲜三品朝服绯绅、朝鲜三品漆丝笠。除朝鲜官服之外，他捐赠的还有朝鲜官人马鬃宕巾、朝鲜吊丧时用的白丝带等。这些异域的展品，使南馆文物更为丰富。

1926年，张謇逝世，金沧江作挽诗哀悼：

等霸期王负俊才，应龙飞处一声雷。

纵无邓禹奇功在，足试瞿昙活手来。

昌黎云与孟郊龙，文字狂欢卅载中。

今日都来成一错，奈何淮月奈江风。

金沧江沉浸于张謇辞世的悲痛之中不能自拔，又痛感复国无望，于1927年服毒自尽，与世长辞。他捐赠给南通博物苑的藏品也未能流传下来。唯可凭吊的是，南通人民敬其学识，伤其流离，特举行公葬仪式，将其安葬于狼山南麓。如今，其寓居通城的"借树亭"也建成了金沧江纪念馆对外开放。

六、从汉半两钱到梁五铢钱

若把画坛一代宗师吴湖帆与南通博物苑中的古钱币并提，定会让人生出许多疑惑，可这些钱币却真实地记录了苏州吴氏一门与南通博物苑的情谊。

张謇对吴大澂（字止敬）的敬仰，较早见诸于转录恩师翁同龢的日记。翁同龢的日记中有"愙斋英勇"之语。"愙斋",即吴大澂晚年的号。1868年,吴大澂中进士,官至湖南巡抚。1898年,吴大澂被革职后,曾任上海龙门书院山长。吴大澂一生军事、政绩伟业被其弘博精粹的文名所掩,他拥有民族英雄、金石学家、书画家等称号。吴大澂开近代研究古器物学之风,收藏极富,平生所留的金石书画无一不是传世精品。吴大澂有兄弟三人,依序排名为大根、大澂、大衡,长兄之子吴讷士兼祧大根和大澂两家。

吴讷士(字讷士),少承门德,温穆聪敏,考取秀才后,三次考举人不中,随即放弃科考,一心致力于提倡新学。吴讷士曾在家乡建中小学和师范讲习所,兴办学会,辛亥革命后出任县署学务课长,后赴上海,任江苏铁路公司董事,张謇与吴讷士的相识大略在此时段。吴讷士分次向南通博物苑捐赠藏品,其中与从兄吴倬人联名捐赠过一批古铜镜,共九件,后来又单独捐赠过古钱币,有汉光武五铢钱、汉顺帝永和昌宝钱、汉半两钱,还有后赵石勒丰货钱和梁五铢钱。据说,吴讷士有名门家风,所作的楹帖极为雅朴,可惜流传不多,未能面世一见。

吴讷士是如何将藏品送给南通博物苑的?这其中细节不详,只知道不久后吴讷士之子与张謇有了交集。1918年,张謇杂文中有一条《题吴万画山水横卷》记:"湖帆为吴愙斋先生之孙,讷士之子。吴门画名,略后于顾,而笔意高旷,顾不及也。"这条记录出自《张季直九录》,该书为张孝若所编,显然题名为编者所取,而吴湖帆在其时以吴万为名。

吴湖帆(字遹骏),书画署名湖帆。其父去世后,仍与张謇保持着联系。1923年,吴湖帆再次将自己的画作寄予张謇。故友爱子,同生舐犊之情,张謇阅画后立即回赠诗三首,题记《赠吴湖帆万万,友人讷士之子、愙斋前辈之孙。画山水清远有致,朋好亟称其贤。适以所仿烟客摹大痴小卷见寄,赋诗为报,且勉其进于是也》:

近日吴中数画师，顾庭孙子有人知。
如何谀影欺天下，似黠长康定是痴。
客来为说佳公子，尺素新摹王太常。
二百年来吴墨井，前贤要有后生当。
狂勿屠沽樠勿僧，画中法派有传灯。
山川正待人开发，造化为师倘汝能。

"烟客摹大痴"是指王时敏钻研黄公望的画技。王时敏（字逊之，号烟客），官至太常寺少卿，所以亦称"王太常"。他开创了山水画的"娄东派"，影响深远。吴墨井，即吴历（字渔山，号墨井道人），其画师从王时敏，诗学钱谦益，是清代著名画家。张謇以先贤勉励后进，对其人生大有裨益。用今人的评价，吴湖帆是一代集绘画、鉴赏、收藏于一身的显赫人物，其中绘画开前人未有之境，成为中国画史旷古惊世的绝唱。

七、钱德培的军事教育与晋砖砚

钱德培是一个被世人冷落了的名字。钱德培（字琴斋，号闰生），浙江绍兴人。1877年，钱德培留学欧洲，后被派为德国随员，在欧洲任职6年，著有《欧游随笔》。因娴熟西学，回国后钱德培受多方竞聘。1887年，钱德培任清政府驻日使署参赞。1896年3月23日，张之洞奏准设立江南陆师学堂，钱德培为学堂总办。当时，世界军事技术数德国颇为先进，钱德培吸取德国军事教学，编印了《江南陆师学堂武备课程》，该书成为当时一部重要的军事学理论著作。不久，钱德培官至江苏道员。

谈及张謇与钱德培的交往，始于1898年。张謇当时任江宁文正书院山长，钱德培为江南陆师学堂总办。1899年，钱琴斋曾邀张謇到江南陆师学堂观看教学。江南陆师学堂主要为培养将才，分马队、步队、炮队，聘请德国教习，讲授兵法、行阵、地利、测量、绘图、算术、营垒、桥路等课程。当时办军事学堂的地方不少，张謇认为"数年以来，各省办学堂者，必以钱为最善"。该校首届毕业生如江知源、章静轩后来一直跟随张謇，协助垦牧、水利事业。在钱琴斋六十寿辰之际，应时在南京的陈琪之请，5月29日张謇代其作《诵钱琴斋》："以节义谈兵，学者犹尊安定教；有去思画像，使君无愧浚仪贤。"并赞颂钱琴斋对学堂的贡献，以古代先贤被铭记的事例寓意人们不忘记他。钱琴斋之后的情况不详，有资料记其于1904年谢世，这似乎不成立，因为南通博物苑建于1905年年底，钱琴斋不可能预先赠送藏品。钱琴斋赠送的藏品有3件，均为晋砖砚，它们分别是：晋泰始砖砚、晋太和砖砚、晋元玺砖砚。

八、沙元炳与如皋名人

沙元炳（字健庵）与张謇是同科进士，相当于现在的同窗。二人后来也大致走了地方自治同一条路线，唯一不同的是张謇立足于南通，而沙元炳立足于如皋。

沙元炳像

沙元炳出身于如皋一个世代书香仕宦之家。沙元炳从小天资聪慧，勤于攻读，于1891年乡试中举，次年会试取为贡士，1894年殿试中进士，被授予翰林院编修一职。维新运动失败后，沙元炳辞官回乡，改书斋"四印堂"为"志颐堂"，以示退隐。受张謇影响，从此致力于兴办实业、教育等事业，造福桑梓。1903年9月，沙元炳创办如皋师范学堂，该学堂成为全国最早创办的公立师范学堂。此后沙元炳追随张謇创办实业。辛亥革命爆发后，沙元炳被推举为如皋县（今如皋市）民政长。1913年，沙元炳又被选为江苏省议会议长,坚辞未就,主持总纂《如皋县志》,著有《志颐堂诗文集》传世。

沙元炳捐赠给南通博物苑的藏品共8件,除一件明士裹衣外,其余7件均为地方名人书画,它们分别是:姜任修恭寿隶书堂幅、吴南池鹏草书堂幅、黄孺子学圮隶书条屏、朱石圃玮墨竹条幅、姜香岩墨梅条幅、吴经元渔门松梅条幅、史笠亭墨竹条幅。虽然沙元炳留在南通博物苑的物品可以数计,但他对保护地方文物所做出的贡献无可数计。如今,沙元炳先生的故里成立了如皋市博物馆,致力于阐扬地方精神文明。

九、张謇重金购绣品

《顾绣董其昌行书昼锦堂记》是一套于1667年制作的刺绣巨作,距今已有350多年,共12幅,每幅长239厘米,宽49厘米,白缎为地,蓝丝绣字,全篇行书昼锦堂记全文。1910年,在南洋劝业会上,沈寿负责审查绣品,当此作品呈现在她面前时,她鉴定这是上海露香园的刺绣精品,并称自己再学习20年也达不到这一水准。经沈寿这么一确认,这绣品立即身价倍增,有日商要出重金收购。张謇不忍国宝外流,最后与收藏者张伟如协商,以300两白银买得,存之于南通博物苑。张謇有题跋记其经过:

屏十二帧,故杭州许氏物。许有官海州运判,致富而家焉者。其裔穷以质于张君伟如。伟如以南洋劝业会四方珍物骈萃,装潢是犀牛角[1],视诸大官,大官勿异也。审查绣工科员余沈夫人见之,大诧,谓生平所见露香园绣惟京师西山有一佛像可与伯仲,赞叹不已。夫人方以绣负盛名,人或以其绣拟之,则又大惊逊谢,谓更习二十年尚不能望其项背。謇闻是言,亟借观,觉其工耳,亦不能名其异也。按《上海县志》采

---

[1]有史料记作"犀与角",此处应为"犀牛角"。

《南吴旧话》,明顾廷评家多姬侍,织纴刺绣,冠绝天下。又姜绍书《无声诗史》,上海顾汇海之妾,刺绣人物山水花卉,大有生韵,字亦有法。《阅世编》露香园绣价最贵,所谓画绣也,今已无传其制者。余沈夫人于数百年后,独具真鉴,使是屏声价顿跃起于众人耳目之前,益叹世之瑰才琦行,沦落而不遇者,天实掊之,于众人无与也。商与伟如,以三百银元(圆)购归,藏之博物馆,而记其事以告后人。

该绣品当时陈列于南馆楼上。南通博物苑为悬挂此绣屏,专门添置了一套紫檀屏风。因为绣品娇贵,很快就被收藏起来,长期锁于玻璃橱中,有幸观之者极少。在抗日战争中,该绣品是重点转移的文物之一。现在该绣品一堂十二幅被完好地保存于南通博物苑,是国家珍贵的文物。

第九节 《南通博物苑品目》

《南通博物苑品目》是南通博物苑的藏品总账,记录了从1912年到1914年苑内所鉴藏品。该书于1914年2月付印,此后又征收的物品,依照收到的先后顺序,编号造流水册,称为"号外"。1933年,苑主任孙钺辞职时,移交藏品清册3本,共计3 605号。1933年后未建新册。据这3本账册统计,捐赠南通博物苑藏品的个人共计150人,团体机构共计50家。藏品分类情况如下:

天产部共分3类:动物类(460号)、植物类(307号)、矿物类(1103号)。其中,动物类分标本品、解体、骨骼、模型4类。标本品按生物进化分为:海绵动物、腔肠动物、蠕形动物、节足动物、软体动物介壳附、刺皮动物、脊索动物、两栖类、爬虫类、鸟类、兽类。解体、骨骼和模型3类并未细分,这部分藏品大多为孙钺制作,如蛇解体、鼠解体、雀解体(脑部)、山猪头骨、猫骨骼、鲨骨骼、蝶神经、虾神经等。这些陈列富有一定的科学含义,比如小小的一只雀,既能看到雀的标本及其各部位的骨骼解体,又能看到其神经分布图和组成神经的分子结构模型图。植物类分工业植物、药用植物、果树类、乔木类、杂树类、观赏植物、水生植物类、标本类。矿物类分本国产品和外国产品2类,各类又有细分。这里的矿物类实际相当于今天的地质类,今地质类标本通常分为矿物、岩石、土壤和化石。《南通博物苑品目》中的自然元素类、金属元素类、硫化物类、酸化物类、卤石物类、碳酸盐类、硫酸盐类、磷酸盐类、硅酸盐类、有机物类等,这些属于按矿物成分进行的分类,它们在今天被统称为"矿石",与岩石、土壤和化石可以并列。《南通博物苑品目》中的分类将金属元素类、硫化物类等与岩石类、土壤标本类、化石类并列,这是地质学这门年轻学科的初期状态。矿物类标本最能反映张謇收藏"纵之千载,远之异国者"的主张。外国产品有200余号,既有遍及日本各地的产品,又有来自智利、英国、德国、墨西哥、印度等国家的产品。这与当时

《南通博物苑品目》书影

外国人在中国开办的博物馆将搜集到的我国自然标本大量运往国外，形成了一种鲜明的对照。

历史部共分14类：金类（439号）、玉石类（86号）、瓷陶类（51号）、拓本类（45号）、土木类（16号）、服用类（49号）、音乐类（4号）、遗像类（5号）、写经类（3号）、画像类（2号）、卜筮类（2号）、军器类（9号）、刑具类（7号）、狱具类（4号）。数量多的大类有细分，如金类按其功用可分为鼎、尊、彝、罍、卣、壶等几十个类别，陶类按其形态可分为缶、罍、瓿、瓶、壶、钟、盂、罐、枕、盏、墓志、砖、瓦13个类别。这些藏品，在时代上从远古石器、青铜器，一直到辛亥革命后征集的清朝通州衙门的官印、狱具、刑具，其中包括辛亥革命后废除旧刑，所遗留的旧刑具如剐刑用的小刀、打屁股用的板子等；类别涵盖金、玉、石瓷，无所不包；地域上是国内外兼收，国外物品如日本、朝鲜及南洋群岛的民族文物，美国波士顿市长赠予张孝若的一把涂金粉的钥匙，端方赠予南通博物苑的意大利石碑，等等。此外，张謇随吴长庆出使朝鲜时，朝鲜王爱张謇之才，送给他一套朝鲜品服。当然，模型的收藏也同样重要，如南洋土番宫室模型全组。

陈列于苑中的大型文物给南通博物苑平添了几分古风，如有铭文的宋铸铁鼎，与周云螭樽逼肖的明万历铸鼎，有"周四年六月铸"铭文的元炮，明崇祯九年（1636年）铸的明炮，清道光二十三年（1843年）铸的清炮，吕四垦牧公司赠送的明盐场盘铁，本县自治公所赠送的宋铁钱石，以及明代石狮、石马，等等。更为神秘的是，苑中还有众多的佛教铸像，系从战火劫余的南京寺庙抢救而来的。

美术部共分11类：书画类（101号）、瓷陶类（附琉璃制品）（113号）、雕刻类（43号）、漆塑类（10号）、绣织类（8号）、缂丝类（2号）、编物类（6号）、铁制类（1号）、烙绘类（1号）、铅笔画类（1号）、纸墨类（8号）。此部中类品除书

第五章　风范长存的收藏往事

画类陈列于北馆之外，其他均陈列于南馆。耐人寻味的是，以收藏要"远之异国者"为主张的南通博物苑，在美术部的书画类却专收地方先辈的书画，书画类按南通的区域可分为通州、静海、泰兴、如皋、海门。

对于天产部、历史部与美术部三者的分类及关系，张謇有明晰的划分，他认为"凡动、植、矿物皆天然之属，凡金石、车服、礼器皆历史之属，凡书画、雕绣、漆塑、陶瓷皆美术之属""论天演之进化，天产之中有历史；论人为之变更，美术之中亦有历史"。对于这三者的分类是南通博物苑创办之初的想法，在藏品的收集过程中，又从历史中分出一部，即教育部。张謇解释说：因"设苑为教育也，更析历史之涉教育者，凡为部四"。因为办南通博物苑的主要目的是发展学校教育，故将教育从历史中划分出来，单列为一部。

教育部分为3类：科举类（35号）、私塾类（15号）、学校类（37号）。科举类分科举考试的试卷、考试章程及用具，如明万历山东乡试闱墨、清顺治年范惟粹殿试卷、清会试第十房同门朱卷、清江阴南菁书院课卷、清一甲进士殿试策诗写策题之本纸、清会试收卷票、清乡试三场程式等，还有殿试用卷袋、院试用卷夹、院试用考蓝等科举考试用工具。私塾类分学童用具、塾师用具，学童用具如蒙经、千字文、百家姓、千家诗、描红、笔袋等，塾师用具如朱墨、朱笔。学校类分幼稚园恩物及教具、工业教育用教具，幼稚园恩物及教具如贴纸、剪纸、积木、绘板、布面画贴、黏土台等，工业教育用教具如蒸气机关模型、新式起重机模型、电气印书机模型、筛扬机模型、运麦机模型、扬尘机模型、鱼雷艇模型、轮船模型、火车模型、江河堤防模型等。教育部藏品百分之九十以上为张謇私人捐赠。1914年，日本文化名人内山完造来南通参观南通博物苑后，特别记述到南通博物苑的说明牌使用的是汉、日、英三种文字，这给人一种国际化的视觉感受。这也反映了南通博物苑教育的着眼点不仅是眼前的教育，而且有面向世界、与世界接轨的气度。《南通博物苑品目》分类表（1905—1914年）如表10所示：

表10 《南通博物苑品目》分类表（1905—1914年）

部类		
部类	天产部	动物类（460）·标本品
		海绵动物（1-4）
		腔肠动物（5-30）
		蠕形动物（31-54）
		节足动物（55-115）
		软体动物介壳附（116-209）
		刺皮动物（210-216）
		脊索动物（217-278）
		两栖类（279-282）
		爬虫类（283-295）
		鸟类（296-389）
		兽类（390-423）
		动物类·解体（424-439）
		动物类·骨骼（440-456）
		动物类·模型（457-460）
		植物类（307）
		工业植物（1-6）
		药用植物（7-44）
		果树类（45-72）
		乔木类（73-85）
		杂树类（86-93）
		观赏植物（94-276）
		水生植物类（277-286）
		标本类（287-307）
		矿物类（1103）

续表

部类		
	天产部	甲 本国产品
		自然元素类（1-12）
		金属元素类（13-35）
		硫化物类（36-305）
		酸化物类（306-555）
		卤石物类（556-568）
		碳酸盐类（569-643）
		硫酸盐类（644-660）
		磷酸盐类（661-667）
		硅酸盐类（668-720）
		有机物类（721-838）
		本国产岩石类（839-882）
		本县土壤标本类（883-895）
		本国产化石类（896-911）
		乙 外国产品
		自然元素类（912-916）
		金属元素类（917-924）
		硫化物类（925-949）
		酸化物类（950-998）
		卤石物类（999-1002）
		硝酸盐类（1003-1027）
		硫酸盐类（1028-1099）
		外国产化石类（1100-1103）
	历史部	金类（1-439）
		玉石类（440-525）
		瓷陶类（526-576）
		拓本类（577-621）
		土木类（622-637）
		服用类（638-686）
		音乐类（687-690）
		遗像类（691-695）

续表

部类		
	历史部	写经类（696-698）
		画像类（699-700）
		卜筮类（701-702）
		军器类（703-711）
		刑具类（712-718）
		狱具类（719-722）
	美术部	书画类（1-101）
		瓷陶类（附琉璃）（102-214）
		雕刻类（215-257）
		漆塑类（258-267）
		绣织类（268-275）
		缂丝类（276-277）
		编物类（278-283）
		铁制类（284）
		烙绘类（285）
		铅笔画类（286）
		纸墨类（287-294）
	教育部	科举类（1-35）
		私塾类（36-50）
		学校类（51-87）

第六章 南通博物苑的兴衰

南通博物苑在建设过程中，隶属关系发生过几次变更。从创办至1912年，其隶属通州师范学校。1912年，通州师范学校改为江苏省代用师范学校后，南通博物苑从该校脱离出来成为独立机构。1928年，私立南通农科大学、私立南通纺织大学、私立南通医科大学合组为私立南通大学，南通博物苑附属于私立南通大学。1935年，重新划归私立通州师范学校。管理的变化对南通博物苑的发展造成了一些限制。日本侵华战争爆发后，南通博物苑遭到毁灭性的破坏。直到中华人民共和国成立，南通博物苑才获得新生。

第一节 观览简章

1910年南洋劝业会后，南通博物苑从赛会展品中收到了大量的藏品，加之主要展馆建筑已完工，该苑正紧张筹备征集藏品与布展工作，计划于1912年正式开馆。但一件意想不到的事使这一计划发生了改变。

我们先简单地介绍一下南洋劝业会，这样有助于理解张

南洋劝业会场全图

謇对南通博物苑的期许。南洋劝业会是我国举办的第一次世界博览会，时人称之"为我中国五千年来未有之盛举"。南洋劝业会起始于时任两江总督的端方，经过一年多的筹备，于1910年6月5日开幕，至11月29日圆满闭幕，经费从预算的50万两白银追加至100万两白银（大生纱厂的启动集资为50万两白银，实际至开工时耗银约达三分之二），而实际花费仅会场建设总计耗银约150余万元。展会由省馆、专业馆2大类组成，共计34个展区。省馆按当时的行政区划分为直隶、湖北、湖南等，以东道主所在的两江省为最大。专业馆既有按展品分类的省馆，如湖南瓷器、博山玻璃、上海江南制造局兰锜馆、广东教育出品馆、江浙渔业公司水产馆等，又有华侨暨南馆、外国的参考馆。此次展会总计展品约100万件。

会场布置中西合璧，焰火与霓虹灯，音乐会与马戏、文艺表演，轻轨电车与哈哈镜，这些无一不充满喜庆与欢乐，美轮美奂，盛迎天下来者。据统计，半年中约有30多万中外来宾参观了此次展会。

我们追踪张謇筹办的南洋劝业会步履，可以得到另一番感受。张謇将南洋劝业会比喻为"商业界之科举"，意为通过如此赛会，高下低劣一目了然，从而刺激工商业的奋进。张謇建议会场特设"饮食出品所"，专为陈列全国各地的代表性食品。这个众人皆需的处所以"竹子"为元素打造，目之所及均为竹子的世界：竹屋、竹桌、竹椅、竹饰，题名为"竹深留客处"。张謇为之拟了两副对联，其中之一是："饮食宴乐，受之以节；水木明瑟，得此奇观。"当时编印的《南洋劝业会游记》之"附游览须知·场内饮食"介绍：

特别饮食出品所在水族馆之后，剪竹成畦，编竹为屋，全体为一竹字形陈设。桌椅之属，亦皆竹类，可谓匠心独具，雅宜人矣。菜品、点心品，烹调精美，价亦不昂，并有说明书，将其原料及制法一一述之。茶叶甚佳，可为吾国绿茶之代表，用水亦灵净可口。凡在会场内饮食者，自以此所为最佳。

由于没有图片提供参考，不知这"全体为一竹字形陈设"是怎样的形态？所有菜品均附有说明书，"将其原料及制法一一述之"，在当时颇为新潮。南通博物苑的竹石陈列处建于1908年，展示的是不同种类的竹，以类取胜。南洋劝业会上此番设计展示的是竹的功用，将竹文化的展示彰显到了极致。可见，张謇深谙博物馆的语言与功能。

南洋劝业会开幕后，张謇倡导成立了"南洋劝业会研究会"，并推选时任江苏提学使兼两江师范学堂监督的李瑞清为会长，自任总干事，组织799人的专家队伍对各展馆的440类展品进行了鉴定，评选出一至五等奖项，其中一等奖66件，并针对各类展品进行了评议和论述，遴选出优秀论文近

90篇,出版了《南洋劝业会研究会报告书》。

南洋劝业会闭幕后,1910年年底,张謇为南通博物苑征集了大量藏品,自然类藏品几乎汇齐了来自全国各地的自然展品。例如,东三省和山东的金矿、四川的鸡冠石、福建的方铅矿、湖北的赤铁矿、广东的香木等14个省的展馆出品物。如水晶一项,有江苏海州、山东沂水县、江西万载县半顶山、浙江富阳县(今富阳市)和福建等15个地区的矿产。又如,云南的孔雀石,有云南巧家厅、永北厅、东川府、丽江府、路南府、思州府、普洱府、定远县、禄丰县、易门县、宜良县、嶍峨县等36县(区)遍及云南全省的标本。时任湖北布政使的余诚格(字寿平,号至斋)刚从广西按察使调任,在南洋劝业会闭馆后,将广西馆的自然展品200余件悉数拨赠给了南通博物苑收藏。

余诚格也是南通博物苑最早的捐赠者之一。余诚格,安徽太慈镇人。1889年,余诚格中进士,被钦点为翰林院庶吉士。戊戌政变时,因是康有为登第时的座师,余诚格一度遭贬,后官至陕西巡抚、湖南巡抚。余诚格秉性刚直,在御史任内,有3个月内上书70份奏章参劾时弊的纪录,名震京畿,有"余都老爷"之称。余诚格与张謇有同年之谊,是大生纱厂股东,他的捐赠品中有清康熙渊鉴斋法帖10部。"渊鉴斋",即康熙帝的书斋名,想必至精。

从南洋劝业会中采集到如此丰富的藏品集中入苑,这对亲历南通博物苑规划与建设的人来讲,心情自然是非同一般,前文所述的《营博物苑》一诗描写的正是张謇此时的心情。翻阅张謇的函稿,不少见为南通博物苑四处征求藏品的文辞,"博物苑之设,为本校师范生备物理上之实验,为地方人民广农业上之知识。规画之久,经营之难,致物于远方之繁费,求效于植物之纡迟,三四年来,盖已苦矣"。此后,余诚格一面着手对藏品进行鉴定建档,一面加紧了各处的工程建设,并拟定择期开馆。

按照计划,待各处陈列布置完备后,需详细制定一份南通博物苑的管理规则,然后对外开放。实际上,南通博物苑在建设时就已投入使用,通州师范学校在教学时老师常常带领学生到现场教学。辛亥革命后,张謇对外交往日增,常在苑中接待来访宾客,可是南通博物苑内出现了一些不文明的举动,这对南通的形象影响较大。1912年,南通博物苑提前颁布了观览简章。张謇在孙钺所拟的章程之前特别补加了一段文字,说明了南通博物苑的建设之不易,列举了一些不文明的举动,希望前来参观的观众引以为戒:

……本拟俟物品陈列完备,详订管理规则。而本校及各校生及外来入苑观览者,沿习(袭)敝俗,鲜明公德。有随意攀折花木者,有摇动叠石者,有坐剥亭柱者,有行走不循正路践伤花草者,有蹋墙攀窗者,有率引无意识之男女成群闯入者、不受园丁请问姓名来历者,甚有殴扑请问之园丁者。种种无礼,令人叹恨。外来无意识人犹可恕,以未受教育也;他校学生犹可恕,以不甚关切也;本校学生则身受本校之教育,应知此苑附属本校,有共同爱惜之心,不意见状亦不免如此。此由鄙人不常莅校,又德薄能鲜,不能感人纳于轨范,实深愧歉。然若姑息为容,不复裁之以义,则放任为教,鄙人益无以对我诸生。用是先行订立观览简章,付苑事务所实行。闻之西人游日本公园者,见禁止攀折花木之令,嗤为日本一般人民公德太薄,泰西不如此。今以本苑现状观之,乃更下于日本甚矣,可愧也。愧状既现矣,犹之疾也,与其讳之,永无瘳日,无宁药石焉,或者疾有已时乎?

为了便于管理,孙钺为南通博物苑制作了三种通行证:第一种为普通观众的观览证,相当于现在的门票;第二种为引导牌,大致相当于今天的导游证;第三种为工作徽章证。除对参观的观众进行管理之外,对本苑工作人员及临时工

作人员也制定了管理办法,具体共列了7条:

第一,本校备宽一寸二分,长二寸,上有小孔白饰之白铁公证牌;正面书"博物苑观览证"六字,背书某校。另备宽一寸二分,长二寸四分,上有小孔黄饰之白铁特证牌,正背面书同。

第二,此证牌除本校用二十面外,凡城内外他校及他团体均酌量分送,多者十二面,少者四面,均另加一特证牌。不持此证牌不得辄入;不以证牌交园丁验明,不得辄入。辄入者告其所从得证牌之处,以后不许此人复来,并随时访其姓名登诸通报,布其无法律、败公益之状。

博物苑观览证

第三,本校诸生除理科教员率领就苑研究理科功课时间外,其平时观览者以二十人为一班,一班长领之。班长用特证牌担任告戒(诫)同班人谨守苑章第六条,违者即依第六条论罚。余人均用公证牌。他团体、他校如之。无特证牌者,虽有公证牌,不得辄入。

第四,本校以星期三、星期六、星期日为观览期。他校他团体以星期三、星期日为限。一班不能毕者分两班,至多不得过三班,亦均须有特证牌。

第五,外来人不论男女,如在星期日欲入苑观览者,先由介绍人至本校领取公证牌,另以本校一人持特证牌领导。非星期日须本校校长、监理特许给牌。

第六,观览人如有攀折花木、摇动叠石、坐剥亭柱石、不循正路、践伤花草、蹋墙攀窗、损坏物件者,由同来之班长责成本人任赔。若班长扶同欺隐,则由苑事务所查明,是日何处来人,知照该处停一月勿发证牌;若本校生,则查明姓名,记过,停三月勿给证牌。

第七,凡本苑上下办事及有事须时常到苑人,均用本苑事务所特别徽章。有工作时,小工给与(予)白铁白饰圆形工牌。

从以上简章中,我们可注意到:参观南通博物苑是免费的,无论何人都不涉及费用。当时地方编印的《南通实业教育慈善风景册》中,南通博物苑亦归类在"慈善"一项。上述这些证牌如今在证券收藏界很受欢迎,因为它们是较早的博物馆门券,证上字体均为手书。南通博物苑仅藏了一枚,甚为稀罕。

第二节　待期开幕

辛亥革命后,新学伊始时学校安静的环境悄然改变。1913年春天,在南通博物苑大门口发生了学生和守门人的争执,正忙于北上就职农商总长的张謇也无暇他顾,加之南通博物苑许多工作尚未完工,藏品鉴定工作正紧张地进行,于是全苑决定"暂停观览"。公告以甲字形的木牌竖于苑门旁,先以纸书"暂停观览",后刷成白底黑漆。虽为暂停,实际仍是依《观览简章》按部就班地接待来宾。

1914年,民国政府号召推行地方自治,为推广南通的经验,《南通博物苑品目》及南通博物苑地图相继付梓,并作为《南通地方自治十九年之成绩》的重要内容之一。不久,南通作为模范县,成为外地各省参观访问的要地之一,而南通博物苑成为参观学习的必经之地。在此期间,南通博物苑接待了诸多重要的来宾,其信息在报刊媒体上传播。现摘《大公报》上两则消息,以供参考。

1917年3月8日,《大公报》以"南通之社会教育观"为题报道了南通社会教育的各种设施,其中关于南通博物苑的如下:

> 自清末季创办以来,已阅十年,苑内陈列动植物金石,分区陈列,无虑数万种。其他若美术、历史、教育诸品,亦广为搜罗,近已整理就绪,拟定日内开幕,任人观览。人民有此实习之所,知识之增进,自不待言,而学校教授博物,亦不必尽恃图画为讲解之资,其裨益教育,岂浅鲜哉?

从上述报道可知,当时的状况仍是"拟定日内开幕,任人观览"。不久,《大公报》从1917年3月20日—26日连载了钱公溥先生考察南通的《南通县学务参观记》。钱公溥先生来南通的实际时间是1916年3月,当时是根据学校校长蒋韶九先生的安排,带领本校师生一行23人来南通进行修学旅行,参观之人将"博物苑"误记为"博物院",是因为当时人们对"苑"与"院"还未明确区分,下录中保持原状:

> 四时十五分赴博物院,由院监孙子铁(铁)君指导一切。
>
> 博物院由师范迤西,隔湖而联以堤,地址宽广,分区植物,浓青浅翠,细叶丛枝,高下成林,数十百种。而竹篱藤架,间以冬青,瓦坞砖台,杂莳花卉。平夷旷隙,菜药列布,欣欣向荣,一望燐(粼)然。各种品汇,标题名目,俾便研考。园中南北,构成洋楼两座,测候台隔在中间。品物分历史、美术、天产、工艺、教育诸部。历史部有三代之彝鼎,下至前清之章服等;美术部有汉唐元明以来之瓦缶、瓷器以及古锦番布,而铜石之佛像、考试之卷策与焉;天产部有矿物、动物,标本模型均备,而海产类即附隶焉;工艺部有漆器、雕刻各器等;教育部有儿童手工制造及幼稚生玩物等。总计各品,不下数千件,形形色色,奇奇怪怪,视线所及,目迷心醉,欲穷其胜,非累日不能尽。晷刻催人,只匆促一览而已。楼右有亭,颜曰国秀,对面有楼名相禽阁,为来宾憩息处。此外有竹屋十余间,专畜兽类。池湖一方,四周网以铁丝,专畜鸟类,亦约有十百种。

以钱公溥先生渊博的学识，对当时南通博物苑的观览亦能有如此之兴趣，可见其对一般参观者的作用。我们不妨以这篇记录作为南通博物苑历史上的一个定格，钱公溥先生在参观之后的感想，亦发人深思：

噫！是院也，精神所萃，故能美富若是。虽未臻宇宙之大观，实为江苏全省之冠军。年日久远，当更驾今日而上。且地势得宜，将来不难开拓。作事如行文，先在切题布局，局势即得，文自优异，引人入胜，有如此者。

其"精神所萃，故能美富若是"的感慨可谓意味深长。就在《大公报》宣传南通博物苑开馆在即之时，1917年4月18日南通地方报《通海新报》刊发了一则《博物苑启事》：

顷奉总理手谕，略谓苑本停止观览，何以游人纷如，致将铁梯损坏？苑中主管以下，至于苑丁，何以漫无闻见？以后非有法团正式介绍书，不得轻易放人。如果苑丁放入，即行斥罚。门丁尤不得辞责也等。因合行登报通告。

这份严厉的通告像一个转折点，年复一年的军阀混战，使得地方建设再难有披荆斩棘的强大力度，南通博物苑的发展也开始变得迟缓。1920年4月，由著名华侨教育家颜文初、佘柏昭、刘春泽等人组成的菲律宾华侨教育考察团来到南通，他们当时分别为小吕宋华侨中西学校、怡朗华侨商业学校、宿务中华学校的校长。同月23日，他们参观了南通博物苑，记录了兴盛时的博物苑的景象：

博物苑占地四十八亩有奇，属于建筑者，有北馆、中馆、南馆三部，竹树垂阴，花草苍翠，天然美术，扑人眉宇。初进为应接室及职员寄宿处，门外流水阻焉，导以石桥，护以短栏，入此似隔尘寰，另辟一新世界。北馆、相禽阁，有鸠鹰类十馀（余）种，亦有鸵鸟。馆中陈一鱼骨，长四丈馀（余），尾椎骨已成化石，云为垦牧公司得之海滨土中。又有长丈馀（余）之鱼骨，亦附列其中。楼下挂列名人字画数百幅，山水画最佳。

有八幅画梅花一株,老干横枝,勃勃有生气。出北馆外,凿一圆池,上护铁网,鱼类栖息所也。南苑门外有联云:"设为庠序学校以教,多识鸟兽草木之名。"有无数偶像,高过于人,或坦腹微笑,或努目相向,皆在此处供陈列。将来国民教育普及,凡名山古刹,丈六金身,皆可作是观。南馆收罗甚富,可分为铜器、玉器、陶器、战器、衣服、杂物等部。铜器若周鼎夏彝,古色斑斑。玉器凡珪、璋、瑚、琏、瓒、璲诸件,平时徒在书本上读过,至是始见其实质。陶器若瓷枕、汉砖、铜雀瓦、琉璃甓,皆为千百年前古物。战器若弓、箭、刀、枪、剑、戟、藤牌诸物,中排一元代喇嘛降魔杵,上作人形。衣服杂物,若清代武官盔甲,亲王贝勒格格品服,童生考篮,鼎甲试卷,张啬翁乡会试卷面之浮票,洪宪时代嵩山四友之札文,皆贮存于玻璃镜中,供将来研究古董者资料。闻开办费六万馀(余),常年经费二千馀(余)。

　　参观之后,他们发表了一些感慨,尤其对张謇化私为公的行为进行了赞誉:"……其中字画古玩,过半自啬公供献。由是叹公为我国最善收藏家,盖藏诸家中,即世世子孙能箕裘克绍,而水火盗贼,焉能长保无意外之虞?献为公有,则公众使保护之责,其名其物,可与南通并寿矣。"

　　1921年,张謇拟筹备在次年召开"南通地方自治二十五年报告会",将南通经验向全国推广,南通博物苑的建设也在加紧完善。未成料,该年秋季一场突如其来的水灾波及江苏60余县,让这一计划瞬时泡汤。接下来,南通建设的形势急转直下,但创办者们仍始终向着起始的方向在努力,我们从地方报刊《通海新报》上可以感受到先导者的执着:

　　南通博物苑孙主任前以参观人日见增多,特将谦亭等处一并改造洋房为遊(游)人憩息之所。自前月初兴工,刻已落成,建筑精美,陈设雅洁。闻该院将搜罗物品实行开放云。

　　　　　　　　——1921年12月20日《博物苑新屋竣工》

南通博物苑收藏极富，设备周全，久为来通之中外士女所称许。兹因瞬届地方运动大会之期，暨张啬老七秩寿辰，为游息来宾俾资观感起见，特将历史、野牲、美术、花卉各部大加扩充，凡新罗集物品，悉数陈列。并新筑水心亭一座，布置尤精云。————1922年3月29日《博物苑之扩充》

南通博物苑建设已历多年，该苑职员孙子铁君，因苑内布置尚未妥善，故停止观览。现孙君得啬老来函，令就各处蒐（搜）集各种动物及树木等等，以便陈列苑内各部。据闻于八月间开苑，任人观览。————1924年3月18日《博物苑近闻片片》

从上述摘录的片段可知，南通博物苑一直在"停止观览"与"实行开放"之间切换，但由于南通"模范县"的参观需要，南通博物苑实际上承担着随时接待参观的任务。1923年7月印制的《南通参观指南》上，南通博物苑作为公共机关之首与图书馆、五公园、军山气象台等并列。这份参观指南当时存放于南通俱乐部、有斐旅馆、桃之华旅馆、永朝夕旅馆及南通翰墨林书局，以方便外地来访者取览。1925年，曾在私立南通农科大学就读的陈翰珍（名香贻，以字行）撰《二十年来之南通》，记述了南通地方自治的全貌。其中，他记录的当时的南通博物苑如下：

南通各校，凡讲关于动、植、矿物，常由教师率往参观，因之人多称为南通各校专设之标本室也。外来参观者，须有参观券方得入内，否则无论何人，概不得擅入（南通近来各项事业发达，他地人士特来参观者趾踵相接，因之而常苦应接不暇之慨，故印有参观券寄托于淮海银行，分普通参观及特别参观。如参观博物苑、军山气象台、观音院及大生纱厂，皆须取参观券，故谓之特别参观）。

进入21世纪后，南通博物苑率先实行了全面免费向公众开放。2008年，为贯彻落实党的十七大精神，加强公共文化服务体系建设和公民思想道德建设，中宣部、财政部、文化部、国家文物局联合下发了《关于全国博物馆、纪念馆免费开放的通知》，现在全国大多数公共博物馆均已实行免费开放。此时，回忆起南通博物苑创办之初全面开放的艰难情况，对比是多么强烈。倘若先贤有知今日博物馆之现状，又该是何等欣慰！

第三节 藏品与遗产之争

南通博物苑早期曾发生过藏品纠纷，我们择其二事，从处理办法中可以得到一些启发。

第一，吴氏钱币之争。前文已述及张謇视吴长庆为恩师，这里的吴氏是指吴长庆的独子吴保初（字彦复，号君遂，晚号瘿公）。张謇在庆军幕时兼教吴保初和袁世凯，吴保初比袁世凯小10岁，彼此以兄弟相称，袁世凯称帝后，二人仍维持旧谊。吴保初曾任刑部山东司主事，后充贵州司主稿、秋审处帮办。吴保初出仕，虽有清廷照拂功臣之后的原因，其人也非浪得虚名。他任职期间不畏权势，平冤理屈，做了许多深得民心的好事。中日甲午战争之后，吴保初上《陈时事疏》，受到清朝权贵的压制而被罢官。他既力主维新，又倾向革命。1905年，吴保初东渡日本，党禁和缓后返国，不久因中风而手足偏废，辞世时年仅44岁。

作为名人之后的吴保初，被列为"清末四公子"之一，伟岸潇洒，为人慷慨，健谈善饮，亦文质风流，短暂的人生颇有故事。张謇筹办博物苑之初，1907年曾有一信回复他：

马车托三人代觅买主，皆不能速，论值亦不能过尊夫人所说之半，不足副所乏，亦不足助南行。为吾弟计，不若以古钱赠通州博物馆，走为博物馆偿此钱值，俾利首途……惟尚须有叩之彭嫣者。
彦复仁弟

謇顿首
五月廿五日

　　信之大意为，吴保初托张謇为其卖马车换钱，张謇劝其将收藏的钱币赠予博物苑，由博物苑出资购买。信中"彭嫣"是吴保初晚年的夫人。此信之后的详情不得而知，5年之后，钱币一事却又被提起。1912年1月14日张謇有一函致吴彭夫人：

　　屡次来晤未见，至南京则闻彦复夫人之言，为彦复计，甚为君念。君是否回南京？如回，则何日启程？旅费足支否？所带彦复之古钱、印章若存博物苑，犹足为彦复留名，胜于兵匪之劫，幸勿遗失。
吴彭夫人

张謇

　　2天后，张謇代表南通博物苑给吴彭嫣出具了收执：

　　中华民国元年正月十六日，吴彭交存通州博物馆古钱一百六十七枚（又七枚），印章十二方。
吴彭嫣存执

张謇

　　这份张謇的亲笔收执如今被保存在南通市档案馆。为什么本该是吴彭嫣保管的存执会转回到南通呢？我们从《南通博物苑的品目》中，发现了这167枚由"庐江吴君葆初捐"的钱币均已于1919年注销，同年4月10日张謇有一封致助手吴季诚的信函：

　　吴彭氏举动极可骇，来讯寄请一阅。此人不可复救，即欲为亡友留名，亦不复能，惟有以所存博物苑品还之，而索回迭次给予之钱（钱数均由兄手，请查数）及前予存物之讯，以了此局……

张謇

后来，这些文物均由张孝若带往上海，亲手交还了当事人。张謇虽感欲为亡友留名而不得的遗憾，但此事至此也就画上了句号。从上述几则短笺中，我们可以体会到，博物馆事务往来存据的重要性。

第二，"余觉控案"。余觉是沈寿的丈夫，"余觉控案"是当时报刊所用的名称。

1914年，沈寿受张謇之聘来南通主持女工传习所，余觉及沈家亲眷亦随迁至南通工作。余觉（初名

沈 寿

兆熊，字冰臣，号思雪），祖籍浙江绍兴，寓居苏州，晚清举人，工诗词，善绘画。沈寿早年的刺绣图案多由其绘制。余觉与沈寿的夫妻感情，有如传统封建家庭的悲情故事，夫人多病无出，丈夫或寻花问柳，或纳妾娶小。在这样的生活氛围下，沈寿一心寄情于刺绣艺术，来南通后，幸得张謇佑护，其艺术成就益见光大，乃至名闻遐迩，并传于后世，演绎了一曲生动的伯乐与千里马的乐章。沈寿知恩图报，遗嘱百年后，将自己的艺术作品悉数留在南通。张謇去世后，1928年，余觉状告张謇之子张孝若，追还夫人沈寿的相关物品，其中包括赠送给南通博物苑的物品。

这场风波闹得沸沸扬扬，《申报》以"余觉控案"进行了跟踪报道。1928年12月25日，该报《县委查复余觉控案原呈》对调查结果公布如下：

南通县政府奉省政府令，彻查苏州人余觉控张謇父子，追回伊妻余沈寿尸柩并一切财务案，施县长当委严逸男查复核转，兹录县委原呈如下（略）。

奉令后，遵即先后躬往南通女工传习所、博物苑等处调查，女工传习所长沈鹤一、博物苑主任孙子铁之所陈述，与地方法团及地方公正人士之所论列，虽互有详略，然大致相同，谨撮其要，汇陈如下：

民国三年，余沈寿以张謇延请为女工传习所所长，八月至通，余觉随之来，将以余沈寿绣品，赍往美国巴拿马赛会，张謇助资成行。既归，乞任南通贫民工场事，条陈整理计划预算大数，而其后工场失败，余觉且私欠巨款。又条陈其前办之苏州福寿绣织工厂，扩为福寿公司，张謇集己资及地方人士股本一万三千余元应之。而其后公司本钱折尽，并负债五千余元。余觉随余沈寿在通八年，所施为者若此。南通人士，以重余沈寿艺术之故，宾礼之，而皆以为余觉有负于南通，断无如余觉所言南通有负于余觉；皆以为余沈寿系风度清超之美术家，断无如余觉所言，以余沈寿为愚鲁受驱之工作妇。余沈寿之艺术，远接露香，传称欧美，南通方拜墓献花，奉以"针神"之号，而余觉乃编书上牒，损其身后之名，衡以普通夫妇之感情，尚不应恶劣至此。

民国十年六月，余沈寿身殁。其时，南通县教育会以报功之故，合地方各法团，议定公葬于黄泥山麓。沈鹤一及弟右衡，与余觉商于丧次，余觉表示可行，而申明己身他日仍葬苏州原籍。后三月，遂呈省部立案。去位官师，恒见强留之事实；久寒骨肉，宁有霸葬之奇闻。南通成例，曾公葬荷兰工程师特来克及昆山诗人张景云于剑山，近年复公葬朝鲜文学家金沧江于狼山。行人感惠，传谢启于沪滨；名士过江，羡殡宫于胜地。今余觉乃以公祀桐乡，为强行霸葬；筑坟赢博，为死后离婚。其所措词（辞），讵免失当。至余沈寿之金钻表、四等商勋,及所绣之耶稣像、美伶倍克像,现存南通博物苑。所绣《三猫戏篮》之斗方,现存南通女工传习所。存博物苑之件,系照余沈寿遗嘱措置,当时县道皆有案。存女工传习所之件,则余沈寿留以示模范者,皆不得谓之霸没……

这一控案持续了3年之久,最后以和解终结。1931年7月17日《申报》对和解条款进行了全文批报,关于南通博物苑部分大致如下:

苏州人余觉,具呈省政府,请取销伊妻余沈寿在通公葬案,以便领柩迁回苏州安葬;一面向南通县法院民庭控张孝若,追回伊妻留通财物。刻经吴寄尘、张地山、沈豹君、沈伯陶调处和解,由律师姚元桂、唐慎坊证明,和约如下:

…………

二、所存南通博物苑(现属南通学院校董会管辖)一切物品,计《耶稣绣像》一件、《美伶绣像》一件、《三猫绣幅》一件、金钻时计一件、宝星三件,以上各品,现经张孝若、余觉双方应允,仍归该苑永远保存,彼此不得取出,以垂不朽。

…………

四、余觉在南通地方法院诉张孝若一案,经人调处和解,由余觉叙明和解情由,声请销案,俾完手续,再余觉原呈,附录省批。有涉及取消公葬是否可行,候再令饬南通县府秉公处理等语。今既双方和解,由余觉声明理由,另文呈请县政府,呈省核销,以绝纠纷。

五、和约各条由双方签字盖章,并双方律师、居间人证明盖章。分缮两份,双方各执一份,以资永守。余觉现已分呈南通县政府及法院销案矣。

这场控案对南通博物苑影响甚大。张謇去世时,其独子张孝若不满30岁,他继承了父亲庞大的企事业,刚一上任就遇此指控,其侘傺窘迫之状可想而知。庆幸的是,张孝若幼承庭训,耳濡目染父亲所经营的事业,对其来龙去脉尚能理解,他在年轻时就提出了将地方事业交与地方人民共同管理的建议，在父亲的支持下成立了南通自治会，子承父业后，也力图有所作为。控案发生时，张孝若正着手将张謇生前所办的私立南通农科大学、私立南通纺织大学、私立南通医科大学整合为私立南通大学，以南通博物苑附属于大学管理，但时过境迁，盛况早已不再。

第四节　南馆失窃

1932年9月4日，地方媒体《通光日报》刊发了一篇署名为落花生的游记《从五公园游到博物苑》，文中叙述了地方连遭不幸，先贤张謇公手创各项事业都呈现出退化的现象：

我每次到公园水台上一坐，便会想到久已不去玩的博物苑来：葱绿的草场，纡（迂）回的道路，谦亭的垂柳，水榭的清流，可以使人流连忘返，确是一所很秀美的园林；但是三四年不曾去观光一次，不知近况如何。今天，我们吃了午饭，便乘兴跑到博物苑去闲逛一回。哪知进门便一肚子不高兴，因为葡萄架已不成为架，只是东倒西歪的木头撑支着，枯瘦的葡萄枝干迎风颤动，更是憔悴堪怜。竹篱边的紫藤银藤，虽是粗如猿臂，木架也大半坍倒了。曲折的煤屑路，都是野草蔓生，没人足踩……说了许多颓败现象的话，兴衰之感，便盘绕上心田，觉到事业的创始容易，维持不易，如果后继非人，简直转瞬可以覆灭。所以我个人十二万分的希望，把这个比较重要的博物苑，不必由一个学校管理，可交由教育行政机关管理，大大地整理一番，庶乎先贤的遗泽，可以垂之永久。如果不然，在不久的将来，这个博物苑，不独墙倒壁坍，花枯树萎，鸟兽绝迹，恐怕那些较好的古董，大半要改名换姓。不信吗？请拭目以观其后！

作者的担心果然成了谶语，就在这年的冬季，南馆失窃。事件发生后，惊动了南通和上海两地的媒体和公安警员，《南通报》《通海新报》《通通日报》《五山日报》《通光日报》《申报》《时报》《大公报》均用大块版面连日追踪报道了这一事件。最早的报道出现于事后的第三天，1932年11月8日《南通报》之《城南博物苑南馆失窃大宗古物》：

城南博物苑，为先贤张啬公所创办；苑内分南、北、中三馆，收罗古今中外品物，颇多名贵。而南馆陈列者，尤为精华所萃。不幸于本月五日，忽以被窃闻，计损失铜器、玉瓷、雕刻、殉葬各类珍品，不下八十余件，值价约二十余万元之巨，诚属骇人听闻矣。已由该苑主任孙子铁呈报第一分局，严缉逸贼，并由其他各军警机关分电沿江各港口，严密检查，不知能否弋获也。兹将该苑报告发觉被窃情形及损失各件分录如下：……

报道逐一列出了失物清单，除金耳环、银手钏等金银器之外，还有张謇赠送的明宣德海棠琴炉，张詧赠送的玉药铲，赵尔巽赠送的藏壶，通海垦牧公司元老李磐硕（名审之）赠送的陆子刚雕玉佩，赵小山（字筱珊，号松月居士，后改名赵宽）赠送的清雍正窑粉彩瓶，等等。赵小山是隶正黄旗的宫廷画师，在内务府多年，精通古器鉴别，庚子事变后，曾奉慈禧之命负责收集散落到宫外的器物，是张謇推荐的国家博物馆的候选人之一。他先后赠送给南通博物苑四件瓷器，此次被窃物中就有两件。可见这一文物"失窃案"牵涉的人事之重要。

为了方便阅读，下面择选各家报道，按时间顺序进行梳理和排列，语言尽量保留原状，以还原当时争分夺秒破案的紧张情形：

六日 下午三点左右，律师邵治携眷至苑参观，苑会计葛进夫陪同至南馆，见馆门扃锁如故，惟有洋锁之轴心损坏。登楼，发觉陈设玉器、古铜、美术、雕刻、磁器之各玻璃橱中，缺少多件，各橱门有已开者，有玻璃被击碎者，狼籍（藉）不堪。经推测案发时间为五日夜晚。立即通知苑主任孙钺。

时孙钺因母亲病危，正在家服侍，接信后，一面电告时在上海的南通学院校长张孝若，一面报南通官警。据说孙钺当场即晕过去跌倒于地，经过一番抢救始清醒过来。

时张孝若正在上海开大生各股东大会。接电后，立即复电：公物失窃，事大责重。速商同在通徐赓起校董及各科科长，请县局严密查缉，敏捷办理。

南通各官警以案关盗窃公物，亦即饬警四出兜拿，出口行旅加以检查。

七日　上午清理失件，因陈列之品，门类浩繁，被窃以后，多处凌乱，若按目细检则非一时可以竣事。但为破案，非速出具失单不可。至下午一时，失窃物品清单草就送出，次日报刊发表失窃清单。

下午姜巡官飞报来苑：在任港查获旅客张一吾，箱内有佛像、瓷器等件。当即偕同孙主任往港认赃。及往查看，并非苑品。

张一吾口供：佛像、瓷器系上月在徐赓起家所窃。同伙共有五人。博物苑案或系头脑赵德所为。赵系有名大贼，曾收禁本县监狱多年。彼伙栖身内河小船，即停泊濠南一带，夜出行窃。并谓赵德忽六日赶海门，七日由青龙港赴沪，住悦宾旅馆，且促张一吾速离通境，至上海相会等语。

得到张一吾口供后，南通警方与博物苑案分三步：第一当即电报张孝若，请报上海警方追查悦宾旅馆；第二由第一分局派警员钱子明、管容等携文往沪缉拿；第三为防口供不实，对于本地追缉亦刻不容缓，备呈分呈县府、法院及县公安局，呈请速饬严缉。

八日　凌晨二时，张孝若接电后，当即通知在沪吴寄尘、沈燕谋二校董，委托王荫乔、杨庆邦二君持电投报南市公安局一区。

上午八时许，上海市公安局一区关区长当即派巡官郭继纷、督带警长庞子麟等，前往旅馆查缉。先到悦宾旅馆，未发现可疑情况。于是依次搜查附近各客栈。

搜查至十六铺外马路南康旅馆时，进内检查旅客。查至第四号房间，见该房内有床铺两张，其一床上睡一男子，另有男女两人同睡一床，均未起身，即上前喝令起身，盘诘来历。其中一男子声称：名陈金标，妇人（指女客）系陈谢氏，素不相识，此次我们在船上会晤，得以相识。当以既属初交，何以同睡一床，情殊可疑，即将两人扣住。再诘另一男子，则称名周金泉，余言支吾，形色慌张。乃并予扣留后，在该房间内详细搜检，于房内床下发现巨大木箱一只，迨启视察看，见内中所装者即系通州博物苑内所失窃之古董八十余件，当即将人证一并带回区署，一面派警驻守该房间内，候缉余党。果于不久，又有一名胡子祥者，进内探视，当将其拘住。带区预审。

三人口供：对于搜出古董之来历，系日前在南通时，有素识之王二将此木箱托为代带来申，临行时，并嘱对于此箱沿途须要格外当心，因内中所藏皆系贵重物品。并为避人耳目计，前往海门地方，附搭轮船来申。王二自己则在通州搭轮，先行来申等候，约于小东门悦宾旅馆内会晤，事成后允各给洋十五元。王二向居通州西门头牌楼地方，此次来沪，化名于一五。不料我等在海门搭轮来申，寄宿南康旅馆内，即于今晨为警拘捕。至于该项古董之详细来历，实在不知等语。至于陈谢氏与此案无关。

复派警前往悦宾旅馆，查拘王二无着。

下午四时，张孝若自沪电南通：人赃已获。孙钺接电时，因母亲病危恐在旦夕，与徐赓起商议后，派支乔前往上海接洽。

九日 博物苑物品由大学校董会代表具领，由张校长，吴、沈二校董会派负责人员，运回该苑，经清点：未少一件。并将前后经过情形，呈报校董会诸民谊，何玉书二主席校董。

十三日 主犯王二在南通缉获。此王二即张一吾口供之赵德。

回溯上述过程，此案之惊心动魄正是一环扣一环。如果不及时抓住离港之贼不可能知道上海的宾馆。如果不在清晨赶到南康旅馆，只迟一两小时，赃物就有可能被转移。而一旦赃物被转移，就有可能被分散，分散以后，就再难复聚。当时窃贼到上海尚不到3小时，人赃俱在，匪首尚在安睡，外接者还未回，事情之紧迫，其间不可容发。

后经司法程序，12月24日宣布，案犯王二、陈金标分别被判处有期徒刑3年。

经此一劫，虽藏品有惊无险，但一向勤恳负责、谨小慎微的苑主任孙钺深受刺激，面对无力改变的现状，坚持引咎辞职，校长张孝若反复劝解亦无转机，辞职陈述与慰留长文均在报上刊发，使得南通博物苑事务更加公共化。1933年3月8日，《通通日报》和《通海新报》均以"博物苑主任易人"为题进行了报道：

城南博物苑主任孙子铁，去冬自苑中古物被窃破获后，曾迭函张孝若氏请予辞职。当经张氏复函恳切慰留，业志前报。嗣孙君又复去函坚辞，并限期维持至今春二月底为止。张氏许以物色替人；但保管公物，责任綦重，乃托吴寄尘老代访觅继任人选。近悉吴寄老以六台县老秀才唐志崇，品学均优，阅历至富，堪以继任南通博物苑职，遂介绍于张孝若氏。张氏专函聘请唐君担任博物苑主任之职。闻唐君于昨日到通，定于今日接收苑物。孙前任已将苑中物件，造具清册，凭同徐赓起、习鉴清二君，监视移交矣。

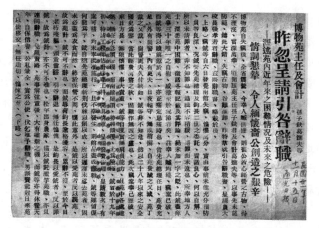

关于孙钺辞职的报道

移交工作中的监交者为徐赓起先生，他当时任私立南通大学的校董，习鉴清先生为南通通燧火柴厂经理。藏品移交工作分为两个部分，1914年印制的《南通博物苑品目》于3月12日点交完成。1914—1933年新增的物品，由孙钺手书造册《品目号外·临时登记册》，于3月14日点交完毕。《品目号外》的部分物品未进行分类，按序号编至632号。与南通博物苑休戚与共近三十载的苑主任孙钺就此与南通博物苑告别，他亲手编制的南通博物苑藏品账册也于此定格，此后再无改变，账本留存至今。

第五节　转　移

南馆发生"失窃案"将南通博物苑推向风口浪尖。1933年下半年，新上任的苑主任唐志崇、会计陶颂平登出启事：南通博物苑闭馆维修。

1935年，鉴于私立南通学院（前身是私立南通大学）难于兼顾南通博物苑，张孝若再度将南通博物苑改归私立通州师范学校（前身是通州师范学校）管理。移交过程由私立通州师范学校校长于敬之、当时在该校任教的孙钺、私立南通学院张行果和瞿立衡先生共同见证，于7月29日由唐志崇先生完成移交。于敬之（名忱），通州师范学校首届本科毕业高才生，毕业后由学校推荐赴日本早稻田大学留学，学成后回通州师范学校服务，对该校贡献甚大。移交工作结束后，于敬之致信私立南通学院院长张孝若，向他报告了移交的过程：

> 孝公院长赐鉴：奉示，嘱将博物苑移交接收事宜赶速办理等因，遵于本月二十二日下午，由敬之等到苑，与志崇商洽移交手续。以孙前主任前所移交有品目两本，号外一本，用具什物一本，由志崇抄有副本，其品名号数完全与孙所移交者相同。因决定依品物陈列场所，逐一点交，凡品目之号数、品名与实物全符合者，由双方就孙前主任移交之本及志崇另抄之本，互盖印章，以昭郑重。至二十三日上午，即照上开商决办法，由南馆而中馆，而北馆，而苑内各陈列场所，以及用具什物财产帐（账）目，逐一移交接收，并由学院张行果、瞿立衡两君到场监交。阅日凡六，至二十九日下午，方告完结。所有孙前主任前所移交之清册四本仍存苑中；其志崇所抄之本，仍由志崇存查。抑尚有应申明者两事：一、品目之号数与实物之号数相同，而名称上略有数字相异者十件；二、孙前主任移交清册中所无，而后陆续查出者十九件。以上两种，均经详注移交清册，并附申明单一纸。除七月以前各项收支，由志崇造具清册呈报院长核销外，合将交接经过情形，具函陈明，统祈鉴察为祷。

从上述汇报中可知，南通博物苑的工作大体维持着孙钺移交时的原状。就在南通博物苑管理权移交不到3个月的时间，10月17日，上海传来噩耗，张孝若不幸英年辞世。

1935年9月,由北平故宫博物院院长马衡等人倡议组织的中国博物馆协会在北京成立,协会成立后着手调查中国博物馆现状,当时寄往南通的联系函均未收到回复,所以在统计博物馆数目时特别注明未收到回复。该协会当时还编印出版了《中国博物馆协会会员录》,这是中国博物馆首次业界的大聚会,可惜也没有出现南通博物苑之名。想必就在这样一个突发事件的前后,南通博物苑正处在一个交接的时期吧?

张孝若去世后,在于敬之的协调和孙钺的推荐下,由私立通州师范学校职员胡履之兼任南通博物苑主任,葛进夫仍为会计,孙钺虽婉谢职务,也时常兼顾南通博物苑的工作。胡履之,镇江丹徒人,1918年考进江苏省代用师范学校学习,1924年毕业留校任教,时任初中部植物学教师。回到私立通州师范学校后的南通博物苑重回原轨运转,胡履之苑主任对南通博物苑的工作也尽心竭力地维护。1937年3月18日,上海《大公报》刊发了一则报道《南通博物苑,最近将加修葺》:

【南通通信】本县城南濠阳路博物苑,经邑人张啬公费耗巨金、惨淡经营、规模盛大、收藏宏富,举凡奇珍异宝及有关历史材料,无不苋(搜)集,楼台亭阁,风景绝佳,布置设计,尤极周到,自张去世后,负责无人,房屋倾圮,树木凋零,主事者虽欲从事整顿,徒以工大费巨之款无着,亦遂搁置。最近张吴夫人,为不忍先人首创事业日渐摧毁,特斥私资,整顿修葺,预计工程可于三四月间完竣,将来闻拟常(长)期开放任人游览,并拟酌定发售门券办法,券资所入,悉数贴补院内经常开支。

"吴夫人",即张孝若的生母吴道愔,1896年嫁于张謇,2年后生子张孝若,张謇称其"是女界中一个知处家有耐性的善女人"。在丈夫和独子相继离世后的困难时刻,她毅然撑起这个大家庭,欲继承先夫的大业,着实令人敬佩。南通博物苑看起来又有了希望。1937年5月24日，南通博物苑迎来一批特殊的观众，南通县救济院的孤儿集体来苑参观，一名叫乔济之的孩子记录了他所看到的南通博物苑：

……转过了河畔，便到了博物苑，由管苑的葛先生领我们往里边走去。先到南馆见楼上有副对子，从远看去，赭色底子白色字，联为："设为庠序学校以教，多识鸟兽草木之名。"进馆，由葛先生指导，并承他详细的说明，我们很为欣幸：飞禽、走兽、珍奇、宝物、古玩、器械、无不应有尽有；我们都不由得啧啧称奇。

南馆参观后，再去参观北馆。经过池沼的边沿，见满地浮着荷叶，正中有个龙头喷水；我们可惜来得早了，否则到夏天来，荷花盛开的当儿，那么更有一种风味呢！后到了一座假山上，我们走进人造的山洞，便可上山，顶上有个茅亭，古色古香，饶可欣赏。下了亭子，便到北馆。楼下有各种的化石，楼上是各个名人的书画。四面墙壁都是人造大理石，非常雅观。出了北馆，便到动物园参观。

后来往土山去欣赏风景，土山的两边栽着冬青，葱茏苍翠。在这万绿丛中，夹着几个玛瑙似的万年青果子，分外红绿显明。在小山上眺望，南馆已隐约在树林内，仿佛是《红楼梦》上所说的一座大观园。再游览竹园深处的屋子，觉得心旷神怡，几疑陶醉在诗的意境里了。过了土山，一阵微风带来一股花香，沁人欲醉。一条葡萄架笼罩的路，两边的竹篱上皆长着蔷薇花。可惜落英缤纷；不禁令人有春归何处之感……

这篇游记发表在同年7月19日出版的《救济》第31期"孤儿园地"栏目上，竟成为南通博物苑惨遭摧残前最后一次珍贵记录。

1937年七七卢沟桥事变后，战争的阴霾笼罩南通。开始时，人们还迷信南通博物苑征集启事中所宣传的万国公法：

其保护之大法，曰兵燹时，他国人不得毁坏，毁坏者可责赔偿,著为《万国公法》。(公法)《邦国交战例》第六百四十八条:"凡敌境之教堂、医院、学宫、星台、博物馆及一切兴学行善公所皆不可扰犯。"又《军训戒》第三十五条:"凡人工精巧之物、藏书之区、藏他物之可资学问者,均宜免于损害。若遇围城轰击,或故意毁伤,可于和议立约时得讨索赔偿之权。"

8月17日,日军飞机在南通投下两颗炸弹,其中一颗击中城西基督医院,死伤惨重,另一颗则落在城南白塘桥附近,距南通博物苑仅数百米的距离,南通人纷纷开始逃难。南通博物苑怎么办?私立通州师范学校负责人、孙钺与苑主任胡履之、会计葛进夫等人共同商议后,决定将南通博物苑贵重物品进行转移和保护。

藏品大转移的情况,如今只能综合前人的回忆大体拼接出一个概况:先期从南馆选取藏品50余件,北馆取出书画43轴,分两处存放。物品类转移至南通城东乡芒虾子榨葛进夫家寄存,字画存放至文峰塔河东校门房顾红林家。顾红林因日寇下乡搜索,只得将字画埋藏田中,其中大部分遭到潮损。后来,私立通州师范学校于敬之校长设法将残余字画和寄存在葛家之物一并搬至通州金沙孙氏小学。私立通州师范学校在海复镇复校后,又将这些物品转移至海复镇私立通州师范学校附属小学校。吴夫人携家眷迁至上海后,1939年,由于敬之校长和胡履之苑主任经办,将南通博物苑物品装成两箱,运往上海,交由张敬礼转交给张融武,以尊素堂户名寄存于金城银行保管库。同时寄存的还有费范九先生等人转移的狼山赵绘沈绣楼处的绘绣《观音像》。南通博物苑取出的物品列有清单,由葛进夫留底稿,中华人民共和国成立后,地方政府从上海取回实物,经核对清单与接收的实物大致相符。

第六节　劫　难

　　1938年3月17日，南通城沦陷。日军松甫部队司令部设于张謇故居濠南别业，南通博物苑沦为日本侵略军的马厩。初始时，胡履之苑主任与葛进夫会计二人和一部分工友撤到葛家暂住，另一部分工友留苑饲养动物，灌溉花草，仍不时联系。不多久，日寇经常入苑骚扰，日甚一日，日军从兽室牵出猴子，任意虐弄，有一天竟枪杀白鹤，煮以下酒。在这种情况下，苑工坚持了2个多月后，不得不全部离苑。

　　1938年10月14日，英文版《上海泰晤士报》刊发了一则新闻，标题为《要求归还博物馆文物，归还南通沦陷区的著名收藏》。文章说：扬子江北岸的南通博物苑是江苏省最大的博物馆，由著名的教育家张謇创办，他用毕生的精力把这个区域建成了一个模范县。南通自治委员会发出通告，要求归还在战争中被占领的博物馆的文物。该委员会宣布，他们将准备支付合理的价格来追回丢失的、有历史价值的文物。

　　显然，这是相信《万国公法》的南通人在国际平台上的发声，但在侵略者面前，正义的呼声是多么的苍白。当时在上海逃难的管劲丞先生难抑思乡之情作《南通梦忆》，他回忆南通博物苑道：

　　　　多致真知渝众愚，
　　　　先从格物救凭虚。
　　　　字穷残契殷遗甲，
　　　　骨相雄姿海大鱼。

　　从张謇为普及教育而兴办博物馆，追忆到展厅中的一件件文物，其痛惜之情自是不堪言状的。而历史总是充满了巧合。中华人民共和国成立后，1952年管劲丞先生出任了南通博物苑副馆长,这已是后话了。

日本侵略军霸占南通博物苑长达8年之久,抗战胜利以后,南通博物苑已成为一片废墟。被全部拆除、片瓦无存的建筑有味雪斋、相禽阁、鸟室、兽室、温室、鸠鵀寀、水禽寀等,颓垣破壁者有南、北、中三馆,以及东馆和藤东水榭。花木绝大部分被毁,馆内陈列品只剩剥制的鸟兽标本,且大多被蛀损,露天陈列的大件铁器和石器,被弃于瓦砾蔓草之中。

1945年年底,迁址上海的私立南通学院对在南通的学校损失情况进行调查,其时驻于苑内的日军尚未正式受降,11月25日提交的调查报告对南通博物苑的记述如下:

自经事变即被敌寇侵占,直至目前尚系未经受降之敌军驻守在内。故内部损害情形,虽无从探查其真相,但较之其他处所,遭劫尤为惨重,此可断言。

1946年2月23日,地方报刊《五山报》刊发署名为"言永"的《城南文化地区凭吊记》,比较详细地记录了当时的

劫后的中馆、南馆、东馆和水塔

情景：

回到一别很久的故乡，恰值日寇已被遣送出境以后，就独自怀着劫后余生万念俱冷的心情，到城南被敌寇盘据（踞）过八年之久的"禁地"去作（做）了一番巡礼。

自濠南至三元桥、启秀桥而达东寺一带，这一个著闻全国的文化地区，原来有南通学院的农科、医科，全国首创的师范学校，和博物苑、图书馆等等著名建设，如今却成了败井颓垣蔓烟荒草的一片瓦砾之场了！尤其踏进了先贤啬公的濠南别业，抚今追昔，会使人忍不住地堕下眼泪！

进了濠南别业的大门（如今已砌成只容一人出入的小门了），便有一股令人欲呕的臭气触人鼻脑。庭院中苍茂的高松翠竹，早已不见；两只铁鹤却还凄然地站立在乱石之中；两旁的木屋已倾斜得几乎要倒下来；门窗当然是什九残毁。绕到别业的朝南大门，门都紧闭着；从窗缝中望去，室内已是空无所有。只是门边两株紫藤，却长得已碗口粗，一直缠到三楼阳台的铁架上，支持了她那般柔中带刚的姿态。有走马楼相连着的西面一幢屋，过去是孝若（张謇之子）先生幼年读书游息之所；前面的空地，现已改成菜园；日寇搭成的厕所，还东西并列着，没有拆除，草绳做的门帘，随着风飘荡着。从这里可望见图书馆的曝书楼，楼上的玻璃已都毁失，楼后茂密的园林和风车，都没有了踪影。

由濠南别业的破墙边走进博物苑，纵目四望，但见一片乱石荒草。最擅幽胜的美人石，竹树丛花，都已不见；乱石倾倚在乱草间，失去了以往的姿态。重行寻诵了一下啬公的《美人石记》，真使人不胜今昔盛衰之感！沿日寇所搭建的马厩走去，沿路的冬青短篱，美花异木，早已尽付炉灰。走到过去收藏古今珍物最富的南馆，首先就见一尊大铁佛倒仰在地上，除了头部还完整以外，身躯已分裂成支离破碎了。还有几尊有玻璃棚卫护着的富有艺术和历史价值的佛像，侥幸大体还算完整。南馆四周还有许多石刻的文物制品,除了少数粗大的石马等物以外,其余都不见了。馆门已用锁锁着,但窗户已损坏,只见两段原在北馆的鲸鱼头骨,搁置在零乱倾倒的橱柜之上,还有些肋骨抛弃在墙外乱草之间。橱柜中空无所有,似已久被尘封了。中馆门已闭着,北馆更是空无一物。花竹平安馆已经寻不出旧日的踪迹,藤东水榭也完全改变了面目。许多建筑物都失了所在。喷水池已干涸,野草丛生。悬有"见树木交荫,林鸟变声,亦复欢然有喜;待春山可望,白鸥矫翼,倘能从我游乎"对联的客厅,也只余一堆瓦砾。啬公在这里本来是要"设为庠序学校以教",使人"多识鸟兽草木之名"的(原为南馆联语)。他在博物苑落成之时,曾做了一篇《南通博物苑品目序》,当时在序文中也就早顾虑到,"世变未有届也……不能不虑于数十百年之后。"并且昭告后人:"抑闻公法,博物苑、图书馆之属,交战国不得侵损,侵损者得索偿其值。"并且殷殷希望:"一州之积,祈冀爱惋而珍存之。"今日距离啬公之逝,只二十年耳,而博物苑、图书馆之属,便都给日寇侵损到如此程度……图书馆房屋外表虽还大体存在,询之现在的管理人员,其中许多珍贵版的图书,也已给搬走和毁损了很多了。

　　面对这样的现状,媒体上也发出了"复兴建设"的呼声。同年3月1日,任哲维先生在《东南日报》上呼吁:"少数人发起是可以的,实际去进行,维持这事业,却非动员公众的力量不可。像博物苑这种文化事业,更应当交给公众来管理,来利用。"

　　有资料记载,1947年,恢复后的私立通州师范学校附属小学校,曾举办过一次小型的展览让学生参观,展示的是南通博物苑残存下来的鸟类标本,但如今均已蛀损不堪。

第七节 修建与恢复

1949年2月2日,南通解放。2月27日,新建立的南通市人民政府就发布了保护公共建筑及历史文物古迹的布告。9月24日,在南通市第一届各界人民代表会议上,韩意秋等8位中教界代表提交了"恢复博物苑"的议案,并提出了3条办法:修建原有房屋,收回原有陈列品,并号召人民献出家藏的文化艺术书籍和物品。

恢复南通博物苑的提案受到政府的高度重视,1950年11月5日,南通市人民政府组建了南通博物苑修建委员会,并向社会各界发出征募函,动员社会大众的力量来建设这一"人民的事业",使之成为"人民大众的游乐园、科学馆、文化宫"。该委员会动员民众:"南通博物苑曾经建立了相当规模的亭榭池馆,收集了相当丰富的历史文物,并且长育了品类繁多的草木虫鱼鸟兽,它对于人民大众的游观和教育曾经有过一定的贡献……当年锦绣之区,变成荒芜一片,恢复光大,该是我们南通人民的责任。"南通博物苑的修建得到社会的广泛支持,1951年《南通地方事业委员会十一个月来的工作报告》中指出,当时人们"通力合作,或则捐助巨款,或则捐助花木,或则捐助工程材料,或则捐助应用家具,或则捐助图书、字画、古董,或则热心劝募,或则帮助设计,或则提供意见,或则提出批评,或则躬亲冒风寒雨雪辛勤劳作,或则以社会力量维护公物,众擎共举,蔚为风气"。1952年8月,修建工程全部结束,南通博物苑从此获得新生。

1949—1952年是南通博物苑事业发展历史中承上启下的一个重要阶段,南通博物苑的文脉因此得以垂范后世。由政府牵头的修建工作,使南通博物苑的整体格局得以完整地保留,躲避战乱而转移的藏品及时回归,从而使南通博物苑的历史延续至今,为南通博物苑的历史地位奠定了坚实的基础。同时,人民的参与也使南通博物苑的公共性进一步彰显,南通博物苑在未来的发展道路上一直得到地方人民的大力支持。

1952年8月,修复后的南通博物苑改名为"苏北南通博物馆",将园林部分辟为人民公园,馆舍部分称"博物馆",为下一个阶段的发展制定了明确的目标:恢复南通博物苑。恢复南通博物苑的设想,并不是人为所定,而是在工作中逐步明确的一个发展方向,这个认识与博物馆学的发展和对张謇历史人物的研究紧密相关。我们分两个时段进行叙述:

一、第一个时段(1952—1984年)

这个时段事关南通博物苑存续的转折有两次。

第一次是郑振铎救了南通博物苑。1954年,为贯彻中央"整顿巩固,重点发展,提高质量,稳步前进"的方针,江苏省南通博物馆被决定撤除,藏品、家具全部移交苏州筹建中的"江苏省博物馆"。1956年5月21日,全国博物馆工作会议在北京召开,时任文化部副部长的郑振铎先生致开幕词:"中国博物馆事业的历史并不太久。最早的公共博物馆,除了帝国主义者们在沿海地区所办的几个之外,要算是张謇他们办的南通博物苑了。"会议开了10多天后,江苏省文化局致函南通市人民政府文化科,提出:"我局决定1957年在你市前南通博物馆旧址建立南通市历史建设博物馆。"1957年4月9日,江苏省人民委员会致函南通市人民委员会,决定重建南通博物馆。8月,南通博物馆筹备处正式成立,收回了撤销时移交出去的藏品,着手对重建工作进行规划,并开始大量征集各类藏品。11月30日,南通市人民政府文化科致函专署文化科称:今后南通博物馆工作范围除全市外,还照应整个专区;各县如发现出土文物及其他文物、资料,请与博物馆联系,以便征集、保存,不致散失。筹备工作还受到社会各界的支持,人们捐家什用品、文物藏品等十分踊跃。1958

年10月1日，南通博物馆正式建馆，各项业务工作全面展开。1959年4月4日，教育家叶圣陶、计雨亭、陈鹤琴等7位全国人大代表、全国政协委员来馆视察，在藤东水榭题诗留念，赞言南通博物馆新貌：

数年恢复已堪观，文物盆栽罗百般。
此绩亦维今可致，新园更胜旧林园。

第二次是郭沫若题名"南通博物馆"，加速了博物馆独立建制。1968年9月8日，南通博物馆与南通市图书馆、市文化馆、市劳动人民文化宫、唐闸工人俱乐部合并为南通市劳动人民文化馆，并成立革命委员会，图书馆和博物馆合称"图博组"，博物馆机构被合并。1972年，图书馆与博物馆组建成图书、博物馆革命委员会。这时的博物馆管理无独立性工作，也无场地，当时的员工开玩笑：出了展馆大门就是公园的土地，展示牌也只能挂在墙上。1973年11月17日，博物馆在一份报告中陈述："最近，郭沫若同志应我们之请，为我们书写了馆名题字，我们正在制作新的馆名牌，但悬挂于何处，尚无着落。"博物馆一边呼吁独立建制，一边着手清理家底的工作。1975年6月8日，香港《大公报》发表钟欣的《我国最早一所博物馆——南通博物馆的今昔》一文，及时地介绍了南通博物馆。1976年10月，近10年动荡后的南通博物馆独立建制，并于1979年恢复使用南通博物馆印章。郭沫若题写的馆名还被制作成信封、信笺。

两次转折过去后，博物馆的发展方向逐步清晰：恢复南通博物苑原名。在这个过程中，开展南通博物苑历史的研究对复名起了重要作用。南通博物苑的三位老领导穆烜、徐冬昌、黄然带头研究，撰写论文，在这方面做了许多重要的工作。

1978年11月，首次编印了《南通博物馆史料》，并先后5次邀请孙钺之子孙渠回忆南通博物苑。1979年10月，中国自然科学博物馆协会筹备会在南通召开,编印了第二版史料《中国博物馆事业早期文献》,并将其作为会议材料分发给与会会员。当时博物馆学还没有统一的教材,博物馆研究正在起步,这些史料引起与会代表极大兴趣。时为中国科学院学部委员、古脊椎动物与古人类研究所研究员的裴文中先生说:"这次会议在中国博物馆的第一个诞生地南通召开,很有意义。各个馆要协助南通馆,把南通馆搞得更好些。"1984年7月1日,在迎接80周年苑庆的前夕,"南通博物苑"原名得以恢复,并同时启用新印章。

二、第二个时段(1985—1999年)

这个时段是中国博物馆事业发展的高峰期,博物馆数量迅速增加,展馆和基本陈列更新换代成绩卓著,并融入国际博物馆协会交流圈。南通博物苑这个时段的发展目标十分明确:保护和建设南通博物苑,恢复博物苑为统一的整体。1988年,南通博物苑被国务院列为全国重点文物保护单位,更强化了人们对这一目标的认识。为促成这一目标早日实现,南通地方文物保护热心人士、地方媒体人士共同谱写了一曲可圈可点的历史乐章。在这个目标的实现路径上,可以列出一大串的功臣。令人欣慰的是,在追求这一目标的过程中,南通人逐步形成了建设南通博物馆城的概念,跨入21世纪后,这一概念演变为建设南通环濠河博物馆群,馆群的建设大大地改变了南通的城市面貌。

中共南通市委、南通市人民政府对保护和建设南通博物苑高度重视。1985年10月,南通博物苑80周年暨大生纱厂90周年、南通纺织博物馆开馆之际,3家单位联合举办了盛大的庆典仪式。11月,南通市城乡建设委员会在市八届人大四次会议上对"加速文峰公园的建设以及早恢复博物苑为统一整体"进行答复,并将此列入全市城市总体规划。1990年,48位市人大代表联名提出《关于保护和建设南通博物苑的议案》。1995年,国家文物局、江苏省文化厅和南通市人民政府联合举办纪念南通博物苑建苑90周年大会,国际博物馆协会理事、中国博物馆协会理事长吕济民先生在大会上对南通博物苑做了高度评价:"南通博物苑是国人自办的第一个博物馆,是中国博物馆事业发展中的旗帜,是富有中国特色的博物馆典范。南通博物苑的创建者张謇先生是中国最早的博物馆学研究者和奠基人,是中国博物馆事业的开路先锋。"这次大会,进一步让人们明确了南通博物苑的历史地位。1999年12月28日,南通市人民公园成建制并入南通博物苑,经过半个多世纪的分离后,南通博物苑恢复为馆、园一体的综合性博物馆。

南通市人民公园并入南通博物苑大会

第八节　盛世新纪元

进入21世纪,中国博物馆事业步入高质量发展阶段。中共南通市委、南通市人民政府高度重视南通博物苑跨世纪的发展,为迎接百年苑庆,特邀著名建筑家、两院院士吴良镛先生主持南通博物苑规划设计与单体方案。吴良镛先生在研究中国建筑史时对张謇开创的事业已有所闻,在南通博物苑前期考察工作中,他提出了张謇经营的南通堪称"中国近代第一城"的命题,引起极大轰动,为打造"中国近代第一城"的城市品牌,南通博物苑的百年苑庆受到地方各界的高度关注。

2005年9月24日—26日,由文化部、江苏省人民政府、国家文物局主办,江苏省文化厅、南通市人民政府、江苏省文物局、中国博物馆协会、中国自然科学博物馆协会协办的"南通博物苑一百年暨中国博物馆事业发展百年纪念大会"在南通隆重召开,时任中共中央政治局常委的李长春、时任全国政协副主席的刘延东发来贺电,向大会表示祝贺。时任全国政协副主席的张克辉为"南通博物苑一百年暨中国博物馆事业发展百年纪念牌"揭牌。国际博物馆协会主席亚历山德拉·库敏斯与博协秘书长约翰·泽而夫出席盛会,库敏斯代表国际博物馆协会向大会致辞。大会当天,隆重举行了中国博物馆事业发展百年展暨南通博物苑新馆的开馆仪式。庆典期间,在南通博物苑新馆的学术报告厅内举行了主题为"博物馆与城市发展"的中外博物馆馆长高层论坛。中国博物馆学会于9月25日在南通市行政中心举行了年会暨学术研

南通博物苑一百年暨中国博物馆事业发展百年纪念大会

讨会。来自国内外的文化界人士及国际相关机构的代表，共计300余人出席了盛会。

百年苑庆使南通博物苑成功地实现了跨越式发展，新建现代化展馆建筑面积为6 330平方米，南通博物苑总面积扩展为7万多平方米。张謇时期的博物苑遗址作为历史文化保护区受到全面保护，并将恢复部分景点。基础设施的完善为博物苑迎接新时代的新任务准备了条件，2007年，南通博物苑荣膺国家4A级旅游景区称号，2008年进入国家首批一级博物馆行列，2010年被评为全国文明单位，2011年、2015年入列全国科普教育基地。2013年，以南通博物苑为龙头的环濠河博物馆群作为全国唯一的博物馆项目成功创建国家首批公共文化服务示范项目。

2015年11月26日—28日，由中共南通市委、南通市人民政府、中国博物馆协会、江苏省文物局主办，中国博物馆协会博物馆学专业委员会、南通博物苑承办，中国文物报社、《中国博物馆》杂志、《国际博物馆》杂志（中文版）、江苏省博物馆协会协办的"南通博物苑110年暨中国博物馆事业110年学术研讨会"如期在南通举行。该会议以"反思·前瞻：博物馆在中国"为主题，与会学者就中国博物馆事业发展110年展开了学术研讨和主题发言。南通博物苑与故宫博物院共同签署了战略合作协议，开创了南通博物苑新的发展机遇。

为迎接110年苑庆，南通博物苑一次推出八大展陈，其中新馆基本陈列《江海古韵——南通古代文明展》《南通博物苑精品文物展》《江海鲸类生物资源专题陈列》的更新历时3年之久。对张謇故居濠南别业内的展览《中国早期现代化的先驱——张謇》进行了充实，并新推出了反映南通博物苑110年历程的《博物情怀——南通博物苑史迹暨早期藏品展》，纪念南通博物苑首任苑主任的《致敬苑丁——孙钺生平事迹展》，反映南通地区农耕民俗文化的《翻开记忆——

南通农耕文化和民俗用品展》及南通地方艺术的《艺海一勺——苑藏书画展》。南通博物苑首次大批量地展出了苑藏文物及标本,受到与会嘉宾高度赞扬。

2018年国务院机构改革,文化部与国家旅游局合并为文化和旅游部(以下简称"文旅部"),文旅部的成立将为博物馆事业带来新的发展机遇。让文物活起来,让博物馆走进生活,让文化遗产走进生活,让文化走进生活,文化与旅游的结合,将促进这些愿景的实现,从而让博物馆发挥更大的社会价值。博物馆是文化遗产的保护机构,是公共文化服务的重要阵地,也是旅游发展的重要载体。文化与旅游的融合发展,将激发广大文博工作者的积极性和创造性,为实现中华民族伟大复兴的中国梦提供文化支撑。

在文旅部的领导下,各级各类博物馆、文博研究机构携手共进,形成发展合力的局面正在形成之中,良好的合作机制为全面盘活文物资源提供了保障,这为资源欠丰的地方博物馆提供了良好的发展机遇。南通博物苑位于南通古护城河濠河之滨,常被喻为濠河上一颗璀璨的明珠。如今,作为南通市文化广电和旅游局的一部分,它不仅是全国重点文物保护单位,也是5A国家级濠河风景名胜区的一个重要景点,正以新的姿态迎接更多的观众走进博物馆。

南通博物苑新馆

终 章 馆苑时空

第一节 收藏世界的精神映照

经过100多年的沉淀，南通博物苑的收藏已形成一定的特色，按学科分为历史和自然两大体系，根据国家颁发的《博物馆藏品管理办法》统计，现有藏品5万余件，以反映地方历史的文物最具特色。自然类藏品总计6 000余件，以反映南通自然资源的标本为主，也收藏各地珍贵的岩矿石、动植物化石类标本。南通博物苑的百年历史深刻地影响着今天的收藏界。

前文讲到南通博物苑在中华人民共和国成立之初很快就得到了复建，这为南通博物苑开展革命文物的征集赢得了宝贵的时间，南通博物苑因此收藏了丰富的红色文物，如声援五四运动时散发的传单，南通地区最早的共产党员吴亚鲁的手迹，在国民党反动统治心脏地带开展武装斗争的中国工农红军第十四军的武器。参加过抗日战争、解放战争的革命老前辈亲自向南通博物苑捐赠文物，并对收藏品进行回忆和甄别，包括在外地的刘瑞龙、梁灵光等老领导，这些工作为南通博物苑开展爱国主义教育积累了宝贵的资源。

中华人民共和国成立初期，文物博物馆工作尚未明确分工，南通博物苑兼任了地区文物保护的职责，在文物古迹和古建筑保护、史料征集等方面做了大量工作。本地区的出土文物大多由南通博物苑清理收藏，如1966年在如皋丁埝平整土地时出土的卵白釉瓷梅瓶、卵白釉暗花双耳扁瓶，为元代瓷器精品。1973年2月，在今天南通市钟楼东开挖防空洞时，出土了一只造型奇特的瓷壶，经鉴定，这是一只晚唐至五代的越窑青瓷皮囊式壶。越窑在南方，其烧制的青瓷多为宫廷所用，传为"秘色瓷"。而皮囊壶是北方契丹族特有的用器，据考古资料，如今所见瓷质皮囊壶多为白釉（契丹族尚白），而且墓主大多是权贵阶层。南通此壶出土时没有任何伴随物，亦非墓葬，该地在元代是军事衙门重地，这就使其颇具神秘色彩。该壶因举世无双被定为"国宝"，也被视为南通博物苑的镇馆之宝。

南通是一个地下考古资源相对贫乏的地区，但南通博物苑的考古工作从未间断。1976年，海安青墩新石器时代文化遗址被发现，经碳-14测定，该遗址距今已有五六千年的

越窑青瓷皮囊式壶出土时的情景

终章　馆苑时空

历史,与江南的良渚文化同源。这一发现改写了南通的成陆史,说明南通早在5 000多年前就已有人类居住。青墩出土的新石器时代文物如玉琮、玉璧、刻划纹和锥点纹麋鹿骨角等,其研究成果对解读南通地区的文明发展提供了宝贵的物证。1986年,南通市如东县长沙乡东海村发现元代沉船,经研究证明,这一带曾有古夹江的存在。1990年,南通市钟秀乡井栏庙发现一座五代墓葬,经对出土的"东海徐夫人墓志"研究,印证了五代时期割据统治南通的姚氏家族情况。2014年,南通博物苑与江苏省考古研究所联合对南通北城大桥一座清代墓葬进行了考古发掘,经研究比对,该墓是江苏地区少见的、保存完好的砖石结构清代墓葬。

除考古之外,南通博物苑还通过征集、捐赠、购买等方式新收了不少文物,每年均有斐然的成绩。1953年,张謇先生的孙辈张非武、张柔武、张绪武绍承先志,将家藏200多件书画作品全部无偿地捐赠给了南通博物苑。这些书画中有诸多传世精品,如钱门画派钱球、钱莹和钱恕三人的书画精品。除这次集体捐赠之外,张氏后裔始终与南通博物苑保持着紧密的联系,也时常将发现的张謇史料赠送给南通博物苑收藏,如张謇的照片、信札手稿等。尤其可贵的是,张謇后裔持之以恒地参与组织开展张謇人物的历史研究,至今为止,相关学术组织举办的张謇的国际学术会议已有6次之多,其他主题的学术研究会议更是不计其数。研究的深入促进了张謇史料的收集与保存,南通博物苑也因此保存了比较丰富的与张謇相关的近代史文物史料。

南通博物苑还不定期地采集、制作了大量的自然标本,包括鸟类、动物、鱼、昆虫和植物,其中鲸的收藏颇为珍贵。自从1912年首次采集到鲸骨骼标本后,南通博物苑在本地沿海一带10多次发现鲸。如1979年,在东台弶港采集到一只大须鲸;1991年2月11日,在如皋江边采集到一只体长为3.4

米的伪虎鲸幼体；2001年6月，在启东市吕四镇海丰村采集到一只体长12余米、重约15吨的拟大须鲸；2007年4月18日，在启东市塘芦港采集到一只体长4.6米的雌性幼体小须鲸；2009年7月22日，在启东市吕四港镇采集到一只糙齿海豚。这些经历使南通博物苑成为收藏鲸种类最多的地方馆之一。

20世纪80年代，南通博物苑举办了民俗品物展，开启了民俗物品的收集，这项工作对今天广泛兴起的非物质文化遗产的收藏与保护具有重大意义，走在了时代的前列。21世纪初，为记录被信息化时代快速淘汰的非物质文化遗产，南通博物苑开始了对百工技艺的收藏，如今这也是该苑的特色收藏之一。

1914年，张謇聘请著名刺绣艺术家沈寿来南通主持女工传习所，为传承沈寿开创的"仿真绣"绣艺，张謇亲自笔录沈寿口述的绣法，编订出版了《雪宦绣谱》，并在女工传习所推行预备班、普通班、高级班多层次教学。沈寿在南通任教8年，培养了9名高级班学员，她们均以优异的成绩圆满毕业。女工传习所师生的优秀作品，如沈寿绣《蛤蜊图》《德王观音像》、李群秀绣《奉天牧羊图》、张淑德绣《夕阳返照图》等均被保存于南通博物苑。如今这门技艺被称为"南通仿真绣"，又称"沈绣"，于2008年荣登中国国家级非物质文化遗产名录，南通博物苑是其重要的传承基地和保护单位。

在所有有形和无形的文化遗产收藏中，记录南通博物苑历史的物品是颇受人们珍爱的。2005年7月16日，为庆祝南通博物苑建馆100周年，国家邮政局发行了一套《南通博物苑》特种邮票，邮票全套2枚，图案分别为南馆和中馆的建筑外景，设计者以穿越时空的手法，巧妙移借园林元素的古树名木和美人石于图中，以体现张謇的园林式博物馆特征，使传统建筑别具魅力，南馆、中馆从此成为国家名片。

透过上述种种事理，我们依稀可追溯到创办人的影子，

《南通博物苑》特种邮票

不难体会到：弘扬优秀的中华文化传统，是南通博物苑一以贯之的收藏精神，正是这种精神穿越百年成为照亮收藏世界的一盏明灯。

第二节 教育的沉思

近年来，国家为充分发挥博物馆的教育作用出台了一系列的政策和法规。2015年，国务院颁布《博物馆条例》，指出我国博物馆应"以教育、研究和欣赏为目的"，首次在博物馆的各项职能中，将教育职能提到了首要位置。同年，国家文物局、教育部联合出台了《关于加强文教结合、完善博物馆青少年教育功能的指导意见》。2020年10月20日，教育部、国家文物局联合印发《关于利用博物馆资源开展中小学教育教学的意见》，再次对中小学利用博物馆资源开展教育教学提出明确指导意见。在探索博物馆教育的过程中，南通博物苑有着令人骄傲的历史，因为它就是一座为教育而生的博物馆，从诞生之日起就担负起了服务学校、服务地方的教育职能。

今人在论及南通博物苑的属性时，通常有三种观点。其一，认为它是一座学校博物馆；其二，认为它是地方自治的一部分；其三，认为它虽是学校博物馆，但隶属于地方自治这个大的目标。这三种认识有一些细微的差异，反映到教育上，会有失之毫厘，谬之千里的情况。从时间上来看，张謇对南通博物苑的定位是有一个变化过程的。如1908年，他回忆兴办博物苑是因为"通州师范学校既设之四年，州人协谋更兴中学。下走念博物馆不备，物理之学无所取证"。1912年，他解释"博物苑之设，为本校师范生备物理上之实验，为地方人民广农业上之知识"。1914年，他的表述是"设苑为教育也……凡以为学于斯者，睹器而识其名，考文而知其物。纵之千载，远之异国者，而昭然近列于耳目之前"。可见，南通博物苑是从学校教育演变到社会教育的。

作为社会教育机构的博物馆是如何施教的呢？人们已耳熟能详的博物馆的教育理念是："设为庠序学校以教，多识鸟兽草木之名。"这副联语的意思前文已试做分析，但我们还应该理解，张謇的教育理念是依照他所处的时代环境而提出来的，虽然它的意义远远超越了那个时代，但我们还是要认识到张謇所提倡的教育与现代的教育有着不同的时代背景。例如，现在一提到教育难免不提到升学考试，而张謇的时代，是一个旧式教育向新教育转换的时期，也是一切教育都以"救亡图强"为目的的时代。这里的"旧式教育"是科举考试的教育，教育的目标是"为官"，张謇对此十分反感，他对新教育有独特的观点，此处不便展开，但纵观其教育思想，其核心是关注人本身的教育，即如何成为一个有智识的人、文明的人、可以作为"公民"的人。推广到博物馆教育，他常提到的是"博物君子"和"磊落人"。我们只有充分理解不同时代背景下教育的需求，博物馆才能融古烁今地开展有效的教育活动。如果把博物馆教育看作每个人终身学习的课堂，人鲜有生而知之者，也少有对每一种知识都精通的通才，每个人都是可以通过学习而得到更多知识的。重新回到"多识鸟兽草木之名"所蕴含的三层教育境界：从识名而认知本事物，是知其一；从知本事物而推广到认知大自然，是知其二；由多识多知大自然而至心性朗阔，就是知一反三了。孔子说："生而知之者，上也；学而知之者，次也；困而学之，又其次也；困而不学，民斯为下矣。"也就是说，只有不学习的人才是下等人，而孔子自认"我非生而知之者"。以此来看，博物馆教育若能使人爱学，也就离张謇所说的"磊落人"不远了吧。

博物苑是社会教育机构，归属于慈善公益一类，它的边界是如何界定的呢？从当年的活动安排来看，张謇对待博物苑是有别于其他公益机构的。如学生教学成绩展由各学校举办，有学校博物馆的性质；棉作展览会由南通农校来举办，有专业科技馆的意思；以绘绣为主的观音大士圣像特设"赵绘沈绣楼"展示，相当于专题美术馆；祭端午的钟馗绘画展、重阳节的菊花展均设在公园举办，相当于文化馆和植物园；新型工业产品有商业陈列馆，相当于博览会。张謇多次上奏呼吁国家兴办博物馆，并建议国家渐行推广至各省、各府、各州、各县，张謇对国家博物馆的规划、建设与管理都进行了科学的论述。从他的论述中可知国家博物馆与地方博物馆定位又有着本质上的不同。

前文大量引用了观众的参观游记，从中可见早期博物苑教育传播的一些效应。走过100多年，现在的博物馆开展教育的方式有很多，但博物馆教育的主要方式仍然是举办展览。如在濠南别业的基本陈列《张謇业绩展》，历时20多年接待的观众不可胜数。2002年两院院士吴良镛教授正是参观此展时，提出了张謇经营的南通堪称"中国近代第一城"的命题。除常年定时开放的基本陈列之外，每年南通博物苑还不定期举办临时展览，有时高达20多个。围绕展览和本苑的收藏资源，针对不同的观众开展相应的活动，如讲解培训、科普讲座和学术讲座、研讨会等。为了吸引中小学生及观众走进博物馆，南通博物苑会举办一些趣味性或专题性的活动，如双休日和节假日的"多识鸟兽草木之名""格物明理"等系列主题活动，尤受中小学生所喜爱的如"我学我讲——小小讲解员培训""小小科普员培训"活动。此外，南通博物苑也开展了各种宣教活动，如巡展、巡讲、宣讲与游学等。游学也被称为"研学"，是最近兴起的一种教育模式。南通博物苑已开发了"快乐博物馆""煮海为盐""近代第一城"等多主题的游学项目，并于2016年参与了江苏省青少年教育功能提升项目，提交了《博物馆青少年游学机制研究报告》。如今，南通博物苑的文创工作作为展览的延伸，也颇受观众喜爱；教育项目的繁多也证明苑内的教育工作是走在同行前列的。

进入21世纪，随着信息技术的快速发展，博物馆教育的方式也多种多样，除早先的网络课堂和微信微课之外，现在还以短视频、快闪直播的方式传播知识，这些新形式尤其受到观众欢迎。2018年，南通博物苑加盟由上海博物馆、上海科技馆、南京博物院、浙江博物馆等联合组成的长三角博物馆教育联盟，这为南通博物苑开展教育活动提供了更好的交流平台。事实上，南通博物苑作为张謇精神的载体，实际运行的每一个细节都蕴含了教育的意味，不受当事者主观意愿的支配，这又是耐人深思的。

第三节　圣地的畅想

南通博物苑是中国人独立创办的第一座公共博物馆，也是博物馆人心中的圣地。这一命题在20世纪八九十年代，是无可争议的事实，在博物馆教科书和《中国大百科全书（文物　博物馆卷）》上也有相关的表述。近年来，随着发掘和研究的深入，时有新史料的发现。据称，创建时间更早的博物馆记录被列举出来，质疑"谁是中国最早的博物馆？"但述诸原委，以近代博物馆定义解读，像南通博物苑这样在建筑规划、教育宗旨、收藏章程、陈列展览、科学研究和服务社会等方面均有案可稽、完备周全、同名同址连续发展至今的同类机构，尚未发现可与之媲美者。

在考证早期博物馆的过程中，据博物馆史学的研究证明，南通博物苑是否为建馆时间最早的博物馆，并不影响它的历史地位，博物馆人把它视为圣地，有着深刻的原因。

南通博物苑代表了一种爱国主义精神，在救亡图强的大背景下，兴办博物馆是"强国梦"的一部分。张謇呼吁国家兴办博物馆，在这个呼声未得到回响时，他躬身实践，以一己之力办成了博物馆，而且将自己所藏全部捐赠给了博物馆。南通博物苑就代表了那个时代的知识分子的"强国梦"。

在张謇实业救国、教育救国的宏伟蓝图中，他期望把南通建成一个新世界雏形示范全国。南通博物苑是这个理想社会的重要一环，在服务学校、服务社会的同时，也通过科普知识的传播来引领文明、引领社会新风尚，从而促进人们素质的提升，推动社会的进步。博物馆不是一味迎合社会，而是对社会进步肩负着使命感和责任感，认识与研究这个实践经验，对当今博物馆如何在国际化市场经济的环境下发挥作用尤为重要，没有疆域之分。

南通博物苑也是博物馆促进区域发展的典型案例。由保护文物古迹到推动南通市申报国家历史文化名城，从收藏文物史料到开展张謇人物的历史研究，回望南通城市的发展，我们不难体会到历史与现实相互促进的因果关系，南通博物苑作为客观的场所，是纽带，也是桥梁。在张謇创办博物苑的示范与引领下，今天的南通人也对办博物馆有着高度的热情，后继者追守创办人开创的事业，在对南通博物苑进行保护与建设的实践中，探索张謇博物馆思想的"富矿"，在全国率先提出了建设博物馆城的设想,如今建成的环濠河博物馆群实现了城市人文面貌的根本改变。这是南通博物苑对南通城市的巨大贡献。

此外,南通博物苑的建设与运行,其背后有博物馆理论作为支撑,这在早期的博物馆中也是绝无仅有的,这些理论对今天的博物馆事业仍有指导意义。张謇开创的博物馆理论和实践,也使张謇倍受尊崇,人们认为张謇是中国博物馆事业的创始者,也是中国博物馆学研究的奠基人。

在党和政府的关心下,在地方人民的爱戴下,100多年来,南通博物苑薪火相传,原址建筑代代维护,办馆理念一脉相承,每一步发展都能让人刷新对开创者的认识。正所谓"仰之弥高,钻之弥坚",但博物馆最大的绝妙是总能让思想的野马回归到客观的存在,让我们用两位博物馆前辈的话语来结束全篇的叙述。曾任中国国家文物局局长、中国博物馆学会理事长、国际博物馆协会中国国家委员会主席的吕济民先生说:思考中国博物馆所走过的道路,越来越使人感到,张謇先生创办中国第一个博物馆这一伟大创举意义的重大。与南通博物苑同龄的著名考古学家、人类学家裴文中先生说:中国第一博物馆,是最有价值的珍宝。

南通博物苑全国重点文物保护单位标识

附 录

附一 南通博物苑大事简表（1905—2015年）

1905年　张謇规划公共植物园。

1906年　1月3日，张謇将建设中的植物园规划为博物苑。

1906年　1月23日，张謇为博物苑集联，"设为庠序学校以教，多识鸟兽草木之名""能消忙事为闲事，不薄今人爱古人"。

1912年　南通博物苑脱离江苏省代用师范学校独立，始称"南通博物苑"。

1927年　南通博物苑附属于私立南通大学。

1935年　南通博物苑仍回归私立通州师范学校代管。

1938年　日本侵略军占领南通博物苑，园林、馆舍、藏品遭受严重破坏。

1949年　南通解放，南通市人民政府着手修复南通博物苑。

1951年　修复后的南通博物苑馆舍部分成立南通博物馆，钱啸秋副市长兼任馆长；园林部分另建人民公园。

1952年　南通博物苑改称"苏北南通博物馆"。

1953年　苏北南通博物馆更名为"江苏省南通博物馆"。

1954年　江苏省南通博物馆被撤销，馆藏文物、家具大部分移交江苏省博物馆筹备处。

1956年	5月21日,文化部副部长郑振铎在全国博物馆工作会议开幕词中提出:"中国博物馆事业的历史并不太久,第一个公共博物馆,除了帝国主义者们在沿海地区所办的几个之外,要算是张謇他们办的南通博物苑了。"
1956年	6月9日,江苏省人民政府决定恢复南通博物馆。
1957年	4月9日,江苏省人民委员会决定重建南通博物馆。
1957年	8月,南通博物馆筹备处成立。
1958年	10月1日,南通博物馆正式建馆,尤勉斋任馆长。
1968年	9月8日,南通博物馆与南通市图书馆、市文化馆、市劳动人民文化宫、唐闸工人俱乐部合并为"南通市劳动人民文化馆",成立革命委员会。
1972年	12月30日,南通市图书、博物馆革命委员会成立。
1976年	10月8日,南通博物馆革命委员会成立。
1979年	1月4日,南通博物馆的名称得到重用。
1984年	7月1日,南通博物苑的原名得到恢复。
1988年	南通博物苑被国务院公布为第三批全国重点文物保护单位。
1999年	12月28日,人民公园成建制并入南通博物苑。
2002年	8月,南通博物苑正式委托两院院士、清华大学教授吴良镛为其进行总平面图规划设计和制订单体方案。
2005年	9月24—25日,"南通博物苑—百年暨中国博物馆事业发展百年庆典"隆重举行。活动由文化部、江苏省人民政府和国家文物局联合主办,江苏省文化厅、南通市人民政府、江苏省文物局、中国博物馆学会、中国自然博物馆协会承办。大会当天,隆重举行了中国博物馆事业发展百年展暨南通博物苑新馆的开馆仪式,还举行了主题为"博物馆与城市发展"的中外博物馆馆长高层论坛和中国博物馆学会年会暨学术研讨会。来自国内外的文化界人士及国际相关机构的代表300余人出席了盛会。

2001—2005年　南通博物苑在历史文化保护区完成北馆、中馆、南馆及国秀亭、藤东水榭、水禽栖等修缮工程；完成谦亭复建工程；修缮荷花池、国秀坛。整治南、北、西草坪及道路、场地等。复建图书馆老楼。建成现代化的新展馆，新展馆占地面积约为12 965平方米，建筑面积约为7 003平方米。

2007年　南通博物苑获评"国家AAAA级旅游景区"。

2008年　南通博物苑获评"国家首批一级博物馆"。截至2008年年底，南通博物苑的范围北至濠南路，东至濠河，南至东寺路，西至启秀路，占地面积约为75 500平方米，建筑面积约为14 693平方米。

2009年　南通博物苑获评"全国科普教育基地"。

2011年　南通博物苑获评"第三批全国文明单位"。

2013年　以南通博物苑为龙头的"环濠河博物馆群"成功创建第一批"国家公共文化服务体系示范项目"。

2014年　南通博物苑再次获评"2015—2019年度全国科普教育基地"。

2015年　11月26—28日，由中共南通市委、南通市人民政府、中国博物馆协会、江苏省文物局主办，中国博物馆协会博物馆学专委会、南通博物苑承办，中国文物报社、《中国博物馆》杂志、《国际博物馆》杂志（中文版）、江苏省博物馆协会协办的"南通博物苑110年暨中国博物馆事业110年学术研讨会"在南通举行。该会议以"反思·前瞻：博物馆在中国"为主题。南通博物苑与故宫博物院共同签署了战略合作协议，开创南通博物苑新的发展机遇。

附二 张謇吁请国家兴办博物馆文汇录

一、上学部请设博览馆议（1905年）

窃维东西各邦，其开化后于我国，而近今以来，政举事理，且骎骎为文明之先导矣。撢考其故，实本于教育之普及，学校之勃兴。然以少数之学校，授学有秩序，毕业有程限，其所养成之人材（才），岂能蔚为通儒，尊其绝学？盖有图书馆、博物院，以为学校之后盾，使承学之彦，有所参考，有所实验，得以综合古今，搜讨而研论之耳。

我朝宏章儒术，昭示天下，诏开四库，分建三阁，足以远迈汉唐，岂仅蹛（跱）掌欧美？顾为制大而收效寡者，则以藏庋宝于中秘，推行囿于一隅。其他海内收藏之家，扃鐍相私，更无论矣。今为我国计，不如采用博物、图书二馆之制，合为博览馆，饬下各行省一律筹建。更请于北京先行奏请建设帝室博览馆一区，以为行省之模范。盖赐出内藏，诏征进献，则足以垂一代之典谟，震万方之观听。

用草议案，呈请鉴裁。如蒙采择，乞速奏明办理。至于各省及各府州县，应否即行筹设，乞交所司筹议。窃思此举，上可以保存国学，下可以嘉惠士林。若荷施行，天下幸甚。

二、上南皮相国请京师建设帝国博览馆议（1905年）

昔者行人采书，太史掌典，司职之属，详于《周官》。盖不仅文字载籍皆聚于上，凡天下之鸿宝名器，悉以簿录于天府，主守于藏史也。然考《周官》"外史"之制，"掌四方之志，掌三皇五帝之书，掌达书名于四方"。由是推之，则虽天府之簿录，藏史之主守，必反而公诸天下也，彰彰明矣。孔子大圣也，将求先王之遗制，考礼乐之所极，必观于周。其适周而见老聃，亦以老聃主周之藏室耳。《庄子》曰："孔子西藏书于周室。"信如是言，则孔子又曾举其书归于周之藏室矣。

伟矣哉，我国有历史以来，今四千余年矣！其附丽于历史而可以资考证者，曰经籍曰图绘曰金石之属。皇古迄今，不可胜计。所以绵绵延延赖以不堕者，实由聚于上者，有朝廷之征求；聚于下者，有私家之蒐（搜）辑。但朝廷之征求，尊为中秘之藏；而私家之蒐（搜）辑，则囿于方隅，限于财力，故扃键锢箧，私于其家者有之：不能责以公诸天下也。居今稽古，其道末由；承学之士，久相慨惜。是以朝野上下，今日所亟宜裁省而补救之者，敢循《周官》"外史"之旧章，本孔子藏书之故训，以祈请于上，以董劝于下。用草议案，贡采择焉。

夫近今东西各邦，其所以为政治学术参考之大部以补助于学校者，为图书馆，为博物苑。大而都畿，小而州邑，莫不高阁广场，罗列物品，古今咸备，纵人观览。公立、私立，其制各有不同。而日本帝室博览馆之建设，其制则稍异于他国，且为他国所不可及。盖其国家尽出其历代内府所藏，以公于国人，并许国人出其储藏，附为陈列，诚盛举也！我国今宜参用其法，特辟帝室博览馆于京师。何以必曰帝室？宣上德而扬国光也。何以必于京师？抑又有说。

司马迁之言曰，教化之行也，建首善必自京师始，其《自叙》所为书亦曰"藏之名山，副在京师"。诚以帝王之居，辇毂之下，万国骏奔，四方繁会，将以润色鸿业，利导齐萌，其所以为天下先者，必于京师也。况逢我朝右文隆治，政教洋溢，四库之典籍、什库之器物，其所甄录，迈宋轶唐，且上蒙列圣万几余暇之鉴题，岁有臣工四方搜讨之采进，璀错缤纷，实难窥测！即仰承钦定之谱录，今传播于寰海，焜耀于日星者，如《佩文斋书画谱》《天禄琳琅书目》《四库全书总目提要》《西清古鉴》《石渠宝笈》《秘殿珠林》诸编，皆康熙乾隆两朝奉敕撰进之书，以视汉之延阁广内金匮石室、隋之修文观文妙楷宝台，网罗收贮，殆百倍之。若拟以贞观公私之画史、景祐崇文之总目、宣和博古之图、宣德鼎彝之谱，则犹沧海之于行潦，泰岱之于培塿矣。更谨按：乾隆四十七年，《四库全书》告成，纯庙特命如内廷所藏，缮写全册，建三阁于江浙两省，谕令士子愿读中秘书者，就阁广为传写。所谓三阁，在杭州者曰"文澜"，在扬州者曰"文汇"，在镇江者曰"文宗"。故东南人士感恩被教，至今能以文学名海内。大哉，皇言！垂惠万祀！岂惟远抗成周之典谟，抑以近契东瀛之制度？则帝室博览馆之议，虽今始建言，诚所以绍述祖训，恢张儒术也。

今之世称文明最古之国，咸推我国，此亦东西各邦之公言也。故政俗之沿革、器物之制作，魁儒硕彦尝讨论而研求之。其来游我国者，亦必首诣京师，征其文献，归而著书，多所阐述。但其撢采或得于朝市之见闻，或本于闾巷之风说，语焉不详，疑而多阙。若此馆成立以后，特许外人亦得参观，则赋上都之壮丽，纪帝京之景物，更有以知我国唐虞三代以至于今，文物典章粲然具备，斯将播为美谈，诧为希觏矣。故建设于京师也，尤宜。惟兹事体大，当奏请朝廷敕下筹办，方足以昭示远近，震耀观听。并当奏请皇太后、皇上颁赐内府所藏，以先臣民。钦派王大臣一二人，先领其事。俟开办后则隶其馆于学部，特遴专员，任其职守，并宜先布章程，谕令京内外大小臣工以及世禄之家，嗜古之士，进其所藏，如价值巨万，当特加褒赏，以示激劝，且许分室储贮，特为表列。其余呈进，亦付储藏，则曩所谓聚于上者，既已廓然昭示大公，则聚于下者，亦必愿出而公诸天下矣。

且京师此馆成立以后，可渐推行于各行省，而府而州而县必相继起，庶使莘莘学子，得有所观摩研究以辅益于学校。则此举也，揆诸时局，诚不可缓。所愿朝廷俯纳其议而实行之。但建设之初，所宜规画者，厥有六端。今条列其略，附于左方，其章程当别议。

甲，建筑之制

此馆既建于京师，则营造之制宜闳博，垲爽无论矣。所最注重者则择地。其地便于交通便于开拓者为宜。而以占若干之面积，合若干之容量，须先测定。中建楼九楹，为恭奉御府颁存之品。楼凡五层，或七层，则以颁存之品物容积为率。楼左为储藏内外臣工采进多数品物之地，或聚一人所采进为一区，或聚二三人所采进为一区，以类相聚，署为专室，用示特异。楼右为储藏内外臣工陆续采进品物之地，当以天然、历史、美术别为三部，分别部居，不相杂厕。馆中贯通之地，宜间设广厅，以备入观者憩息。宜少辟门径，以便管理者视察。隙地则栽植花木，点缀竹石，非恣游观，意取闲野。室中宜多安窗，通光而远湿。庋阁之架，毋过高，毋过隘，取便陈列，且易拂扫。

乙，陈列之序

博览馆之建设，有异于工商业及他种之会场。非参研学理，确有规则，见者且非笑之。大要分天然、历史、美术三部。今既合宫府上下之所储藏，或私家尽出其所有以输助者，故前条述建筑之制，别具一说。盖以颁存物品及专室所储，未能一一厘别。然即部分，当定一秩序：天然部以所产所得之方地为等差；历史美术二部以所制造之时代为等差，觇古今之变迁，验文明之进退，秉微知巨，亦可见矣。右院既列室分藏，亦可循此以定，条举件系，立表编号。此虽余事，亦宜亟行。

丙，管理之法

此馆隶于学部，自当由学部派员专管。然为奉旨特设之盛举，又为我国近政之要端，开办之初，既由钦派王大臣先领其事，则非派一秩位较崇、学术通达之员不可。至于审定编制，尤当不拘爵位，博选名流以任之。其管理之责，虽责成专员，但办事员亦当共任其职，严管钥，禁非常及其他种种之有妨碍者，均当专定章程期限遵守。又当遴派视察员、招待员（无定员），用为纠监导观之助。必得通东西洋语言文字二三员，以便外宾来观，有可咨询。书记三数员，则专掌图表、册籍报告之事。其管理章程当别定。

丁，模型之部

我国有历史以来，文物嬗变，亦繁赜矣。宫室舆服，下及日用器物之属，代远事迁，日有损益。其最大者，明堂太室，后儒各讼其说；元服覆冣，晚近几忘其制。循名责实，良足怖已。故馆中宜特设模型一部，所有古代宫室器物今之不可见者，当博征图籍，证于可信，精造模型，分别存庋。岂惟学者得所依归？抑亦历史美术二科之实践也！标本雏形，东西洋学校均以为重，若我国仿汉之印、影宋之书以及钩模之金石，存古夺真，殊多佳妙。附列此类，亦博览之名义不可阙者！

戊，采辑之例

此馆为我国第一之建设，即可为全国博览馆之模范。今所请求，则在内府颁发所藏，为天下先；再行谕令各行省将军、督抚会同提学使，饬下所属一律采进。但此事不在官力之强迫，而在众愿之赞成。应先宣布，以免吏胥藉端征索。至于准定何时开办，亦宜申明年限。综计建筑工程，约需一二年，益以蒐（搜）辑物品，则三年后当可成立。惟宜使天下晓然于朝廷此举，实有综合礼仪、保存文献之意，且使私家所藏，播于公众，永永宝藏，期无坠逸，则将不日成之，有如灵台之诗所诵矣。

己，表彰之宜

谨按：乾隆间因敕定《四库全书》降旨采访，既江浙两省藏书家及廷臣朝绅纷纷奏进。其进呈至五六七百种者，如浙江之鲍士恭、范懋柱、汪启淑，两淮之马裕，各赏《古今图书集成》一部；其进呈至百种以上之江苏周厚堉、蒋曾莹、浙江吴玉瑍、孙仰曾、汪汝琛，及朝绅中黄登贤、纪昀、励守谦、汪如藻等，各赏《佩文韵府》一部，以示嘉奖。三十九年五月上谕犹传播于海内也。

此次博览馆搜集古物，更须远迩甄录。且吉金乐石值本不资，收藏之家网求非易近今之最著称者，如江苏潘氏吴氏之金、丰润端氏之石、山东杨氏之书籍、江苏盛氏之书画，均值巨金，苦费搜讨，果能尽出所藏，粗足蔚为盛举。惟当援引前案，请旨给奖，方足以昭劝励。若陈献既多，值价尤巨，自应破格奖励，不惜爵赏。其应如何分别奖赏，请饬下学部会议奏明立案，庶薄海闻风，纷纷采进，亦如乾隆献书时也。

三、国家博物院图书馆规画条议（1913年）

必设之时期

中国既为世界最古之国，其声明文物彝鼎图书，三千年来朝野迁流，南北嬗易，历十余姓而大萃于前清，宫禁收藏尤极瑰玮珍奇之海会。往时鼎革兵燹之余，纵播越于民间，只澜翻于中国；今则绀发碧瞳之客、蜻洲虾岛之儒，环我国门，搜求古物。我之落魄士夫醉心金帛，不惜为之耳目，稗贩驰驱。设不及时保存，护兹国粹，恐北而热河，东而辽沈，昔日分藏之物，皆将不翼而飞：得弓既非楚人，归璧更无赵士。中国虽不竞乎，然标新领异，即不如人，而则古称先，我犹为长。若复视为缓图，漫不措意，则图新惜旧，两无所居。徒空埃及之城，往实波斯之藏。人之齿冷，其谓我何？秦苟耻其无人，周当趋于爱鼎矣。

拟设之场所

为事固宜择地，为地亦宜兴事。自金元都燕，迄于明清，所谓三海三殿三所者，或沿旧制，或扩新规，宫苑森严，私于皇室。今国体变更，势须开放，然而用之无法，即存之无名。苟无其名，徒事修葺，齐囷将嫌其大，王乐安在庶几。如其废之，则是禾黍遗周道之悲，花草致吴宫之恨，亦非文明国之所宜有也，则所谓为地兴事者，非改为博物苑、图书馆不可！顾苑馆所藏，皆可欲之物也。示人以可欲，而又必使人不见欲而乱，则谨常宜密，防变宜疏。密又宜通，疏又宜塞。外密于内，乃不诲盗而通。修序以便观游，疏其中乃可防灾，而旁塞歧门，所以便巡视。京师阛阓，喧嚣已甚，今欲择一相宜之地，建为博物苑及图书馆，固无此巨费，亦无此善地。

北海以楼观庄严之胜，兼水木明瑟之观。言其宜，则琼台之阳及其左右，林阴水际，可以位天产；琼台之阴及其上方，可以位历史；海之北行宫万佛楼、浴兰堂、冶心斋，可以位美术。北与东又有隙地，可以备增设之建筑。东北有庙，可以为居中之典守。故以为博物院宜北海。至图书馆，则昔之内阁国史馆，文华殿、太和殿、武英殿、方略馆，甍宇相望，地位横通足设。以兹清切之区，为图书之府，昔四库之建，规摹天一。今师其意以藏法物，此则为事择地拟设之场所也。

陈设之品物

前清内府，昔日所藏缛矣。一散于庚申，再散于庚子，永沦异域，至可唏也！兹所存者，仅奉天清宫及热河避暑山庄而已。

奉天清宫，据教育部调查，其荦荦大者，有如金玉，有如书画，有如瓷绣金器，凡八百件。周汉之物，居其大半；书画凡四百余件，多唐宋以来名作；瓷凡十余万件，形式采釉，并皆精妙。热河未睹全册，不能举数，顾以旧时分藏之例计之，加以宁寿、慈宁两宫及各库，有善耆奉命提回之十八万件在焉，有康雍乾嘉四朝积存之物在焉，且精且多，殆无伦比。惟石刻殊鲜，亦一缺憾。陶斋端氏毕生蒐（搜）集，藏石逾千，海王村中存者尚夥，应并用价购以俪吉金。至天产一部，万生园之动植物，悉可移置。仍可次第征取以成大观。

若图书馆则四库尚已。乾隆以后，遥遥百余年间，国家多事，未遑增辑。覃溪存录佚之名，雪塘且有私著未收之目。至于翁阮而还，作家朋兴，具有行远传后之资，即宜在并蓄兼收之例。若取广义，并当益以东西译籍，俾乱离之际，七录可搜，绝学所关，百朋何惜！庶可宏册府之观，抑有说焉，可以补憾。自圆明一劫，《永乐大典》遂落英伦，谓宜从彼借抄，或用五色影照（字之大小须照原书，五色影照则朱阑亦显）。其落于国内士大夫之家者，尤宜下令征求，或可还旧观之十一。

规画之大概

规画之法，宜因地势之联属、室宇之容积；亦宜计品类之等级、物数之比差。本是规度，庶有标准。天产部之宜北海之南，固已。美术、历史，孰宜于北海之东、北海之北，似宜斟酌于品类物数比差等级之间。论天演之进化，天产之中有历史，论人为之变更，美术之中亦有历史。故三部虽别其大凡，仍当系以细目。目系于类，类系于门，门系于部。而各部之物品，数不可以强均，故宜为扩充馆舍之预计。图书则中籍仍以经、史、子、集为经，时代先后为纬。东西译籍当以科学门类为经，时代先后为纬。近数十年中，欧美各国科学日新，述作益侈，宜留余屋以待旁搜。殿所之制，亦宜稍事修改，以期合用。

经理之人才

经理之事，关乎学识。孰副彭聘之职？孰胜向歆之资？十余年来，老师宿儒，风流渐尽。而胜斯任者，非博物好古、丹青不渝之君子，又能精勤细事、富有美术之兴趣者，莫克当此！较其陈设支配，博物繁难于图书；审其版本部居，图书等齐于博物。是故博物陈列，我国旧无先导，即乏专才。英法不同，德日亦异。略闻人言：意国华俭，差为适中。是宜聘一意大利人为之顾问。至内国人才，习于博物，而又曾留意于各国之院制者，无过钱恂；其能通博物者，若刘世珩、赵庆宽等；习于图画，而又不至为更鹜之膳夫者，若沈曾植、梁鼎芬、宋育仁、李瑞清、马其昶、姚永概、马汉等。或长旧学，或具新知，或本富于收藏，或覃精于鉴别。举所夙知，征其素守，选择于此，殆免失人。

主要参考文献

1. 张孝若. 南通张季直先生传记[M]. 上海：中华书局，1930.

2. 钱穆. 论语新解[M]. 北京：生活·读书·新知三联书店，2002.

3. 李明勋，尤世玮. 张謇全集[M]. 上海：上海辞书出版社，2012.

4. 爱德华·P.亚历山大，玛丽·亚历山大. 博物馆变迁：博物馆历史与功能读本[M]. 陈双双，译. 南京：译林出版社，2014.

5. 休·吉诺韦斯，玛丽·安妮·安德列. 博物馆起源：早期博物馆史和博物馆理念读本[M]. 路旦俊，译. 南京：译林出版社，2014.

后　记

　　我在南通博物苑工作期间，有幸结识了地方上的许多前辈、师友，他们在南通地方文化遗产保护和张謇历史人物的研究方面，一直非常地执着，他们视南通博物苑为地方文化遗产保护的晴雨表，常常以不同的方式表示对南通博物苑事业的珍爱和支持，细微到每发现与南通博物苑相关的只言片语都会送到南通博物苑来，每当此时，我心里都充满了感动。有一段时间，我的办公室亦被戏称为"老年人联络部"。不知不觉中，我把呈现完整的南通博物苑历史面貌的工作当成了自己的一个梦想。

　　2017年，尤世玮先生约我写一本介绍南通博物苑的书，他说"江海文化丛书"不能没有讲南通博物苑的，我深以为然，就满口答应了。其实呢，这一直是我的一桩心事。这种使命感交织在日常繁杂的工作中常常压得我喘不过气来，现在终于可以当作一项任务去完成了，我自然是高兴的。而尤世玮先生实际上是因贤者推荐而来，所以我俩一拍即合。可接下来的经历却一波三折。

　　时光荏苒，世事难料。如今，我已完全脱离了南通博物苑的工作，在"隔离"的状态中撰写此书稿，适逢新冠肺炎疫情肆虐，改变了许多的生活方式，虽然能集中精力思考，可因远离了原先的工作岗位与生活环境，积累的资料不能随手查阅，又为写作增加了新的困难。现在这本小书，有几个方面需要做一说明：

这本书的写作初衷是面向普通读者全面介绍南通博物苑的历史面貌，所以谋篇布局，并不是以严格意义上一座博物馆的专业工作流程来编排的，而是兼顾了博物馆专业和一般阅读习惯。关于南通博物苑的研究，前人已有许多的研究成果，研究方向多是从博物馆专业的角度，讨论张謇的博物馆理论与实践，在这个研究方向中，探讨博物馆的理论远远多于探索博物馆的实践，而博物馆的实践方面多为事例的列举，较少有实践过程的探索与钩沉。21世纪初，逐步出现突破博物馆理论框架，把南通博物苑放入历史文化大背景下的研究成果。2002年，南通博物苑赵鹏老师著《漫步博物苑》，首次将张謇创办南通博物苑的实践从历史文化的角度进行了分析和诠释，当时南通的地方报刊《江海晚报》逐篇进行了转载，影响极大。此后，关于南通博物苑的近代史研究渐有出现。借鉴前人的研究成果，我在写作中打破了研究区域的界限，着力按读者感兴趣的内容去铺设，这样就触碰到了许多未涉及的课题。聚焦这些问题并非猎奇，既是本书内容的需要，也是现实关照，寻求对当今的启示。这也是我长期在一线工作的惯性使然。

例如，人们都知道南通博物苑植物的多样性，有一种观点就认为只要增加新品种就是对张謇办博物苑精神的继承，真是这样吗？通过探索苑内植物的来源，我认识到：这个"丰富性"是有它的选择标准的，也是有边界的，它基于张謇丰富的文化积淀和博物学知识，更重要的是还有地方建设与教育需求的适配性。又如，南通博物苑环境优美，每一栋建筑的风格均不一样，苑内多名贵花木，四季鲜花盛开。有观点就认为，凡是美的事物都可以在苑内添置，事实上，张謇在营造这些美丽的景物时，均融入了历史人文的内涵，岂是一个表象能替代的呢？但由于我的学识、学力有限，在写作过程中，有些明知重要的人与事因存疑而不得不省略，书中错谬和不当之处一定不少，欢迎读者指正或补充，以便我今后更正。我的邮箱为：657668092@qq.com。在此先向诸位读者致谢！

另需说明的是，我写作的本意是想创作一本通俗读物，尽量避免使用晦涩的词语，但文中还是大量地引用了原文，这里有两种情况：一方面我想博物馆是历史文化的精粹地，博物馆人有责任和义务引导现代人去接近历史，我相信一味地迎合并非时代所需，这也是当下提倡的文化自信吧？另一方面是如何对待前人研究成果的问题，在方便读者阅读和保留史料的权衡中，我选择了后者。这里出于两种考虑，一是前人已有精妙的论述，不妨照录，张謇写《家诫》时只是摘录了古人的话，他说："我之爱子孙，犹之古人也；爱之而欲勉之以进德而继业，亦犹古人也。与其述己意，毋宁述古人。"每见好章句，即有此共鸣。我想，这既是一种传承，也是对前人的尊重。二是当时的游记与著述，有多重证史之功，得之不易，隐之可惜；而且，我深知地方史研究的寂寞，或许原文的转抄可以更好地帮助后来的学人，所以就采取了尽量保存史料的处理方式。

最后，我要感谢为本书写作提供帮助的所有亲朋好友。因为本书属系列读物，版面有统一规定，书中引文出处、列名致谢难免挂一漏万，这里只有叩请诸友及读者多多包涵了。由于本书写作酝酿历时过长，途中所参与的工作及往来人事对我的写作都有直接或间接的帮助，在此感谢关心与支持我的各位领导，感谢我供职过的南通博物苑全体同人，感谢南通图书馆、张謇研究中心、南通市江海文化研究会的各位领导和同道，感谢我的家人。特别感谢：穆烜老师、宋向光教授、庄小蔚教授、孙模老师、赵鹏老师、都樾教授和陆琴老师。最后感谢尤世玮先生的鞭策和鼓励，促使本书如期出版。

书中不当之处，再次恳请读者批评指正。

金 艳
2021年5月10日